불교의 이해와 신행

Understanding and Practice of Buddhism

조계종 출판사

발간사

　이 책은 무엇보다 우리 종단 신도전문교육기관에서 불교를 배우며 신행활동하는 신도들을 위해 발간하였습니다. 그렇기 때문에 가능한 신도들이 신행활동을 하면서 함께 믿고 이해하며 실천하는 삶을 살 수 있도록 도움을 주고자 했습니다.

　일찍이 부처님 이래 역대 조사께서 우리들에게 들려주시고자 했던 것은 우리 모두 행복하게 사는 길이었습니다. 부처님의 초전법륜을 시작으로 승가를 이루고, 수많은 이들에게 법을 설하신 뜻도 모든 의심과 번뇌가 사라진 참된 행복의 길을 다함께 가고자 했기 때문입니다. 그리하여 오늘날 우리들이 부처님의 삶과 법(法, dharma)을 배우고자 하는 것은 우리 모두 참된 존재의 길을 깨달아, 바른 사고와 행위로 행복하게 살아가기 위한 것입니다.

　우리 종단에서는 신도들이 이러한 불교 본래의 지향을 갖출 수 있도록 교육체계를 두어, 그에 맞는 교재편찬을 하고 있습니다. 이를 위해서는 무엇보다 단순한 교리해설서에서 벗어나 불자의 삶과 신행으로 이어질 수 있도록 내용을 구성하는 것과 더불어 신도들에게 부처님의 가르침을 더욱 쉽고, 명료하며 체계적으로 제시하는 것이 필요했습니다.

　이러한 상황을 고려해 발간한 이 책은 다음과 같은 특징이 있습니다.

　첫째, 이 책의 구성에 가장 특징적인 것은 각 장과 절의 앞과 끝에 연구 과제와 신행활동 과제를 설정했다는 것입니다. 연구 과제를 통해 각 주제별 문제의식을 도출시키고, 신행활동 과제에서 이 문제의식을 심화시킬 수 있도록 하였습니다. 이러한 교리공부의 구성은 일방적인 지식습득의 방식을 벗어나, 부처님의 가르침을 배우면서 문제의식을 스스로 일으켜 함께 생각하고 토론할 수 있는 체계를 갖출 수 있습니다.

　둘째, 책의 제목에서 드러나듯이 교리와 신행의 연관성을 강조했다는 것입니다. 교리와 신행이 서로 떨어질 수 없다는 것은 누구나 알고 있지만, 정작 불교계

안팎의 적지 않은 교리서들은 불자들의 신행을 함께 고려해 기술하지 못하였습니다. 이 책은 부처님의 가르침인 불교 교리가 불자들의 삶에서 지속적으로 접목할 수 있도록 체계를 잡고자 했습니다. 물론 교리 이해를 위한 필수적인 지식습득은 피할 수 없으나, 가능한 교리와 신행의 관계성을 놓치지 않았습니다.

셋째, 신도들에게 꼭 필요한 교리에 집중하면서, 교리체계를 쉽고 명료하게 서술했다는 것입니다. 때문에 이 책에서는 교리를 깊이 있게 탐구하지는 않았습니다. 오히려 교리의 이해는 신행을 뒷받침하기 위한 보조 지식으로 기능할 수 있도록 했습니다. 그래서 교리의 서술은 쉽고, 간단하며, 명료하게 표현했습니다. 특히 두드러진 점은 불교의 핵심 교리인 연기법을 신행과의 연관 속에 수미일관하게 기술하고 있다는 점입니다.

우리 종단에서는 신도들이 부처님의 삶을 올바르게 이해하며, 부처님께서 말씀하신 진리의 내용을 늘 스스로의 삶에 비추어 성찰하고, 정진하는 생활이 될 수 있도록 도움을 주고자 합니다. 더불어 이 책이 신도들뿐만 아니라, 불교를 좀더 알고자 하는 모든 사람들에게 좋은 동반자가 되길 바랍니다. 그리하여 우리 내면에 있는 불성을 일깨워 부처님의 지혜와 자비를 배우고 실천해 참된 행복의 길로 나아가길 바랍니다.

교재 발간의 어려운 조건에서도 각 주제별 집필을 흔쾌히 허락하신 집필위원님들께 감사의 말씀을 드립니다. 또한 종단의 대덕스님들과 교수님들이 참여하고 계신 신도교육위원회의 애정어린 조언에도 깊은 감사를 드립니다. 이 책을 읽는 모든 이들이 부처님의 법과 자비심으로 나날이 향상되는 삶을 살아가길 기원합니다.

불기2548(2004)년 2월

대한불교조계종 포교원

차례

제1부 _ 부처님과 세계관 Buddha's View of the World

제1장 | 지혜와 자비의 부처님

1. 부처님 생애의 의미 _ 11
2. 시방세계에 두루하신 부처님 _ 15
3. 부처님의 덕성 _ 21
4. 부처님의 열 가지 다른 이름 _ 25

제2장 | 불교의 세계관

1. 세계관의 의미 _ 29
2. 세계관의 중요성 _ 32
3. 불교의 세계관 _ 35

제2부 _ 부처님의 가르침 Teachings of the Buddha

제1장 | 불교의 핵심교리

1. 연기법 _ 41
2. 일체법 _ 45
3. 삼법인 _ 51
4. 사성제 _ 61
5. 12연기 _ 73
6. 생활속의 연기법 수행 _ 79

제2장 | 불교 교리의 전개

    1. 중관 _ 96

    2. 유식 _ 107

    3. 천태 _ 117

    4. 화엄 _ 131

    5. 정토 _ 138

    6. 밀교 _ 146

    7. 선 _ 153

제3부 _ **불자의 신행과 실천** The Practice & Behavior of a Buddhist

    1. 인과응보 _ 177

    2. 불자의 올바른 생활 _ 187

    3. 기도 _ 199

    4. 참선 _ 217

    5. 육바라밀 _ 229

제4부 _ **교리문답** Q & A on Buddhist Doctrines _ 239

제1부 Buddha's View of the World

부처님과 세계관

제1장 _ 지혜와 자비의 부처님
1. 부처님 생애의 의미
2. 시방세계에 두루하신 부처님
3. 부처님의 덕성
4. 부처님의 열 가지 다른 이름

제2장 _ 불교의 세계관
1. 세계관의 의미
2. 세계관의 중요성
3. 불교의 세계관

제1장_ 지혜와 자비의 부처님

교육목표

1. 부처님의 생애에 있어서 중요한 사건들이 갖는 의미를 올바르게 이해할 수 있다.
2. 여래(如來)의 의미와 삼신설을 설명할 수 있다.
3. 부처님이 지닌 성품을 열거할 수 있다.
4. 여래십호를 통해 부처님은 어떤 분인가를 알 수 있다.

1. 부처님 생애의 의미

　불교를 처음으로 창시하신 분은 석가모니 부처님이시다. 그 분은 역사상 실제 인물로 우리 인간 세계에 오셨다. 그러므로 석가모니 부처님의 생애에 대한 공부는 불교 교리의 시작이며 마음공부의 기준이라 할 수 있다.
　석가모니 부처님의 전기에 관한 기록을 불타전(佛陀傳) 혹은 불전(佛傳)이라고 하는데, 크게 본생담과 비유담으로 나눌 수 있다. 본생담은 자타카로 널리 알려져 있으며 석가모니 부처님의 전생에 관한 우화나 설화를 말한다. 그리고 비유담은 석가모니 부처님 이전의 여러 부처님들과 보살들에 관한 이야기들을 말한다. 이러한 불타전에서 공통적으로 중요하게 다루는 것이 룸비니 동산에서의 탄생, 붓다가야에서의 깨달음, 녹야원에서의 최초 설법 그리고 쿠시나가라에서의 열반이다. 이들 인도 지명들은 불교 4대성지로서 이미 우리들에게 친숙한 곳들이기도 하다. 또한 사월 초파일, 성도일 등은 부처님의 탄생과 깨달음을 축복하는 불교의 주요한 연례행사들이다.

우선 위에 열거한 부처님의 생애에 있어 네 가지 중요한 사건들이 갖는 의미를 간략히 살펴보자. 탄생과 관련해서 부처님은 태어나자마자 일곱 발자국을 걸으면서 '천상천하 유아독존(天上天下 唯我獨尊) 삼계개고 아당안지(三界皆苦 我當安之)'라 크게 외치셨다고 하는 부분이다. 이것은 당시 신 중심의 인간관과 세계관을 부정하고 인간의 존엄성과 자아 중심의 세계관이 불교의 핵심임을 선언하신 것이다. 또한 부처님 법은 다른 어떤 것과도 비교할 수 없다는 불법의 절대적 존엄성을 상징하고 있다. 나아가서 우리는 이 선언을 통해 이후 석가모니 부처님이 얻은 깨달음이 무엇에 관한 것인지 어렴풋이 짐작할 수 있다. 즉 그것은 진정한 자아 회복에 관한 것이다.

부처님은 보리수나무 아래에서 정진하다가 드디어 모든 번뇌가 완전히 사라지고 환희로 가득한 깨달음을 얻는다. 부처님의 깨달음은 불교의 최종 목적지가 어디이고 어떻게 그 곳에 도달할 수 있는지를 상징하고 있다. 즉 우리가 부처님께 예불을 드리고 참선을 하고 그리고 불교 교리를 공부하는 이유는 곧 부처님과 같이 깨달음을 얻기 위한 수행의 과정이라고 할 수 있다. 또한 부처님은 단식을 하고 숨을 쉬지 않는 등의 극단적 고행주의 수행도 하셨다. 그러나 이러한 것을 통해서는 진정한 깨달음을 얻지 못함을 아셨다. 그리하여 지나친 고행과 쾌락을 피하며 적당한 음식을 드시고 보리수나무 아래서 선정에 드는 중도의 길을 통해 최고의 깨달음을 얻으셨다.

한편 부처님은 깨달음을 얻은 후 녹야원에서 옛 수행 동료였던 다섯 수행자들에게 최초의 법문을 하신다[初轉法輪]. 이것은 부처님이 당신의 깨달음에 대해서 다른 사람들에게 직접 말씀을 한다는 점에서 주의 깊게 음미해야 할 대목이다. 그 내용은 사성제와 팔정도로 알려져 있다. 사성제란 네 가지 성스러운 진리로 부처님이 직접 당신의 깨달음을 중생들에게 가르친 최초의 법이다. 팔정도란 사성제를 통해 확실히 파악된 괴로움과 괴로움의 원인을 제거할 수 있는 방법으로 여덟 가지 바른 실천을 말한다. 또한 부처님의 설법을 들은 다섯 수행자들이 곧 부처님께 귀의하여 최초의 제자들이 된 것은 불교의 세 가지 보물인 삼보[佛, 法, 僧]가 성립하게 된 사건이기도 하다.

마지막으로 부처님은 쿠시나가라에서 열반에 드는데 제자들에게 진리와 자기 자신에게 의지할 것이며 당신에게 의지해서는 안 되며 게으름을 피우지 말고 정진하라는 말씀을 남긴다. 이는 부처님을 따르는 우리가 어떠한 삶을 살아가야 할 것인지를 가르쳐 주는 중요한 말씀이다. 그러므로 부처님의 생애를 통해 불교가 깨달음의 종교로서 지혜와 자비라는 커다란 두 개의 축으로 이루어져 있음을 알 수 있다.

부처님은 한 인간으로서 동료 인간들에게 무한한 선의와 자비심을 갖고 있는 휴머니스트였다. 그것은 『증일아함경』 권28에서 다음과 같은 부처님의 인간선언으로 정리되어 있다.

　　나는 인간의 몸으로 태어났고
　　인간으로 성장하였으며
　　인간으로서 붓다를 이루었다.
　　我身生于人間 長于人間 于人間得佛

　신의 아들도 아니고, 스스로 신이라고 주장한 일도 없으며, 어떠한 신적(神的)인 권위나 강제된 교리도 설한 일이 없는 한 인간의 삶과 사상에서 불교와 같이 장대하고 깊이 있는 가르침이 시작되었다는 것은 참으로 경이로운 일이다. 한 인간으로서 부처님 개인의 삶에서 성취된 해탈의 가르침과 숭고한 인류애는 바로 불교의 변치 않는 척도를 나타내고 있다. 불교의 가르침에 귀의했던 모든 시대의 사람들은 불교의 사상과 실천을 통해서 한층 성숙한 안목으로 자신들의 인생을 바라보게 되었고, 수많은 구원과 신앙의 보살상을 완성해 냈다. 관세음보살도, 보현보살도, 지장보살도, 문수보살도, 대세지보살도, 인로왕보살도 모두 불교의 영원한 인간상을 전형적으로 보여준다.

2. 시방세계에 두루하신 부처님

불교를 처음 접하는 사람들은 부처님이 몇 분이나 계시는지 그리고 어떻게 다른지 또는 부처님은 신인지 인간인지 등에 대해서 많은 혼란을 일으킨다. 여기서는 우리가 모시는 부처님은 어떠한 분인지 교리적 측면에서 이해해 보고자 한다.

1) 그와 같이 오신 분, 여래

석가모니는 인도의 석가 부족의 위대한 성자라는 의미로 고타마 싯다르타 태자가 출가하여 깨달음을 얻은 뒤의 호칭이다. 그리고 부처님이란 깨달은 사람이라는 뜻으로 인도 고대 언어인 산스크리트어 붓다(Buddha)에 대한 우리말이다. 또한 석가모니불 혹은 석가모니 부처님이라는 말은 경전 등에 나오는 부처님에 대한 정식 호칭은 아니고 아미타 부처님과 같은 다른 부처님과 구별하기 위해 통상적으로 부르는 이름이다. 다시 말하면 불교에서는 석가모니 부처님만 계시는 것이 아니라, 석가모니 부처님이 출현하시기 이전에 이미 여섯 분의 부처님들이 계셨고 서방 정토에는 아미타 부처님이 계시는 등 많은 부처님들이 계신다. 바른 믿음을 가지기 위해서는 여래(如來)라는 부처님의 호칭에 대한 이해가 중요한 역할을 한다.

여래란 석가모니 부처님 당시 인도에서 사회적으로 위대한 사람들을 일컫는 고유 명사였지만 불교에서는 보다 깊은 뜻을 지니게 되었다. 이 말은 산스크리트어 '타타가타(Tathāgata)'를 옮긴 말로 직역하면 '그와 같이 오는 것', '있는 그대로 오는 사람'이라는 의미이다. 또한 타타가타를 여거(如去)라고도 하는데 '그와 같이 가는 것', '있는 그대로 가는 사람'이라는 뜻이다.

여기서 '있는 그대로 (tathā)'는 두 가지 의미로 해석될 수 있다. 첫 번째는 부처님 혹은 부처님의 법은 시방(十方 : 동서남북, 동북, 동남, 서북, 서남, 상하)과 삼세(三世 : 과거, 현재, 미래)에 두루 걸쳐 항상 변함없이 있음을 말한다. 두 번째는 석가모니 부처님의 생애는 출가하여 단지 6년의 수행 끝에 깨달음을 얻고 중생 제도를 하시다가 열반에 든 것으로 끝난 것이 아니라는 의미를 담고 있다. 다시 말해서 석가모니 부처님은 고타마 싯다르타 태자로 우리 인간 세계에 오기 전 오랜 과거 생애 동안 보살로서 꾸준히 수행하며 수많은 중생을 제도한 결과 마침내 현생에서 깨달음을 얻었다는 것이다. 나아가서 부처님의 법은 시간과 공간에 구애되지 않고 항상 변함없이 중생 제도를 목적으로 다른 명칭과 다른 몸, 즉 석가모니 부처님을 비롯한 여러 부처님들로 나타날 수 있다는 것을 상징하고 있는 것이다.

2) 법신 · 보신 · 화신

석가모니 부처님의 열반에 관해 우리는 소박한 질문을 하나 할 수 있다. 부처님이 깨달음을 얻고 모든 것으로부터 자유로워졌다면 왜 죽음은 피할 수 없었던가. 우리는 이 질문에 대한 답을 "법(法)과 자기 자신에게 의지하지 당신에게 의지하지 말라"는 부처님의 마지막 당부에서 찾을 수 있을 것이다. 여기서 자기 자신에게 의지하라고 말씀하신 것은 모든 중생 하나 하나가 스스로 깨달음의 주체임을 말씀하셨다고 쉽게 이해할 수 있다. 그러나 법에 의지하라는 말씀 중의 법은 무엇을 의미하고 부처님과 법의 관계는 어떤지 많은 궁금증을 자아내게 한다.

한편 경전에서는 부처님의 몸은 법으로 되어 있다고 한다. 다시 말해서 부처님의 본래 모습은 법 그 자체인데 중생을 제도하기 위해 중생과 같은 몸을 빌려 중생의 세계에 오셨다는 것이다. 이것을 중생의 입장에서 해석한다면 우리 중생들은 본래 부처님의 법 그 자체를 볼 수도 들을 수도 없는 존재이므로 그 법을 쉽게 알아 볼 수 있게 하기 위해 중생과 같은 모습으로 형상화하였다고 할 수 있다.

이러한 부처님과 법의 관계를 불교 교리에서는 삼신설(三身說)로 설명하고 있다. 삼신이란 법신(法身), 보신(報身), 화신(化身)을 말한다. 첫 번째 법신을 이해하기 위해서는 우선 법(法)이라는 말에 대한 기본적 이해가 필요하다. 불교에서의 법은 크게 세 가지 의미로 쓰인다. 우선 부처님의 가르침, 즉 불교 교리를 말한다. 두 번째는 석가모니 부처님이 얻은 깨달음을 일컫는 말로 모든 중생의 세계와 깨달음의 세계의 본질을 의미한다. 세 번째는 내가 눈으로 사물을 본다고 할 때 나라는 존재는 보는 주체가 되고, 보이는 사물은 대상 그리고 눈은 보는 수단이 되듯이 우리의 의식이 주체가 되어 어떤 것을 인식할 때 그 대상이 되는 것을 법이라 한다.

예를 들어 우리가 어린 시절의 어떤 추억을 회상할 때 그 추억이란 우리 의식의 대상이라는 점에서 법이라고 부른다.

그런데 법신의 법이란 두 번째의 법을 의미한다. 이 법은 석가모니 부처님이 깨달음을 얻기 이전에도 그리고 열반에 든 이후에도 시간과 공간을 초월하여 변함없이 존재하는 진리 그 자체를 말한다. 따라서 법신이란 이와 같이 영원불변하고 유일한 법을 부처님으로 형상화한 것이다. '오분향 예불문'의 첫머리에 '계향, 정향, 혜향, 해탈향, 해탈지견향, 광명운대 주변법계'라고 나오는데, 계율을 지키고[戒], 마음의 흔들림이 없고[定], 참된 지혜를 갖추고[慧], 깨달음을 얻어 속박에서 벗어나고[解脫], 그 깨달음으로 얻은 자유자재 함을 스스로 알고 있는 것[解脫知見], 이 다섯 가지가 법신불이 갖추고 있는 덕목이라 한다. 대표적인 법신불로서는 비로자나불과 대일여래를 들 수 있다.

두 번째 보신은 응신(應身)이라 하는데 보신의 보(報)나 응신의 응(應)은 모두 받는다는 뜻으로 깨달음을 얻은 뒤 그 깨달음을 위해 끊임없이 정진했던 과보를 즐긴다는 의미이다. 법신이 중생을 직접 제도하지 않는 것과는 달리 보신은 법신과 같은 덕목들을 갖추고 있으면서도 중생의 간절한 서원에 따라 중생 앞에 나타나기도 하고 내생에 그 중생을 제도하기도 하는 부처님이 보신불이다. 아미타 부처님이 대표적인 보신불이다.

마지막으로 화신이란 보신과 같이 본래 법신의 부처님이지만 중생 제도를 위해 중생의 몸으로 바꾸어 직접 중생의 세계로 오신 부처님을 말한다. 따라서 보신불과는 달리 중생은 현생에서 언제나 부처님을 만날 수 있다. 석가모니 부처님이 대표적인 화신불이다.

앞에서 우리는 석가모니 부처님이 깨달음을 얻고 모든 것으로부터 자유 자재함에도 불구하고 왜 열반에 드셨을까 하는 소박한 의문을 가졌다. 그리고 법을 스승으로 삼고 당신을 스승으로 삼지 말라는 부처님의 마지막 당부 말씀을 통해 그 의문을 해결하고자 했다. 석가모니 부처님이 말씀하신 법이란 법신으로서의 부처님을, 그리고 당신은 화신의 부처님이었음을 알 수 있다.

3) 시간과 공간을 넘어선 여러 부처님들

우리는 여래라는 부처님의 호칭과 삼신설을 통해 석가모니 부처님 이전에도 여러 부처님이 계셨고 이후에도 계실 것임을 알 수 있었다. 여기서는 삼세와 시방 세계에 걸쳐 어떤 부처님들이 계시는지 살펴보자.

일반적으로 석가모니 부처님 이전에 여섯 분의 부처님, 즉 비바시불, 시기불, 비사부불, 구류손불, 구나함모니불, 가섭불이 계셨다고 하는데 이 여섯 부처님에 석가모니불을 포함하여 과거칠불이라 부른다. 또한 석가모니불 다음에 미래에 오실 부처님으로 미륵불이 계신다. 미륵불은 석가모니불이 인간 세계로 오시기 전에 도솔천에서 보살로 머물면서 정진했던 것처럼 지금 도솔천에서 미륵보살로 있으면서 부처님이 되기 위해 정진하고 있다고 한다.

한편 불교에서는 세계를 지금 우리가 우주를 생각하는 것과 비슷한 규모로 말하고 있다. 우리가 살고 있는 지구는 태양계에 속하는 작은 별이고 태양계는 은하계에 속하고 우주 공간은 시방으로 무한대로 뻗어 나가며 수많은 별들이 존재한다. 이와 비슷하게 불교의 세계관은 수미산을 중심으로 시방으로 무수한 세계가 존재하는데 그 수를 헤아려 삼천대천세계라고 한다. 그리고 이 무수한 세계 각각에는 부처님이 반드시 한 분씩 계셔 각 세계의 중생들을 제도하고 계신다고 한다. 대표적인 예로 우리 인간들이 살고 있는 사바세계에는 석가모니 부처님이 오셨고, 동방의 묘희(妙喜) 세계에는 아촉불이 계시고, 서방의 정토세계에는 아미타불이 계신다. 이와 같이 불교에는 수많은 부처님들이 계시지만 그 본연의 모습은 오직 법신불로서 모두 동등하다.

3. 부처님의 덕성

우리가 흔히 어떤 사람에 대해서 이야기할 때 그 사람은 인자한 성품을 지녔다, 혹은 욕심이 많다 등으로 말한다. 또한 어떤 종교에서 그들의 신에 대해서 이야기할 때 신은 모든 것을 알고 모든 것을 할 수 있으며 또한 신은 완벽하다고 이야기하기도 한다. 그렇다면 불교에서는 부처님의 성품에 대해서 어떻게 설명하고 있는지 살펴보기로 하자.

비록 부처님의 성품을 말로서 표현한다는 것 자체가 불가능한 일이지만, 불교는 우리들이 보다 더 가까이 느낄 수 있도록 아주 명료하고 구체적으로 부처님의 덕성을 이야기하고 있다. 즉 부처님은 열 가지 지혜의 힘, 네 가지 확신, 세 가지 바른 마음자세, 그리고 중생을 어여삐 생각하고 구제하려는 마음을 가지고 계신다. 이와 같은 부처님의 성품은 모두 합하면 열여덟 가지이고 오직 부처님만 가지고 계신다고 하여 십팔불공법(十八不共法)이라 한다.

1) 열 가지 지혜의 힘

부처님께서는 열 가지 지혜의 힘을 가지고 계신데 이를 십력(十力)이라고 한다. 십력은 다음과 같다.

첫째, 도리와 도리가 아닌 것을 분명히 분별하시는 지혜의 힘이다(處非處智力).

둘째, 업과 그 과보를 분명히 아시는 지혜의 힘이다(業異熟智力).

셋째, 여러 가지 선정(禪定)에 통달하신 지혜의 힘이다(靜慮解脫等持至智力).

넷째, 각 중생은 깨달음에 대해 저마다 다른 능력을 가지고 있음을 분명히 아시는 지혜의 힘이다(根上下智力).

다섯째, 각 중생이 무엇을 원하는지 그리고 그에 대한 의욕이 저마다 다름을 분명히 아시는 지혜의 힘이다(種種勝解智力).

여섯째, 각 중생의 성품을 분명히 아시는 지혜의 힘이다(種種界智力).

일곱째, 각 중생이 수행에 따라 얻을 수 있는 깨달음의 단계를 분명히 아시는 지혜의 힘이다(遍聚行智力).

여덟째, 시작 없이 윤회한 각 중생의 전생(前生)에 일어난 모든 일들을 분명히 아시는 지혜의 힘이다(宿住隨念智力).

아홉째, 끝없이 윤회할 각 중생의 내생(來生)에 일어날 모든 일들을 분명히 아시는 지혜의 힘이다(死生智力).

열째, 중생들의 모든 번뇌가 다하면 깨달음을 얻을 것이라는 것을 분명히 아시는 지혜의 힘이다(漏盡智力).

2) 네 가지 확신

부처님께서는 네 가지 확신, 즉 두려움 없는 네 가지 마음을 가지고 계신데 이를 사무소외(四無所畏)라고 한다. 사무소외는 다음과 같다.

첫째, 최고의 깨달음을 얻었다고 분명히 말씀하시는 데 조금의 의심도 없는 확신이다(正等覺無畏).

둘째, 모든 번뇌가 다 소멸되었다고 분명히 말씀하시는 데 조금의 의심도 없는 확신이다(漏永盡無畏).

셋째, 모든 번뇌를 다 소멸시키는 데 방해가 되는 그른 수행법을 분명히 말씀하시는 데 조금의 주저도 없는 확신이다(說障法無畏).

넷째, 모든 번뇌를 다 소멸시키는 바른 수행법을 분명히 말씀하시는 데 조금의 주저도 없는 확신이다(說出道無畏).

3) 세 가지 바른 마음 자세

세 가지 바른 마음 자세란 중생이 부처님을 다음 세 가지 방법으로 생각해도 부처님의 마음은 흔들림 없이 항상 그 자리에 있음을 의미한다. 이를 삼념주(三念住)라 하는데 다음과 같다.

첫째, 모든 중생이 부처님을 받들고 따르더라도 기쁜 마음에 흔들리지 않고 항상 바르게 알고 바르게 생각하신다(初念處).

둘째, 모든 중생이 부처님을 믿지 않고 비방하더라도 불안한 마음에 흔들리지 않고 항상 바르게 알고 바르게 생각하신다(第二念處).

셋째, 어떤 중생은 부처님을 받들고 따르지만 또 어떤 중생은 믿지 않고 비방하더라도 기쁜 마음과 불안한 마음에 흔들리지 않고 항상 바르게 알고 바르게 생각하신다(第三念處).

4) 중생을 어여삐 생각하고 구제하려는 마음

우리가 부처님과 관세음보살을 부를 때 '대자대비(大慈大悲)하신 부처님', '대자대비하신 관세음보살님' 이라고 한다. 대자대비의 대(大)는 크고 깊다는 뜻이고 자(慈)란 중생에게 적극적으로 사랑을 베푸는 것이고 비(悲)란 중생의 괴로움을 불쌍히 여겨 구제하려는 것이다. 부처님은 열 가지 지혜의 힘, 네 가지 확신, 그리고 세 가지 바른 마음자세로 중생에게 대자(大慈)를 베풀고 대비(大悲)로 고통과 번뇌의 세계에서 괴로워하는 중생들을 어여삐 생각하여 구제하고자 한다.

4. 부처님의 열 가지 다른 이름

많은 불교 경전에서 부처님은 불(佛), 붓다 등 이외에도 다른 많은 이름으로 불려진다. 그 중 대표적인 호칭 열 가지를 여래십호(如來十號)라고 한다. 여기서는 부처님의 열 가지 다른 이름이 가지고 있는 의미를 음미함으로써 부처님이 어떤 분인가를 다른 각도에서 정리해 보고자 한다.

우리는 앞에서 부처님에 대한 이해의 출발점으로 석가모니 부처님 생애의 의미를 살펴보았다. 그리고 석가모니 부처님과 다른 여러 부처님의 관계를 이해하는 중요한 열쇠로 여래(如來)라는 부처님의 호칭에 담겨있는 의미를 음미했다. 즉 앞에서 여래란 산스크리트어 타타가타를 번역한 말로 직역하면 '그와 같이 오는 것', '있는 그대로 오는 사람'이라 하였다. 또한 이것은 시방삼세에 상주불변하는 부처님의 법이 중생 제도를 목적으로 다른 명칭과 다른 몸의 부처님들로 나타날 수 있다는 것을 상징한다고 하였다. 흔히 우리는 석가모니 부처님을 석가여래, 아미타 부처님을 아미타여래라고도 부른다. 그러므로 여래란 부처님이라는 호칭과 함께 가장 중요한 부처님의 이름인 것이다. 따라서 부처님의 열 가지 이름을 여래십호라 하는 것이다.

여래십호란 여래(如來), 응공(應供), 정변지(正遍知), 명행족(明行足), 선서(善逝), 세간해(世間解), 무상사(無上士), 조어장부(調御丈夫), 천인사(天人師), 불세존(佛世尊) 등 이상 열 가지를 말한다.

응공은 응수공양(應受供養)에서 온 말로 깨달음을 얻었기에 마땅히 공양을 받아야 될 분이라는 뜻이다. 또한 응공은 산스크리트어 아르하뜨

(Arhat)를 번역한 말로 아라한(阿羅漢) 등의 말의 유래와 같다. 정변지란 산스크리트어의 삼먁삼보리(Samyaksaṃbodhi)로 등정각자(等正覺者)와 같은 말로 우주 만물의 모든 이치를 완전하고 바르게 깨달은 분이라는 뜻이다. 명행족이란 깨달음의 지혜와 그 실천을 함께 갖추신 분, 선서는 고통스런 생사윤회의 강을 건너가신 분, 세간해는 우리가 살고 있는 이 세상을 완전하게 이해하신 분의 의미이다. 그리고 무상사는 산스크리트어로 아눗다라(Anuttara)인데 그 어떤 것보다 위에 계시는 분, 조어장부는 대자대비의 마음으로 중생을 깨달음으로 인도하는 분, 천인사는 하늘의 신과 중생의 스승을 의미한다. 마지막으로 불세존은 불과 세존이라는 두 가지 명칭이 함께 쓰인 경우로 불은 깨달은 사람 그리고 세존은 중생의 존경을 한 몸에 받는 분이란 뜻으로 불세존은 말 그대로 부처님이라는 뜻이다.

한편 『반야심경』 중에는 '아눗다라 삼먁삼보리'라는 말이 나오는데 이는 곧 부처님의 다른 두 가지 이름, 즉 무상사와 정변지를 말하는 것으로 이 때는 부처님이 얻은 최상의 절대적인 깨달음을 의미한다. 또한 부처님을 '아눗다라 삼먁삼보리 타타가타[無上正等覺如來]'라고도 하는데 이것은 최상의 절대적인 깨달음을 얻은 부처님이라는 뜻으로 부처님에 대한 최고의 존경을 나타내는 것이다.

신행활동 과제

1. 부처님의 일대기를 읽고, 느낀 점을 각자 발표해 보자.
2. 부처님이 지닌 덕성을 조사해 보고, 자신의 모습과 비교해 보자.
3. 여래십호의 의미를 살펴보고, 왜 부처님이 중생의 복전인지 말해 보자.
4. '만약 내가 부처님이라면' 가장 하고 싶은 일은 무엇인지 발표해 보자.

제2장_불교의 세계관

교육목표

1. 인간의 삶에서 세계관의 중요성을 인식할 수 있다.
2. 재가불자로서 불교 수행의 목적을 바르게 말할 수 있다.
3. 불교 세계관의 핵심인 연기의 법칙을 설명할 수 있다.

1. 세계관의 의미

21세기 현대는 정상적인 상식이 통용되지 않는 사회다. 평범한 상식을 지키지 않음으로 인하여 문제가 더욱 악화되는 현상이 일상화되고 있다. 최근에 겪었던 일을 갖고 생각해 보면, 지난번 미국에서 있었던 '9.11테러'에 대한 '부시'의 대응은 몰상식의 전형이라고 볼 수 있다. 일방적인 테러전쟁을 동조하고 나선 선진국들의 행태도 상식이 없기는 매한가지다. 적어도 부시가 일말의 양심과 상식이 있었다면 제일 먼저 해야 할 일은 테러의 원인을 찾는 일이어야 했다. 선진국들도 원인을 찾아 바로 잡아가도록 제안하고, 촉구하고, 협조하는 상식적인 길을 갔어야 마땅했다. 만일 '부시'가 테러의 원인을 찾아 바로 잡으려는 상식을 지켰다면 결코 전쟁으로 나가지는 않았을 것이다. 나아가 세계가 공감하고 환영하며, 진정한 희망이 될 수 있는 방향으로 문제가 다루어졌을 것이다.

불행하게도 '부시'는 상식의 길을 무시해 버렸다. 선진국들도 손뼉을 치며 목소리를 함께 했다. 그 결과 가장 비인간적이고도 야만적인 전쟁으로 나타났다. 전쟁은 무엇을 가져왔는가? 살상과 파괴로 삶을 황폐화시켰다. 분노와 증오에 불을 지폈다. 테러의 불씨를 온 세계에 퍼뜨렸다. 상식의 부재가 우리 삶을 병들게 하고, 21세기를 야만의 시대로 후퇴시켰다. 그런데 문제의 심각성은 우리 모두의 일상이 몰상식에 길들여져 있음이다. 너나없이 건강한 상식의 중요성을 망각하고 있다.

21세기 현대사회가 모순과 혼란에 빠지게 되는 원인도 인생의 기본 상식을 간과했기 때문이라고 할 수 있다. 개개인의 일상적 삶이 갈등과 대립으로 얼룩지게 되는 까닭도 인생의 기본 상식의 부재에 있는 것이다. 그렇다면 인생살이에서 기본 상식으로 확립해야 할 첫째 조건으로 무엇이 있을까? 두말 할 것도 없이 올바른 세계관을 확립하는 일이다. 분명 세계관은 삶의 방향과 내용을 좌우하는 근간임에 틀림이 없다. 그런데 현대를 살고 있는 대다수 우리들은 삶에 대한 기본 상식에 대해 무관심하다. 인생의 기본 상식이어야 할 세계관에 대한 진지한 모색을 하지 않는데 문제가 있는 것이다.

그렇기 때문에 우리시대에 가장 중요하고 시급한 일은 인생의 건강한 상식을 회복하는 일이라고 할 수 있다. 이에 인생의 기본 상식이어야 할 세계관의 의미를 상식적으로 음미해 보고자 한다.

일반적인 사전적 정의로 세계관이란 세계(삶)에 대해 통일적으로 파악하는 것을 뜻한다. 세계와 인간의 관계는 물론 삶의 방향과 가치에 대한 올바른 안목의 근간이 바로 세계관인 것이다. 이 말을 요약하면 아마도 세계관이란 '세계 또는 삶에 대한 올바른 방향과 길에 대한 안목과 신념'이라고 할 수 있다. 역사경험과 사전적 의미로 볼 때 삶에 있어서 세계관이 갖는 의미는 절대적이라고 할 수 있겠다. 따라서 인생의 기본 상식으로서 세계관에 대한 깊은 관심과 고민을 할 때 개인도, 사회도 희망적일 수 있다. 우리들은 이러한 사실에 대한 투철한 인식이 있어야 할 것이다.

2. 세계관의 중요성

　멀고 긴 여행을 예로 삼아 생각해 보면 좋을 것이다. 우리가 먼 여행을 떠나려고 할 때 반드시 준비하지 않으면 안 되는 것이 있다. 멋진 여행을 위해서는 여행에 필요한 준비를 얼마나 잘 했느냐가 관건이 된다. 물론 성공적인 여행이 되도록 하려면 어느 것 한 가지라도 소홀함 없이 치밀하게 준비해야 하는 것은 상식일 터이다. 하지만 그 중에서도 최우선적으로 준비해야 할 것이 있다면 어떤 것이 있을까? 어떤 상황에서도 빠져서 안 되는 필수 조건이 있다면 무엇이 있을까?
　사실 여행에 필요한 사항들을 살펴보면 대부분 이미 준비되어 있거나 아니면 조금만 챙기면 되는 것들이다. 특별히 마음 써서 준비해야 할 것은 딱 한 가지이다. 그것은 여행을 통해 도달하고자 하는 목적지에 대한 올바른 방향과 위치 그리고 길에 대한 이해와 지식과 확신이다. 목적지에 대한 방향과 길을 제대로 알지 못할 경우 여행을 위한 온갖 준비와 모든 노력들이 헛수고가 되고 만다. 심혈을 기울여 노력하면 노력할수록 가고자 했던 목적지로부터 자꾸만 더 멀어지게 되는 것이 세상의 이치이다.
　여행의 예를 삶에 직결시켜 보면 여행의 기본 상식인 목적지의 방향과 위치와 길에 대한 지식과 믿음이 바로 세계관인 것이다. 세계관은 곧 삶의 방향과 내용 또는 삶의 성공과 실패를 좌우한다고 할 수 있다. 여행의 예에서 살펴본 것처럼 인생길에 있어서 세계관의 중요성은 아무리 강조해도 지나치지 않다고 할 수 있을 것이다. 그럼 여기서 불교는 세계관의 문제를 어떻게 생각하고 있는지 살펴보기로 하자.

허망분별 또는 전도몽상의 소견으로 수행하는 것은 모래를 쪄서 밥을 지으려는 것과 같고 가야할 곳은 동쪽인데 자꾸 서쪽으로 달려 가는 꼴이다.

원효 『발심수행장』

이와 같이 불교의 스승들은 허망분별의 소견으로 살아가는 한 고통으로부터의 해탈은 불가능하다고 말하고 있다. 또한 여러 경전에서도 전도몽상의 사고방식으로 삶의 문제를 다루는 한, 천지를 진동시키는 변화와 업적을 이룬다 하더라도 여전히 고통과 불행의 악순환을 되풀이 할 뿐이라고 강조하고 있다.

그렇다면 부처님과 조사 스님들이 한결같이 강조하고 있는 '허망분별', '전도몽상'이란 무엇을 뜻하는가? 바로 연기(緣起)·무아(無我)의 세계관에 대한 무지와 왜곡된 사상과 정신을 의미한다. 연기·무아의 세계관에 어긋나는 사상과 정신으로 삶의 문제를 다루는 한 다람쥐 쳇바퀴 돌듯이 또는 봉사 코끼리 만지는 격이 될 뿐이라는 뜻이다.

이제 연기·무아 세계관의 확립 여부는 불교수행의 첫걸음이면서 동시에 신행활동의 근본 생명이라고 할 수 있다. 불교에서는 세계[存在]가 연기의 존재임을 잘 파악하고 이해하고 터득해 가는 것을 지혜라고 하고, 연기·무아의 사상과 정신을 체득하여 살아가는 것을 동체대비행이라고 한다. 연기·무아의 지혜는 반드시 동체대비행으로 나타나게 되고 동체대비행은 지혜를 더욱 빛나게 한다.

연기법의 세계관이 아니면 동체대비행(同體大悲行)이 나올 수 없고 동체대비행으로 나타나지 않으면 이미 올바른 불교 안목이 아니다. 불교공부의 옳고 그름의 판단근거는 연기법의 사상과 정신에 있다. 참선, 교학, 율학, 남방불교, 북방불교, 참여불교, 수행불교 등 모든 것이 연기·무아사상에 입각할 때 비로소 불교적 정당성을 갖게 되는 것이다. 다시 말해서 연기·무아의 세계관에 근거하지 않는 한 그 어떤 격식의 불교공부도 정법 불교공부라고 할 수는 없는 것이다.

3. 불교의 세계관

불교에서는 세계를 관계의 존재라고 한다. 서로 의지하고 돕는 관계에 의하여 이루어진 것이 세계라는 뜻이다. 그러므로 불교의 기본 세계관은 연기법이라고 할 수 있다. 하나의 그물처럼 이루어져 있는 것이 세계요 삶인 만큼 따로따로 나뉘어져 있는 것은 처음부터 존재하지 않는다. 따라서 삶의 문제를 나누어 사고하는 것은 불교적으로 옳지도 않고 바람직하지도 않다. 그럼에도 불구하고 굳이 세계관이라는 제목으로 문제를 다루는 까닭이 무엇인가? 이유는 간단하다. 그렇게 설명하는 것이 사람들에게 익숙해져 있으므로 이해하는 데 도움된다고 믿기 때문이다. 현실적으로 불가피하게 세계관이라는 이름으로 설명하고 있지만, 언제나 총체적 관계성의 의미로 설명되고 있음을 놓치지 않도록 해야 한다.

진실로 열의를 기울여 사유하는 성자에게 법의 참된 모습이 밝혀질 때 일체의 모든 의혹 사라졌으니, 연기의 도리를 알았으므로….

「자설경(自說經)」

고요히 명상에 잠긴 수행자에게 진실의 법칙이 선명하게 드러났다. 그 순간 모든 의혹이 사라졌으니 괴로움의 발생과 소멸의 원인을 알아낸 까닭이다.

「마하박가」

부처님께서 깨달음을 얻은 직후 자신의 감흥을 읊은 내용이다. 깨달음을 통해 밝혀낸 진리가 연기법임이 분명하게 잘 드러나 있다. 보통 '존재의 실상을 깨달았다.' 또는 '진실의 법칙을 밝혀냈다.'고 한다. 수행을 통해 밝혀낸 '존재의 실상' 또는 '진실의 법칙'이 연기법인 것이다. 부처님이 깨달은 법 또는 부처님 가르침의 핵심을 한 마디로 표현하면 연기법이라고 한다는 의미이다. 부처님께서 연기법을 영원한 진리라고 했다. 여래의 출현 여부에 관계없이 본래부터 존재하는 영원한 법칙이라고 했다. 부처님 가르침이 팔만 사천가지라고 하지만 그 어떤 내용도 연기법을 벗어난 가르침은 없다. 연기법은 불교의 전부이다. 연기법을 벗어나면 그것은 이미 불교가 아니라고 해도 틀리지 않다. 영원한 법칙으로서의 연기법, 불교의 기본으로서의 연기법, 불교의 전부라고 할 수 있는 연기법은 어떤 내용인가

> 이것이 있으므로 저것이 있고
> 이것이 생기므로 저것이 생긴다.
> 이것이 없으면 저것도 없고
> 이것이 사라지면 저것도 사라진다.
>
> 「잡아함경」

일반적으로 연기법의 공식처럼 평가되는 경우이다. 이 세상 모든 존재(세계)가 서로 의지하고 서로 돕는 총체적 관계에 의해 생성되기도 하고 소멸하기도 하는 것을 뜻한다. 불교의 핵심인 연기법의 세계관을 가장 깊

고 풍부하게 다루는 경전이 『화엄경』이다. 특히 심오하고 불가사의한 연기법을 입체적으로 이해할 수 있도록 하는 멋진 비유가 인드라망 즉 제석천 궁전의 그물 비유이다. 인드라망 비유만큼 중중무진(重重無盡)한 연기법의 세계관을 실감나게 잘 드러낸 비유는 없다고 해도 지나치지 않을 것이다. 이를 화엄경에서는 다음과 같이 그리고 있다.

제석천 궁전에 투명한 구슬그물(인드라망)이 드리워져 있다. 그물 코마다 박힌 투명구슬에는 우주삼라만상의 영상이 찬란하게 투영된다. 삼라만상이 투영된 구슬들은 서로서로 다른 구슬에 투영된다. 이 구슬은 저 구슬에, 저 구슬은 이 구슬에, 작은 구슬은 큰 구슬에, 큰 구슬은 작은 구슬에 투영된다. 동쪽 구슬은 서쪽 구슬에, 서쪽 구슬은 동쪽 구슬에, 남쪽 구슬은 북쪽 구슬에, 북쪽 구슬은 남쪽 구슬에 투영된다. 너의 구슬은 나의 구슬에, 나의 구슬은 너의 구슬에, 정신의 구슬은 물질의 구슬에, 물질의 구슬은 정신의 구슬에 투영된다. 인간의 구슬은 자연의 구슬에, 자연의 구슬은 인간의 구슬에, 시간의 구슬은 공간의 구슬에, 공간의 구슬은 시간의 구슬에 투영된다. 동시에 겹겹으로 서로서로 투영되고 서로서로 투영을 받아들인다. 총체적으로 중중무진하게 투영이 이루어진다.

『화엄경』

연기법의 세계관으로 보면 이 세상 어느 것 한 가지도 관계를 맺지 않는 것은 없다. 시간과 공간, 인간과 자연, 정신과 물질, 중생과 부처, 신과 인간, 너와 나, 과거와 현재, 미래 등 모든 이 중중무진의 관계 속에 성립 전개되고 있다. 영원에서 영원 너머에 이르기까지 중중무진(重重無盡)한 총체적 관계 속에 끊임없이 생성변화의 삶을 살아가고 있는 것이 우주요, 우리들의 삶인 것이다.

신행활동 과제

1. 현대사회에서 올바른 세계관의 확립이 필요한 이유를 구체적인 사례를 들어 발표해 보자.
2. 경전 상에 나타난 연기의 법칙을 조사하여 정리해 보자.
3. 우리 주변에서 일어나는 일들을 연기의 법칙으로 설명해 보자.

제2부
Teachings of the Buddha

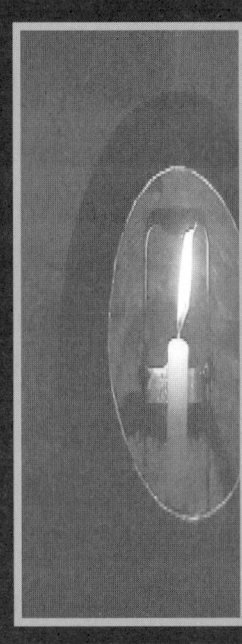

부처님의 가르침

제1장 _ 불교의 핵심교리
    1. 연기법　　　2. 일체법
    3. 삼법인　　　4. 사성제
    5. 12연기
    6. 생활속의 연기법 수행

제2장 _ 불교 교리의 전개
    1. 중관　　　　2. 유식
    3. 천태　　　　4. 화엄
    5. 정토　　　　6. 밀교
    7. 선

제1장_불교의 핵심교리

교육목표

1. 모든 존재는 상대적이고 상호의존적 관계임을 설명할 수 있다.
2. 부처님께서 가르침을 설하신 목적을 알 수 있다.
3. 일체법의 참모습이 무상·고·무아인 이유를 말할 수 있다.
4. 부처님께서 성도하신 후에 설하신 최초의 설법을 알 수 있다.
5. 불자로서의 올바른 가치관과 생활태도를 기른다.

1. 연기법

불교의 가장 핵심적인 교리는 연기법(緣起法)이다. 부처님은 인생과 우주의 진리를 깨치신 분이며, 그 진리의 내용은 바로 '연기'이다. 부처님은 경에서 이 연기법을 아는 것이 바로 부처님을 보는 것이라고 하셨다. 앞으로 설명할 5온(五蘊), 12처(十二處) 등 일체법(一切法)의 분류, 삼법인(三法印)과 사성제(四聖諦)도 모두 연기법을 다양한 관점에서 정리한 가르침이다. 불교 교리가 한없이 복잡한 듯하지만, 아무리 복잡하더라도 연기법의 테두리를 벗어나지 않는다. 12연기(十二緣起) 등 여러 가지 종류의 연기법이 경전에 있지만 이에 대한 자세한 논의는 이 장의 마지막 부분에서 다루기로 하고 우선 연기법의 기본 원리에 대해서 알아보자.

　연기란 모든 것은 원인과 조건이 있어서 생겨나고 원인과 조건이 없어지면 소멸한다는 것이다. 부처님께서는 이를 아래의 시로 간명히 표현하신다.

이것이 있으므로 저것이 있고	此有故彼有
이것이 생기므로 저것이 생긴다.	此生故彼生
이것이 없으면 저것도 없고	此無故彼無
이것이 사라지면 저것도 사라진다.	此滅故彼滅

『잡아함경』 제30권 335경 「제일의공경」

　모든 것은 홀로 존재하지 않고 상호관계 속에서 존재한다는 진리이다. 존재의 상황이 어떻게 바뀌더라도 이것과 저것의 의존관계와 상관관계에서 벗어날 수 없다는 것이다. 여기에서 '이것이 있으므로 저것이 있고'와 '이것이 생기므로 저것이 생긴다' 라는 구절로써 존재의 발생을 설명하고 있다. 그리고 '이것이 없으면 저것도 없고'와 '이것이 사라지면 저것도 사라진다.' 라는 구절로써 존재의 소멸을 설명하고 있다. 모든 존재는 그것을 형성시키는 원인과 조건에 의해서만이, 그리고 상호관계에 의해서만이 생성되기도 하고 소멸되기도 한다는 것을 이렇게 설명하고 있다.

　결국 연기법이란 존재의 '생성과 소멸의 관계성(關係性)'을 뜻한다. 생성과 소멸의 과정에서 항상 서로 의지하여 관계를 맺고 있다 하여 연기법을 '상의성(相依性)의 법칙'이라 말하기도 한다. 모든 존재는 그 존재를 성립시키는 여러 가지 원인이나 조건에 의해서 생겨나게 된다. 서로는 서로에게 원인이 되기도 하고 조건이 되기도 하면서 함께 존재하게 되는 것이다. 즉 모든 존재는 전적으로 상대적이고 상호의존적이다.

편의상 인간존재에 국한해서 '상호의존성'을 생각해 보자.

지금 여기에 '나'라는 존재가 있다. 어떻게 있는가? 부모로부터 몸을 받고 태어나 부모와 가족에 의존하여 성장하였다. 또한 교육과 사회환경의 영향을 받으면서 '나'라는 존재가 형성되었다. 살아있는 동안 눈·귀·코·혀·몸·뜻의 여섯 가지 감각기관을 통해서 끊임없이 빛·소리·냄새·맛·촉감·법과 같은 외부의 정보를 받아들여 분별한다. 화려하게 치장한 인기연예인을 보면 아름답다고 생각하여 계속 눈길을 주지만, 거적을 두른 길거리의 거지를 보면 추하다고 고개를 돌린다. 칭찬하는 소리에는 항상 기분 좋지만 나를 욕하는 소리는 잠시도 듣기 싫다. 악취는 싫어하고 향긋한 냄새는 좋아한다. 무덤덤한 맛은 싫어하고 맛있는 음식은 탐닉한다. 몸에 부드러운 것은 좋아하고 거친 것은 싫어한다. 좋은 느낌은 탐착하고 나쁜 느낌은 혐오한다.

이와 같이 여섯 가지 감각기관을 통해서 인식된 것들은 크게 좋은 것과 싫은 것이라는 관념[想]으로 분별하여 '나'라는 존재를 형성한다. 이처럼 우리가 보통 생각하는 '나'라는 존재는 첫째, 시간적으로 가계(家系)의 연장선상에 있으며 둘째, 공간적으로 주위 환경과 연관되어 있다. 셋째, 여섯 감각기관을 통해서 형성된 주관과 이에 상응하는 정보들로 형성된 객관과의 상호작용이 또한 '나'를 형성한다. 넷째, 이런 상호작용을 통해서 생겨난 상대적 개념이 '나'를 부자 혹은 가난한 사람, 지위가 높은 사람 혹은 비천한 사람, 선량한 사람 혹은 악독한 사람 등 자화상을 만들어 낸다. 다시 말하면, '나'는 이처럼 시간적으로, 공간적으로, 주관과 객관으로, 그리고 상대적 개념의 상호연관과 상호의존 속에서 연기된 존재이다.

 부처님께서는 인간존재를 포함한 모든 연기된 존재를 주로 5온이라는 용어로 표현하셨고 경우에 따라서 12처 혹은 18계라 설하시기도 했다. 연기된 모든 존재현상을 나타낸다 하여 일체법(一切法)이라 하기도 하고, 3가지 과목으로 분류한다 하여 5온 · 12처 · 18계를 3과(三科)라 부른다.

신행활동 과제

1. 자신이 생각하는 불교의 핵심적인 교리에 대해서 발표해 보자.
2. 지금 여기에 '나'는 어떤 존재인가를 생각해 보자.

2. 일체법

　일체법이란 모든 존재현상을 말한다. 불교가 지향하는 오직 한길이 인간 문제의 해결, 즉 인간 고(苦)의 해결인데 왜 경전에서는 인간 문제와 직접적인 관계가 없어 보이는 다소 현학적이고 철학적인 언급을 하고 있을까? 위에서 말했듯이 '나'는 다양한 연기적 관계 속에서만 존재한다. 이 연기적 관계를 떠난 나는 존재하지 않는다는 것을 보이기 위해 일체법을 설하신 것이다. 인간의 고는 일체법과 '나'라는 존재의 연기성을 체득하지 못한 데서 출발한다. 모든 존재현상은 '나'라는 존재와 밀접한 관계를 가지고 있기 때문에 그것을 이해함으로써 인간의 문제를 근원적으로 풀 수 있다. 즉 우리는 일체법의 참된 모습을 확실하게 이해하지 못하기 때문에 그것에 집착하고, 집착함으로써 그것이 변하거나 사라질 때 괴로워하게 되는 것이다.

　경전은 모든 존재현상의 연기성을 여러 방법으로 설한다. 대상은 같다 하더라도 상황에 따라 다른 설명이 필요하기 때문이다. 포괄적이고 종합적인 방법으로 설하기도 하고, 세부적이고 분석적인 방법으로 설하기도 한다. 예를 들면, 자연과학도들에게는 물질을 위주로 한 분석적인 접근이 쉬울 것이고, 인문학도들에게는 정신을 위주로 한 종합적인 설명이 더 설득력이 있을 것이다. 일체법을 이해하는 사람의 성향이나 능력, 또는 수준에 따라 다른 설명들이 필요한 것이다.

　일체법의 분류 방법 가운데 초기경전에 가장 일반적이고 구체적으로 언급하는 것은 5온, 12처, 18계이다. 정신적인 면에 초점을 맞추어 설명하는 것은 5온이며, 물질적인 면에 초점을 맞춘 것은 12처이다. 또한 정신과 물질 두 가지에 초점을 맞춘 것은 18계라고 한다. 어디에 초점을 맞추었던 상관없이 부처님께서 5온, 12처, 18계를 설하신 목적은 물질과 정신이 모두 영구불변하는 실체가 아니라, 연기하는 존재임을 확인시켜 주기 위함이다. 먼저 5온에 대해서 알아보자.

1) 5온

5온의 온(蘊)은 '모임', '다발'이라는 뜻이다. 때로는 '음(陰)'이라 한역했다. 5온이란 물질현상을 나타내는 색(色)과 정신현상을 표현하는 수(受)·상(想)·행(行)·식(識)을 말한다. 좁은 의미로는 인간 존재를 가리키며, 넓은 의미로 쓰일 때는 일체 존재를 의미한다. 일체법의 뜻으로 쓰일 때에는 색은 물질 전체를, 그리고 수·상·행·식은 정신 일반을 뜻한다. 인간 존재를 의미할 때 색은 지(地)·수(水)·화(火)·풍(風)으로 이루어진 육체를 의미하며, 수·상·행·식은 정신현상을 나타낸다. 인간 존재만을 특별히 구별해서 말할 때는 5온이라는 말 대신에 5취온(五取蘊)이라는 표현을 사용하기도 한다. 5온으로 이루어져 연기하는 '나'라는 존재를 고정불변의 자아로 착각하여 취착(取着)한다는 의미에서이다.

　색이 몸과 눈·귀·코 등의 인식기관을 형성하는 것이라면 수(受)는 육체가 감각적으로 받는 유쾌, 불쾌의 느낌과 정신이 지각적으로 느끼는 괴로움과 즐거움 등의 감수(感受)작용이다. 상(想)은 앞의 감수작용에 의해서 받은 느낌을 이미 축적된 개념과 연관지어 개념화한다. 앞에서 언급했듯이, 지위고하, 빈부격차, 아름다움과 추함 등 인간사회의 상대적 개념을 형성하는 데 주된 역할을 하는 정신작용이다. 행(行)은 위의 두 가지 감수작용과 개념작용 그리고 다음에 언급할 인식작용을 제외한 일체의 의지적 마음작용을 말한다. 물론 의업(意業)을 형성하기 때문에 형성력(形成力)이라 번역하기도 하지만, 기억, 상상, 추리 등의 지적작용과 의지작용이 주된 역할이다. 마지막으로 5온의 식(識)은 나누어서 아는 것, 분별, 판단, 인식의 작용을 뜻한다. 위의 정신작용들의 기저(基底)에서 인간이 역동적인 인식활동을 할 수 있는 근거를 제공한다.

이처럼 5온이 인간존재를 가리키든 일체의 만물을 지칭하든 5가지의 유형의 현상들이 모여 존재를 이루며, 이는 실체가 없고 항상 변하면서 연기하고 있다는 것을 보여 주는 가르침이다. 5온설은 이처럼 물질 영역은 색(色) 하나로 간단히 언급하고 정신영역은 4가지 유형의 의식현상을 구체적으로 설명한다. 이러한 5온설은 물질은 끊임없이 변하고 있다는 것은 쉽게 이해하지만, 정신은 실체적인 것으로 영원불멸한다고 믿는 사람에게 설한 것이다. 즉 이들에게 정신 또한 실체가 없으며 연기된 것임을 일깨워 주는 것이다.

2) 12처

12처란 6가지 감각기관과 6가지 감각대상을 합친 것을 말하는데, 12입

(十二入) 또는 12입처(十二入處)라고 부르기도 한다. 안(眼)·이(耳)·비(鼻)·설(舌)·신(身)·의(意)와 색(色)·성(聲)·향(香)·미(味)·촉(觸)·법(法)을 말하는 것으로 눈·귀·코·혀·몸·뜻과 그 대상인 빛·소리·냄새·맛·촉감·법이다. 여기서 보는 작용은 눈을 통해서 이루어지고, 듣는 작용은 귀를 통해서, 냄새 맡는 것은 코를 통해서, 맛보는 것은 혀를 통해서, 감촉은 몸의 각 부위의 피부를 통해서 이루어진다. 이 6개의 감각기관을 내입처(內入處)라 하며 6근(根)이라고도 부른다. 6근의 근은 기관(器官)이라는 뜻 이외에 기관이 가지고 있는 기능까지 포함한다. 즉 안근이라고 해서 안구만을 가리키는 것이 아니라 눈의 기능까지 포함한다.

6근에서 제6의 의근(意根)은 기능은 존재하지만 다른 5기관들처럼 직접 눈에 보이는 구체적인 기관은 아니다. 그러나 여기서 의식이 생기므로 전통적으로 일종의 기관으로 간주한다. 한편 6근에 상응하는 바깥 세계의 대상, 즉 빛깔과 형태, 소리, 냄새, 맛, 감촉할 수 있는 것, 의근의 대상[法]을 6경(境)이라 부르고 외입처(外入處)라고도 한다. 마지막 의근의 대상은 마음으로 생각할 수 있는 모든 것 혹은 일체 현상(法)을 말한다. 즉 12처 가운데 11처에 포함되지 않은 모든 현상이다.

이 우주에 있는 존재의 수는 셀 수 없이 많지만 요약해서 분류하면 주관계와 객관계로 나눌 수 있다. 주관계를 구성하는 것은 6내입처이고 객관계를 이루고 있는 것은 6외입처이다. 그러므로 주관과 객관의 모든 현상은 12처에 포섭된다고 볼 수 있다. 이와 같은 일체법의 분류 방식은 일체 존재의 주체인 인간의 인식 능력을 중심으로 구분해서 체계화한 것이다.

5온과 마찬가지로 12처의 교설도 일체법의 연기성을 가르치기 위한 것이다. 5온설은 물질영역 보다 정신영역에 초점을 맞추어 설명했다면, 반대로 12처설에서는 정신영역은 의처(意處)와 법처(法處)로 간단히 설명하고 나머지 10처에서 물질영역에 대한 설명을 더 구체적으로 하고 있다. 특히 이것은 물질이 실체라고 생각하거나 물질을 이루는 기본 요소는 영원불멸하다고 생각하는 사람들에게 물질에 실체가 없다는 것을 보여 주어 일체를 구성하는 12처도 모두 연기하고 있음을 가르쳐 준다.

3) 18계

18계설에서는 일체의 존재를 인식기관[6根]과 인식대상[6境], 그리고 인식작용[6識]으로 분류한다. 눈을 통해서 빛깔이나 형상을 보기 때문에 그것을 식별하는 작용이 일어나게 된다. 그것을 안식(眼識)이라 한다. 귀로써 소리를 듣기 때문에 이식(耳識), 코로써 냄새를 맡기 때문에 비식(鼻識), 혀로 맛을 느끼기 때문에 설식(舌識), 몸으로 무엇을 접촉하기 때문에 신식(身識), 마음으로 무엇을 생각하기 때문에 의식(意識)이 일어나게 되는 것이다. 이것을 6식(六識)이라 한다. 이처럼 18계에 '이것이 있음으로 저것이 있다'는 연기법의 원리가 그대로 적용되고 있음을 알 수 있다. 즉, '6근으로 인하여 6경이 있고, 6근과 6경으로 인연해 6식이 있으며, 6식으로 인하여 6촉(六觸)이 있으며…' 로 이어지는 연기법의 형태를 보여준다. 일체법이라고 하는 것이 별 것이 아니라, 우리의 감각기관과 그 대상의 화합에 의해서 생기는 연기된 인식에 불과하다는 것이다.

그러므로 인식주체나 객체, 여기서 생기는 인식은 그 실체가 있어 홀로 존재하는 것이 아니라 서로 의존해서 생겼다 사라지는 연기적 존재라는 것을 잘 보여주고 있다. 18계설은 물질과 정신에 실체가 있어 영원하다고 믿는 사람들을 위해 설한 것이다. 이들에게 물질과 정신의 참모습인 연기성을 보여줌으로써 그것에 대한 집착을 끊도록 하기 위한 것이다. 18계설에서도 결국 정신이든 물질이든 모든 현상은 영구불변의 실체가 아니며 연기하여 존재할 뿐이라는 사실을 강조하고 있다.

이상에서 살펴본 것처럼 부처님께서 일체법인 5온, 12처, 18계를 설하신 목적은 모든 존재의 참모습을 보여주기 위함이다. 다음에 살펴볼 삼법인(三法印)에서는 일체법의 참모습이 무엇인지를 좀 더 구체적으로 가르쳐 준다.

신행활동 과제

1. 물질이나 정신현상이 변화하는 모습을 예를 들어 발표해 보자.
2. 일체법이 연기법의 원리에 의해서 존재함을 설명해 보자.

3. 삼법인

 법인(法印)이란 법의 도장이라는 뜻이다. 법이란 물론 진리를 말하고 인장은 진리로써 인증하는 증표를 나타낸다. 이 진리는 부처님께서 발견하셨으므로 부처님의 교법이라 하며 불교를 다른 종교나 사상과 구별하기 위한 기준으로 사용된다. 삼법인의 사상과 일치하면 불교이고 그렇지 않으면 불교가 아니라고 할 수 있다. 왜냐하면 삼법인은 불교의 핵심 사상인 연기법의 실상을 잘 설명해 주고 있기 때문이다.

 삼법인은 초기경전에는 주로 제행무상(諸行無常), 일체개고(一切皆苦), 제법무아(諸法無我)의 형식으로 나타나지만, 일체개고 대신 열반적정(涅槃寂靜)을 넣어서 제행무상, 제법무아, 열반적정의 형식을 취하기도 한다. 삼법인이 어떤 맥락에서 설해지는가를 알기 위해서 초기경전에 자주 나타나는 무상·고·무아에 관한 부처님의 말씀을 직접 읽어보자.

 부처님이 바라나시의 녹야원에 있을 때의 일이다. 어느 날 부처님은 다섯 비구에게 설법하다가 이런 질문을 했다. "비구들이여, 내가 물을테니 아는 대로 대답해 보라. 육체(色)란 영원히 변하지 않는 것인가, 시시각각 변해서 무상한 것인가?" "무상한 것입니다." "무상한 것이라면 즐거운 것인가 괴로운 것인가?" "괴로운 것입니다." "육체가 무상하고 괴로운 것이라면 '그것은 나의 것(我所)이며, 나(我)이며, 나의 본체(我體)이다'라고 생각하는 것이 옳은가 그른가?" "옳지 않습니다. 그것은 나가 아닙니다(無我)." "그러면 정신의 세계인 감수작용(受)과 개념작용(想), 그리고 의지(行)와 인식(識)은 어떠한가?" "그것 역시 영원한 것이 아니며, 즐거운 것이 아니며, 나의 것도 나의 본체도 아닙니다." "참으로 그러하다. 그렇게 관찰하는 것이 옳다."

「잡아함경」 제1권 34경 「오비구경(五比丘經)」

초기경전을 읽다 보면 부처님은 제자들에게 기회가 있을 때마다 5온의 무상함, 괴로움, 그리고 무실체성을 강조하심을 발견하게 된다. 위의 경에서도 5비구들에게 조목조목 물으시며 5온은 무상한 것이며 괴로운 것이며 따라서 실체적 자아는 없다는 것을 확인시켜 주신다. 이러한 일체법의 3가지 특성을 불교학자들이 삼법인이라 명명한 것이다.

위에서 언급한 대로 무상함에서 괴로움을 유추할 수 있으니까 이것 대신 열반적정을 넣어 삼법인이라고 하는 경우도 있다. 관찰해야 할 현실상태는 무상·고·무아의 일반적 연기현상이지만 성취해야 될 이상은 연기에 대한 관찰로 생기는 열반적정의 상태이다. 『증일아함경』 권18에는 아예 열반을 포함해서 사법인의 형태로 나타난다.

삼법인 중에서 가장 이해하기 어렵고 실천하기 힘든 교설은 무아설이다. 예로부터 무아설을 어떻게 해석하느냐에 따라 불교학의 발전 양상이 달라진 것을 알 수 있다. 특히 지금 분명 '나' 라고 하는 것이 경험하고 있다. 이 경험하는 '나' 가 엄연히 있는데 왜 '나' 가 없다고 하는가? 우리가 여기서 무아로 부정되는 그 '나' 라는 것이 우리가 일상생활에서 상식적으로 경험하고 있는 '나' 를 말하는 것은 아니다. 부처님이 부정하신 것은 당시 외도들이 말하는 '영원불멸의 실체적인 나' 혹은 '본체로서의 나'이다. '나'는 연기적으로 존재하는 5온이며, 이것이 바로 지금 내가 현상적으로 경험하는 '나'인 것이다. 이 연기적으로 존재하는 '나'에 '진아(眞我)'와 '대아(大我)' 같은 수식어를 붙여 놓으면 이를 '고정된 실체적인 나'로 착각하고 집착하기 때문에 문제가 생기는 것이다. 무아를 설명하면서 잠시라도 연기법의 원칙을 벗어나면 실체적인 관념의 '나'가 침입하여 무아의 참된 의미를 왜곡시켜 버린다.

그렇다면 부처님께서는 무상·고·무아의 삼법인 교설을 통해 무엇을 가르치려 하셨을까? 이 교설의 실천적 의미는 무엇일까?

1) 무상설의 실천적 의미

일체의 삼라만상이 끊임없이 변해가며, 모든 것이 무상하다는 것은 누구나 다 잘 알고 있다. 아무리 작은 미립자의 물질이라고 하더라도 끊임없이 변화하는 에너지에 불과하며, 원자로부터 우주에 이르기까지 물리·화학적으로 찰나찰나 변화하지 않는 것은 아무 것도 없다는 것을 자연과학도들은 너무 잘 알고 있다. 이러한 무상의 원칙이 현대과학의 발달로 더욱 확실하게 증명되기는 하지만, 부처님은 우리들에게 어떤 과학적인 지식을 주기 위해서 무상관을 가르친 것은 아니다. 우리 인간이 당연히 누려야 할 참다운 삶, 가치 있는 삶, 영원한 삶을 얻게 하기 위한 실천적인 의미로 무상의 참뜻을 말씀하신 것이다.

인간은 기쁠 때보다 슬플 때 인생에 대해서 진지하게 사색하게 된다. 어느 날 갑자기 진정으로 사랑하던 사람이 죽거나, 말기 암환자가 되어 죽을 날을 받아 놓았거나, 아니면 자신이 불의의 교통사고로 불구의 몸이 되었을 때 저 마음 깊은 곳에서부터 인생에 대한 무상함을 뼈저리게 경험하게 된다. 우리는 모두 언젠가는 죽는다. 나이 순서대로 죽는 것도 아니며, 재산이 없는 순서대로 죽는 것도 아니다. 지식이 없는 순서대로 죽는 것도 역시 아니다. 누구나 갑자기 죽을 수 있으며 불의의 사고를 당할 수도 있다. 이처럼 무상함에 대해서 깊은 사색을 하면 할수록 하루를 살더라도 의미있고 가치있는 삶을 살 수 있다.

고생하지 않고 유복하게 사는 사람들 중에 교만하고 자기밖에 모르는 사람들이 가끔 있다. 실패를 모르고 승승장구로 일이 잘 풀려 성공한 사람은 자칫하면 자만에 빠지기 쉽고 일에 집착하기 쉽다. 이런 사람들은 무상관을 닦아야 유비무환(有備無患)의 삶을 영위할 수 있다. 무상의 법칙은 빈부와 지위고하를 막론하고 예외 없이 적용된다는 사실을 무상관을 통해서 터득할 때 인생의 순경(順境)과 역경(逆境)에 상관없이 겸손한 마음으로 수행의 삶을 살아갈 수 있을 것이다.

우리는 무상의 긍정적인 면보다는 부정적인 면을 더 강조하는 경향이 있다. 그러나 사실상 인생은 좋은 쪽에서 나쁜 쪽으로의 변화만 있는 것이 아니라, 그 반대의 경우도 얼마든지 있다. 지금 현재 소외되어 불행한 삶을 살아간다 할지라도 희망을 가지고 사노라면 복된 삶을 맞이할 수 있는 것도 모든 현상이 끊임없이 변하기에 가능한 것이다. 복권이 당첨되는 그런 극단적인 역전의 삶이 꼭 아니더라도, 얼마든지 박복이 유복으로,

불행이 행복으로, 병약함이 건강함으로 역전될 수 있다. 역전의 인생이 가능한 것도 역시 바로 이 무상의 원리 때문인 것이다. 이처럼 무상의 긍정적인 면에 대한 관찰은 무상설은 염세적이며 비관적인 현실관이라는 오해를 바로 잡아 주고 무상의 진리를 올바르게 이해하도록 해준다.

2) 괴로움의 실천적 의미

불교에서 인간이 사는 곳을 사바세계라 한다. 고통을 참고 살아야 하는 세계라는 뜻이다. 인간 존재 자체가 괴로움이라는 의미이다. 왜냐하면 모든 것은 변화하기 때문이다. 예를 들면, 변화한다는 것은 물질을 구성하고 있는 분자들처럼 끊임없이 운동하며 서로 충돌하고 있음을 나타낸다. 변화하는 현상은 이처럼 충돌과 팽팽한 갈등의 구조를 이루고 있으므로 불안정한 상태이다. 이런 상태가 몸과 마음에서 지속될 때 우리는 이것을 괴로움, 고통, 고뇌 등이라 느낀다. 괴로움의 유형에 따라 일체개고를 3가지로 분류하는데, 고고(苦苦)는 괴로움 자체의 고통, 행고(行苦)는 시간적으로 덧없이 변하는 데서 오는 고통, 그리고 괴고(壞苦)는 공간적으로 이루어진 것이 부서지는 데서 오는 공허감의 고통이다.

첫째, 고고는 매우 일반적인 의미의 괴로움 자체를 말한다. 육체적으로나 정신적으로 힘든 상태, 부조화의 상태에서 오는 고통이다. 불치병에 걸려 병실에 누워 신음하는 고통, 어두운 밤거리에서 치한들에게 두들겨 맞는 아픔, 감옥에서 고문을 받을 때의 고통, 힘든 노동으로 인해 몸살을 앓는 고통 등 여러 종류의 육체적 고통이 있을 수 있다. 그러나 참으로 괴로운 것은 정신적인 압박감과 불안감, 그리고 모멸감과 수치심이다. 잘 모셔야 하는 홀어머니와 사랑하는 부인 사이에서 심한 갈등을 보아야 하는 외아들은 괴롭다. 그토록 사랑하고 믿었던 사람이 배신했을 때 정말 고통스럽다. 아들이나 딸이 대학시험에서 낙방하여 불량배들과 어울려 탈선하는 모습을 보는 부모들은 괴롭다. 인기나 명예를 잃는 것도 괴롭다. 인기를 누리던 연예인이 인기를 잃고 무대 한쪽에서 빈 객석을 바라보는 것은 참으로 허탈하다. 위의 고통들은 인간이라면 지위고하를 막론하고 겪을 수 있는 괴로움들이다.

이런 괴로움을 당할 때 고통에 대한 관찰을 하지 않는 대부분 사람들은 자신만이 이런 고통을 당하고 있다고 생각하여 이중의 고통으로 시달리게 된다. 그러나 고통의 진상을 아는 수행자는 누구나 겪는 고통이라고 생각하고, 이 괴로움 또한 무상하므로 끊임없이 변화하고 있음을 통찰한다. 그래서 아픔에 또 다른 아픔을 불러오는 어리석음을 범하지 않는다.

둘째, 행고는 모든 것이 시간적으로 변함으로 인해 겪게 되는 고통으로 삼법인의 첫 번째인 제행무상에서 오는 괴로움이다. 아름다운 젊음을 잃어야만 하는 괴로움, 왕성한 정력과 혈기를 잃어가는 괴로움, 나이 먹고 능력 없이 회사 돈만 축내고 있다고 퇴출당해야 하는 괴로움, 세월의 변화에 따라 늙어 죽어야만 하는 괴로움 등이 있다. 그러나 행고를 관찰하는 수행자는 팽팽하고 생기 넘치는 얼굴에 험한 주름살이 생기더라도 있는 그대로 받아들이며 완숙의 미를 음미할 수 있으므로 이로 인한 더 이상의 괴로움은 생기지 않는다.

마찬가지로 정력과 기력이 조금 떨어지더라도 생리적인 현상임을 받아들이고 조신(調身)의 묘를 터득하게 되면 이로 인한 괴로움에 빠지지 않는다. 나이 때문에 회사에서 퇴출당했을 때, 자신의 능력에 맞는 다른 직업을 적극적으로 찾는다면 이로 인한 괴로움은 능히 극복할 수 있다. 늙음과 죽음에 대해서 한탄하고 두려워할 것이 아니라, 누구에게나 반드시 찾아오는 늙음과 죽음을 어떻게 맞을 것인가를 차분히 생각해 보는 시간을 갖게 되면, 이로 인한 허탈감과 두려움을 떨쳐낼 수 있을 것이다.

셋째, 괴고는 어느 공간 속에 이루어져 있던 것이 부서지거나 없어지는 데서 오는 고통이다. 예를 들면, 애지중지하던 값비싼 고려청자가 깨진 데서 오는 괴로움, 태풍이나 지진으로 인해 무너져 버린 집을 보는 괴로움 등 물리적인 무너짐에 대한 고통이 있다. 또한 가문이 무너지고, 우정이 깨지고, 결혼생활이 무너지는 것과 같은 심리적인 해체의 상태에서 오는 괴로움 역시 매우 견디기 힘들다.

그러나 괴고에 대한 관찰을 게을리 하지 않는 수행자는 깨진 고려청자를 보고 잠시 애석해 하더라도 원래 내 것이 아니라 잠시 보관했을 뿐이라고 생각하여 그 물건에 대한 집착의 마음을 버린다. 태풍이나 지진으로 집이 무너져 버렸다면, '이 엄청난 재해에 죽지 않고 살아남았다는 것만도 얼마나 다행인가'라고 생각하며 애석한 마음을 정리한다. 가문, 우정, 결혼이 깨진 것에 대해서도 '죽어서 헤어지기도 하는데 인연이 다해서 깨진 관계를 어쩔 것인가'라고 생각하며 마음을 안정시킨다. 어떤 형태의 고통이든 그것을 붙잡고 있지 않고 놓아 버리면, 괴로움의 속성이 무상하여 변하는 것이기 때문에 오래 머물러 있지 않는다. 방하착(放下着)하여 마음을 비워 버리면 괴로움이란 실체가 없이 연기적으로 존재한 것이기에 곧 사라져 버릴 것이다.

3) 무아의 실천적 의미

　괴로움만 실체가 없는 것이 아니라 괴롭다고 생각하는 '나'도 실체가 없다. 즉 무아이다. 위에서 연기법을 설명할 때, '나'라는 존재는 홀로 만들어진 것이 아니라 여러 가지 원인과 조건에 의해서 연기해 있는 것이라 했다. 우리가 애지중지하는 이 몸도 내가 아니며, 느낌, 개념, 생각 등도 또한 내가 아니다. 이 몸이란 부모님을 의지해 태어난 것이며, 느낌, 개념, 생각 등이란 가정, 학교, 사회, 그리고 살아오며 부딪쳐 온 주위의 환경으로부터 배워 익혀 온 것들에 불과한 것이다.
　몸을 구성하고 있는 육신의 지·수·화·풍(地水火風) 또한 이 우주의 가득한 그 물질을 잠시 인연에 맞게 빌어다 쓰고 있는 것일 뿐이다. 우리가 늘 먹고 있는 밥에 대해서 생각해 보자. 한 톨의 쌀이 있기 위해서 땅과 물, 태양빛과 공기가 있어야 한다. 뿐만 아니라 농부의 피땀 어린 노력과 정성이 깃들어야 양질의 쌀을 얻을 수 있다. 이 쌀이 우리가 먹을 수 있는 밥이 되기 위해서는 또 다시 물[水]과 열[火]의 인연을 만나야 한다. 밥은 밥이지만 우리가 먹고 나면 밥은 더 이상 밥이 아닌 몸 속의 자양분으로 된다. 살이 되고 뼈가 되어 '내 몸'이 되는 것이다. 밥상의 국도 반찬도 과일도 먹고 나면 '내 몸'이 된다. 물도 물이지만 마시고 나면 '나'

가 되고, 공기도 공기지만 들이마시고 나면 '나의 호흡'이 된다. 이렇게 생각하면 본래부터 '나' 혹은 '나의 것'이였던 것은 하나도 없다. 잠시 인연에 따라 나에게로 오면 그것을 보고 '나'라고 이름지어 집착하는 것일 뿐이다. 어머니의 배 속에 처음 잉태되었을 때 '내 몸'이라고 하는 것은 눈에 잘 보이지도 않는 한 방울의 이슬과 같았다. 이 이슬방울과 같은 몸이 어머니가 주신 자양분을 의지해서 지금 우리의 몸으로 변한 것이다. 그러나 시간이 흐른 뒤까지 지금 이 모습, 이 세포 그대로 남아 있지 않을 것이다. 머리도 변하고 살결도 변한다. 끊임없이 '나의 모습'은 변한다. 이처럼 변화하는 가운데 만들어진 '나'는 '나'라고 할 만한 실체를 찾아볼 수 없다.

그렇다면 내 느낌, 생각, 가치관 등에서 '나'라는 실체를 찾아낼 수 있을까? 지금 내가 '좋다 혹은 싫다'라고 느낄 때 그 느낌이 '나'일까? 나의 느낌이며, 생각이며, 가치관이며 세계관들은 어디에서 나왔을까? 모두가 다른 사람의 말이거나, 교육을 통해서 배웠거나, 살아오며 경험하고 환경에 의해 익혀 온 개념이나 이야기일 뿐이다. 우리는 가정, 이웃, 사회, 국가라는 환경 속에서 순간순간 일어나고 있는 사건에 대한 이야기를 받아들인다. 책과 대중매체를 통해 그리고 인터넷을 통해 끊임없이 받아들인 정보를 내 느낌, 내 생각, 내 사상, 내 가치관이라 한다. 하지만 속내를 들여다 보면 배우고 익혀서 받아들인 느낌, 생각, 가치관, 관습, 고정관념들이 우리의 머릿속을 점령하여 온통 나의 가면을 덮어쓰고 '나' 혹은 '나의 것'이라는 허상을 만들어 내고 있는 것이다.

성격의 온화함과 포악함, 몸매의 좋고 나쁨, 능력 혹은 지식의 차이, 근기의 우열, 이 모든 것들은 본래 있는 것이 아니다. 원인과 조건들이 만났을 때 연기해 생겼을 뿐인데 '나'라는 주머니 속에 주워 담고는 좋으니 싫으니, 행복하니 불행하니, 잘났느니 못났느니, 날씬하니 뚱뚱하니, 크니 작니, 숱한 분별과 비교하는 마음을 일으킨다. '나'와 남을 구분하여 비교하면 할수록, '나'라는 주머니는 자꾸자꾸 커져만 간다. 너무 커져 주체할 수 없어 결국 쓰러지게 된다. 그냥 놓아버리면 모든 분별심이 딱 끊어져 온통 환히 밝아지고 자유롭다. 나를 내세우지 않으면 모든 시비가 끊어지고 삶이 편안하고 맑아진다. 무아를 실천하면 삶이 복되고 넉넉해진다. 달려오는 기차에 자신의 목숨을 내던져 아이를 구하다 발목이 잘린 어느 역무원의 안타깝지만 아름다운 일화나, 일본인 지하철 승객을 구하려고 철길로 뛰어들어 목숨을 잃은 어느 한국 유학생의 국경을 초월한 감동적인 행위는 바로 무아적인 실천행이 정말 가능하다는 것을 입증해 준다.

신행활동 과제

1. 일체의 삼라만상이 끊임없이 변화하는 현실 속에서, 우리가 지녀야 할 올바른 생활 태도에 대해서 토론해 보자.
2. 괴로움의 원인과 종류를 나열해 보고, 각자 구체적인 해결책을 발표해 보자.
3. '나' 혹은 '나의 것'이라고 할 때, 이것의 실체는 무엇인가?

4. 사성제

부처님께서 성도하신 후에 펴신 최초의 설법은 고·집·멸·도(苦·集·滅·道) 사성제(四聖諦)이다. 사성제는 부처님의 최초의 설법인 동시에 일생의 설법이다.

부처님은 성도 후 수 주일 동안 선정에 잠기신 후 자신의 법을 듣고 이해할 수 있다고 생각되는 교진여 등 다섯 비구를 찾아 베나레스의 녹야원으로 갔다. 그리고는 고·집·멸·도 사성제법을 설했다. 다섯 비구들에게 최초로 사성제를 설했다고 해서 그것을 '초전법륜(初轉法輪)'이라고 한다. 최초로 깨달음에 이르는 법의 수레바퀴를 굴렸다는 뜻이다. 이 초전법륜에 의해서 불교교단이 성립된다. 불교교단이 성립하려면 불·법·승(佛法僧)의 3보(三寶)가 있어야 하는데, 사성제를 설한 초전법륜으로 부처님과 부처님의 가르침과 부처님의 가르침을 배우고 닦고 전할 제자들이 생긴 것이다. 먼저 경전의 말씀을 읽어보자.

부처님께서 베나레스의 녹야원에 머무르실 때의 일이다. 어느 날 부처님은 제자들에게 이렇게 설법하셨다.

"네 가지의 성스럽고 참다운 진리가 있다. 무엇을 네 가지라고 하는가? 첫째는 모든 것은 괴롭다는 진리요[苦聖諦], 둘째는 괴로움의 원인은 쌓임에 있다는 진리요[苦集聖諦], 셋째는 모든 괴로움이 소멸된 진리요[苦滅聖諦], 넷째는 괴로움을 소멸시키는 방법의 진리[苦滅道聖諦]다. 만약 수행자로서 이미 모든 것이 괴롭다는 진리를 알고 이해하며[知], 괴로움의 원인이 쌓임에 있음을 알고 끊으며[斷], 괴로움이 소멸된 진리를 알고 증득하며[證], 괴로움이 사라지는 방법의 진리를 알고 닦았다면[修], 그런 사람은 빗장과 자물통이 없고, 구덩이를 편편하게 고르고, 모든 험하고 어렵고 얽매이는 것으로부터 벗어났다고 하리라. 그는 어질고 성스러운 사람[賢聖]이라 부를 것이며 거룩한 깃대를 세웠다고 하리라."

『잡아함경』 제15권 386경 「현성경(賢聖經)」

여기서 부처님은 괴로움의 세계라는 현실과 그 고통의 원인, 괴로움이 멸한 세계, 그리고 괴로움을 멸하는 길을 깨우쳐 주신다. 이 사성제의 실천구조는 환자의 병을 치료하는 원리와 유사하다. 고, 즉 괴로움은 우리들이 앓고 있는 병의 증상에 해당된다. 그리고 집, 즉 미혹과 집착의 갈애(渴愛)는 발병의 원인이 된다. 멸, 즉 괴로움이 멸해서 평안한 상태는 병이 없는 건강한 상태이다. 마지막으로 도, 즉 괴로움을 없애고 열반에 이르는 길은 병을 치료하는 방법이다. 현실의 괴로움과 괴로움의 원인은 길고 먼 윤회의 길로 추락하는 경로를 나타내고 괴로움의 소멸과 소멸하는 방도는 영원한 행복과 자유가 있는 열반의 고향으로 되돌아가는 경로를 보여준다. 그렇다면 부처님께서 파악한 현실의 괴로움은 어떤 것인가?

1) 괴로움

사성제의 첫 번째는 괴로움에 대한 명확한 인식이다. 즉 고성제이다. 현실의 괴로움은 보통 4고·8고(四苦 八苦)로 분류한다. 생·노·병·사(生 老 病 死)라는 삶의 모든 과정에 대한 4가지 괴로움에 다른 4가지 괴로움, 즉 애별리고(愛別離苦), 원증회고(怨憎會苦), 구부득고(求不得苦), 오음성고(五陰盛苦)를 합해서 8고라 한다. 삶을 받는 괴로움, 늙는 괴로움, 병드는 괴로움, 죽는 괴로움은 윤회의 굴레를 벗어나지 못하는 한 누구나 겪어야 하는 보편적인 괴로움이다. 또한 좋아하는 사람과 헤어지거나 정든 환경을 떠나야 하는 괴로움, 싫은 사람을 만나야 하거나 열악한 환경 속에서 살아야 하는 괴로움, 원하는 것이 뜻대로 이루어지지 않는 괴로움, 마지막으로 5온은 나와 나의 것으로 집착하는 데서 오는 괴로움이다.

위와 같은 괴로움에 대한 여실한 인식이 사성제의 첫 번째 진리이다. 우리는 일반적으로 이런 괴로움을 늘 겪고 있으면서 인간 존재의 실상을 여실하게 보는 지혜가 없기 때문에 이 진리에 대해서 전적으로 공감하지 못한다. 사랑하는 사람과 헤어지거나 미운 사람을 만나면 당장 괴롭다고 생각하지만 시간이 지나면 이내 망각하고 지낸다. 불교 수행의 출발점은 괴로움에 대한 정확한 인식인데, 고의 실상을 바로 보는 순간 고통을 여의고 안락함[離苦得樂]을 얻을 수 있는 것이다. 호랑이를 잡으려면 호랑이굴에 들어가야 한다는 속담도 있고 전쟁 중에 상대를 알면 백전백승이라는 말이 있듯이 고통을 여의고 안심입명을 얻기 위해서는 괴로움의 실체를 바로 알아야 한다. 괴로움을 두려워하며 피할 것이 아니라, 정면으로 맞서 괴로움을 직시해야 한다. 고통의 무게를 못이겨 삶을 포기하거나 자살하는 사람들은 정말 헤어나오기 힘든 암흑의 늪으로 빠져드는 것이다. 아무리 괴롭고 힘들더라도 회피하지 않고 적진을 향해 달리는 용맹스런 장수처럼 고통을 직면해야 한다. 당당하게 괴로움과 맞설 때 그 실체를 정확히 인식하여 원인과 해결책을 마련할 수 있는 것이다.

2) 괴로움의 원인

사성제의 두 번째는 괴로움의 원인에 대한 확실한 인식이다. 즉 집성제이다. 집(集)이란 '함께 모여 일어난다[集起]'는 뜻이다. 무엇이 함께 모여 일어나는가? 인간의 근본 미혹으로 인한 욕망과 애착이 모여 괴로운 번뇌가 일어난다. 이것을 한 마디로 '갈애(渴愛)'라 한다. 욕망의 갈증과 존재에 대한 애착이다. 이 갈애가 바로 괴로움의 원인인 것이다. 감각기관을 통해서 보기에 좋은 것, 듣기에 좋은 것, 좋은 향기, 좋은 맛, 감촉이 좋은 것만을 탐한다. 그 욕망의 정도는 끊임이 없다. 하나를 충족시키면 둘을 요구하고 둘을 들어 주면 셋을 요구한다. 그래서 이것이 괴로움의 원인이 되는 것이다. 이것을 '욕애(欲愛)'라고 한다.

좋은 것만을 탐닉하는 인간의 성향 이면에는 '나'라는 존재가 영원하여 좋은 것을 항상 향유하기를 바란다. 지금 이 목숨이 계속 이어지기를 바라며 생에 대한 강렬한 집착을 버리지 않는다. 바로 이 생에 대한 갈애와 집착이 '유애(有愛)'이다.

이처럼 욕애와 유애를 추구하다가 더 이상 나아갈 수 없을 때 자포자기한 상태에서 허무를 탐닉한다. 이것을 무유애(無有愛)라 한다. 쾌락주의의 극치는 허무주의와 통하는 것이다. 그러나 이런 양극단에 치우친 태도는 항상 고통의 원인이 된다.

　고통의 원인을 파악하려고 하는 삶의 태도는 매우 적극적이며 역동적이다. 부처님은 최초의 설법 중에서 "최초의 진리가 괴로움의 인식이고 괴로움의 원인을 여실히 관찰하고 인식한 사람이 있다면 그는 이미 괴로움에서 벗어난 사람이다."라고 말씀하셨다. 앞에서 자살에 대해서 잠시 언급했듯이, 이 말을 듣고 어떤 이는 이런 질문을 할 수도 있다.

　"카드 빚에 쪼들려 더 이상 견딜 수 없어 동반자살한 가족, 부도를 내고 자살한 중소기업체 사장, 일등에서 이등으로 떨어졌다고 아파트 옥상에서 떨어져 죽은 어느 학생, 이들은 모두 자살을 결행할 정도로 이 세계의 고통을 절감했을 것이기 때문에 결과적으로 고통을 경험하고 자살함으로써 고통을 벗어난 사람들인가?"

　물론 이것은 전제가 잘못된 어리석은 질문이다. 자살한 사람들은 이유가 무엇이든지 간에 고통을 절감한 것은 사실이다. 그러나 이들은 그 고통의 원인이 무엇인가를 파악할 생각조차 해보지 못하고 이 어려움을 겪는 것보다는 차라리 죽는 편이 더 낫다고 판단했을 것이다. 이는 괴로움에 직면한 것이 아니라 도피한 것이며, 삶에 대한 태도가 너무 소극적이고 무기력했음을 단적으로 나타내는 것이다. 오죽 괴로웠으면 자살까지 했겠냐고 묻겠지만, 사실 그들은 괴로움에 빠져 버려 헤어나오지 못하고 그 속에 함몰되어 버린 것이다. 괴로움에 대한 바른 인식과 괴로움의 원인을 관찰할 생각을 낸다는 것은 희망과 용기를 잃지 않고 삶을 진지하고 성실하게 살아간다는 것을 의미한다. 즉 사성제의 첫 번째와 두 번째의 진리를 잘 실천하고 있는 사람이다.

3) 괴로움의 소멸

 사성제 중에서 멸성제는 괴로움이 소멸된 상태, 즉 괴로움의 원인인 갈애 또는 탐냄과 성냄과 어리석음이 모두 사라진 평온의 경지를 나타낸다. 모든 괴로움의 원인이 소멸되었으니 괴로움도 당연히 사라져야 한다. 괴로움이 없는 인생, 이는 이미 중생의 삶이 아니라 열반과 해탈을 성취한 성자의 삶이다. 병에 걸렸다는 사실을 직시하고 그 병의 원인을 정확히 진단하여 병을 모두 치료했으니 이제 더 이상 환자가 아니다.
 다시 말해 고통스러운 병과 그 원인이 소멸되었다는 것은 삼법인에서 언급한 열반적정의 상태이며, 이 장의 마지막에서 살펴 볼 12연기의 역관(逆觀)의 결과로 해탈의 경지를 말한다. '모든 존재현상은 끊임없이 생멸하고[無常], 생멸, 변화하는 현상들은 갈등과 갈애의 상태를 면치 못하며[苦], 이런 생멸하는 갈등과 갈애의 현상 이면에는 어떤 고정불변의 실체가 존재하는 것이 아니다[無我]'라는 진리를 확실히 체험하면 바로 그 상태가 열반적정인 것이다. 이렇게 괴로운 존재현상의 시작과 끝을 여실히 관찰하여 체득함으로써 해탈열반의 세계를 성취하게 된다. 즉 괴로운 존재현상을 떠나 어떤 열반적정의 세계가 따로 존재하는 것이 아니라, 삶의 모습을 여실하게 바로 보면 열반적정이며 해탈이고, 잘못 보면 괴로움이고 번뇌이고 무명(無明)이다.

여기에 멸성제의 현실적이고도 실천적인 의미가 있다. 고뇌와 무지로 점철된 삶의 질곡이 따로 있고 해탈열반의 이상세계는 저 멀리 존재한다면 고통의 삶을 극복하기 위한 수행은 불가능할 것이다. 일상생활에서 만나는 이들에게 너그러운 자비심과 공경으로 대하고, 좋은 말, 밝은 얼굴로 내 욕심을 접고 먼저 양보하며 남의 일을 같이 기뻐하고 상처를 안아주며, 감사하고 찬탄하며 모든 공덕을 함께 나누면, 바로 그 순간 괴롭고 힘든 고통의 삶이 지금 여기에서 신나고 기쁨이 넘치는 수행의 삶으로 전환된다. 멸성제의 현실적 성취를 위한 구체적인 실천방법이 다음에 살펴볼 도성제(道聖諦) 즉, 8가지 바른 수행의 길이다.

4) 괴로움을 소멸하는 길 – 팔정도

사성제 가운데 도성제, 즉 고멸도성제(苦滅道聖諦)는 괴로움을 소멸하는 길 또는 8가지 수행방법[八正道]을 말한다. 바른 견해(正見), 바른 사유(正思惟), 바른 말(正語), 바른 행위(正業), 바른 생활(正命), 바른 노력(正精進), 바른 마음챙김(正念), 바른 선정(正定)이 그것이다. 팔정도는 불교의 종합수행법이며, 불교수행의 요체일 뿐만 아니라, 유구한 세월을 통해 많은 수행자들에 의해 계발되고 계승된 불교의 각종 수행법의 토대가 된다. 팔정도의 수행덕목들은 서로 밀접하게 연관되어 있고 수행의 핵심 사항들이

종합적으로 집대성되어 있다. 팔정도의 각 덕목들은 정견을 얼마나 깊고 정확하게 이해하느냐에 따라 그 수행 결과가 달라진다. 또한 팔정도 수행의 출발점은 정념이고 그 노력이 정정진이며 이것이 지속적으로 이어져 집중에너지가 형성되면 정정, 행동으로 자비를 실천하는 것이 정어, 정업, 정명이다. 다음에서 팔정도의 덕목들을 알아보자.

팔정도의 첫째는 정견이다. 정견은 '바르게 본다' 또는 '바른 견해' 라는 뜻으로서 석가모니의 깨달음을 듣고 공부하여 올바른 이해를 하는 것이다. 정견은 사성제를 위시한 삼법인, 12연기설과 같은 불교의 핵심교리에 대해서 올바른 이해를 하여 올바른 가치관과 세계관을 갖는 것이다. 정견은 모든 불교수행의 시작이며 끝이다. 정견이라는 첫 단추를 잘못 끼우면 그 수행의 결과는 잘못될 수밖에 없다. 그래서 부처님께서는 '옳고 그름을 판단하는 지적 능력이 바로 정견이다' 라는 의미로 다음과 같이 말씀하고 계신다.

> 비구들이여, 정견은 [8정도 수행의] 시작이다. 왜 정견이 시작인가? 잘못된 견해는 잘못된 견해라고 이해하고 바른 견해는 바른 견해라고 이해한다.
>
> 『잡아함경』 제28권 「사견정견경」

그러므로 이 경에서 부처님은 수행하기 전에 정견을 먼저 확립하도록 가르친다. 정견의 확립은 모든 존재의 실상을 무상과 고와 무아로 보고, 4성제의 관점에서 보아 모두 연기해 있음을 이해하는 것이다. 이처럼 연기적으로 파악해야 고정된 판단 근거로부터 자유로워진다. 다시 말하면 우리는 정견으로 성숙하고, 정견을 통해서 정화될 수 있다. 자유로 가는 길, 즉 명확한 통찰력을 얻는 것을 출세간적 정견이라 한다. 정견은 불교 수행의 첫 걸음으로써 올바른 견해 없이 올바른 수행이 될 수 없다는 점에서 모든 불교 수행의 기초가 된다.

둘째는 정사유이다. 정사유는 올바른 생각으로서 '생각할 바와 생각해서는 안 될 바를 잘 분간하여 마음을 쓰는 것' 이다. 정사유란 '번뇌에서 벗어난 생각, 성냄이 없는 생각, 해를 끼치지 않는 생각' 으로 마음 속에 떠오르는 수많은 생각 중에서 탐진치 삼독(三毒)에 물든 생각을 경계하는 것이다. 아울러 온화한 생각, 청정한 생각, 자비로운 생각을 지니도록 노력하는 것이다. 즉 정견의 바탕 위에서 자기 생각의 옳고 그름을 잘 판단하여 그릇된 생각을 지양하고 올바른 생각을 지니도록 노력하는 것이 정사유이다.

셋째는 정어로써 올바른 말을 뜻한다. 즉 정견과 정사유에 따라 항상 깨어있는 마음[正念]으로 올바른 언어생활을 하는 것이다. 구체적으로는 거짓된 말, 남을 헐뜯는 말, 남을 상하게 하는 거친 말, 쓸데없는 잡담과 같은 옳지 못한 언어적 행위를 자제하는 것이다. 말을 하는 순간 바로 모든 선악시비와 갈등이 나타나기 때문에 말의 흐름을 잘 관찰하여 잘못된 구업(口業)을 짓지 않는 것이다. 나아가서 진실된 말, 남을 이롭게 하는 말, 부드럽게 화합하는 말을 하도록 노력하는 것이 정어이다.

넷째는 정업이며 이는 올바른 행위를 의미한다. 이는 정어에서 의미하는 언어적 행위 외에 몸으로 행하는 모든 행동을 올바르게 하는 것이다.

살생을 하고 도둑질을 하며 음란한 행동을 하고 술에 취하는 것과 같이 몸으로 행하는 잘못된 신업(身業)을 경계하라는 것이다. 아울러 생명을 살리고 남에게 베푸는 자비로운 행동을 하도록 노력하는 것이다. 정어와 정업은 바른 생각으로부터 일어나는 바른 행위를 뜻한다.

다섯째는 정명으로서 올바른 생활을 뜻한다. 정명은 규칙적이고 건전한 생활을 하며 올바른 직업을 통해 정당하게 의식주를 구하는 것이다. 규칙적인 식사, 수면, 업무와 같이 건전하고 절제된 일상생활을 할 뿐만 아니라 남을 속이고 피해를 입히는 직업보다는 올바른 직업윤리를 지니고 정당한 직업을 통해 생활하도록 권장한다. 이렇듯 정명은 올바른 가정생활과 직업생활을 실천하는 것이다.

여섯째는 정정진이며 올바른 노력을 의미한다. 정정진은 괴로움의 소멸이라는 목표를 향해 용기를 내어 물러섬이 없이 바르게 노력하는 것이다. 즉 모든 괴로움과 번뇌의 주범인 근본 무명을 반야지혜로 전환시키기 위해서 다음과 같은 네 가지 측면에서 노력해야 한다. 탐·진·치의 번뇌가 일어나지 않도록 미리 예방하고, 이미 일어났으면 이를 극복하고, 반야지혜를 개발하여 유지하려는 노력을 계속해야 한다. 이렇게 여러 가지 난관을 이겨내면서 궁극의 경지를 향해 끊임없이 노력하는 것을 정정진이라 한다.

일곱째는 정념으로 바른 깨어있음, 바른 마음챙김, 바른 관찰, 바른 수동적 주의집중, 마음지킴 등 여러 가지로 번역된다. 정념이란 4념처(四念處), 즉 신체, 느낌, 마음, 그리고 모든 현상은 항상 변하며 불변하는 실체가 없다는 것을 늘 새기며 집착 때문에 일어나는 괴로움의 실상을 파악하여 찰나찰나 몸과 마음의 움직임을 깨어있는 마음으로 잘 관찰하는 것이다. 이 정념수행은 단순히 4념처 수행에만 국한된 것이 아니라 모든 종류의 수행법에 적용된다. 염불수행을 할 때는 불보살님의 명호가 생각생각 이어져야 하며, 간화선 수행에 있어서는 화두챙김에 끊임이 없어야 한다.

팔정도의 마지막인 여덟 번째 정정은 올바른 정신집중 또는 올바른 선정을 의미한다. 즉 마음을 바르게 한 곳에 집중하여 삼매(三昧)를 유지하는 것이다. 이렇듯 정정은 올바른 정신집중의 노력을 통해 흔들리지 않는 평정한 마음상태를 유지하는 것이다.

이상에서 살펴보았듯이, 팔정도는 초전법륜에서 부처님이 제시한 대표적인 불교수행법으로서 여덟 가지 측면에서의 수행을 뜻한다. 이러한 팔정도를 계(戒 : 정어, 정업, 정명), 정(定 : 정정진, 정념, 정정), 혜(慧 : 정견, 정사유) 3학(三學)의 구조 속에서 이해할 수 있으며, 또한 그 수행 내용에 따라 세 가지의 영역으로 나눌 수 있다.

첫째는 삶과 사물에 대해서 올바른 견해를 갖는 것이다. 이는 팔정도의 첫 덕목인 정견에서 제시되는 것으로서 불교의 기본적 교리를 듣고 공부하여 올바른 이해를 하는 것이다. 즉 불교의 근본 가르침인 사성제, 삼법인, 12연기, 중도설, 무아설 등을 깊이 궁구하여 삶과 존재의 실상에 대한 올바른 견해를 정립하는 것이다.

둘째는 올바른 견해에 근거하여 실천적 노력을 하는 것이다. 정사유로부터 정정진에 이르는 수행은 사고, 언어, 행동, 생활을 포괄하는 삶의 다양한 측면에서 노력을 지속하는 것이다.

셋째는 불교의 가르침을 실제로 체험하는 수행이다. 정념과 정정이 이러한 체험적 수행에 해당한다. 즉 정념을 통해 자신의 몸과 마음을 깊이 관찰하여 괴로움과 번뇌가 생겨나고 사라지는 것을 체험적으로 깨닫고 정정을 통해 올바른 정신집중을 하여 모든 번뇌로부터 벗어난 적멸한 경지인 삼매를 직접 체험하는 것이다.

이와 같이 팔정도 수행의 완성은 괴로움의 소멸[滅聖諦]이며, 모든 것은 연기적으로 존재해 있음을 확연히 체득한 것이다. 연기법의 체득은 지혜의 완성이며, 이는 팔정도의 첫 번째 덕목인 바른 안목[正見]을 온전히 갖춘 것이다. 모든 존재가 긴밀한 상호의존관계로 연기해 있음을 확실히 깨달았기에 이를 지혜(智慧)라 하고, 지혜는 자비(慈悲)의 실천을 전제로 한다. 지혜의 성취와 자비의 실천은 불교 수행의 완성을 의미한다. 결국 불교의 핵심 교설은 연기법이므로 마지막으로 연기법을 가장 구체적으로 설명한 12연기를 생활속에서의 수행과 연관지어 살펴보자.

신행활동 과제

1. 우리 사회에서 자살한 사람들의 사례를 조사하여 그 원인을 분석해 보자.
2. 열반과 해탈의 현실적 성취를 위한 구체적인 실천 방법에 대해서 생각한 바를 발표해 보자.
3. 불교 수행의 시작이라 할 수 있는 정견(正見)의 구체적인 의미에 대해서 알아보자.

5. 12연기

　12연기(十二緣起)란 앞에서 살펴보았듯이 '이것이 있으므로 저것이 있고'와 '이것이 생기므로 저것이 생긴다'라는 구절로써 존재의 발생을 설명하고, '이것이 없으면 저것도 없고'와 '이것이 사라지면 저것도 사라진다'라는 구절로써 존재의 소멸을 설명하고 있는 연기법의 기본 원리를 가장 구체적으로 서술한 것이다. 초기경전에 보면 상황에 따라 12가지의 연기 이외에도 다양한 종류의 연기가 있다.

　부처님께서 사밧티의 기원정사에 있을 때의 일이다. 정각(正覺)을 이루시기 전의 정황을 이렇게 회상하셨다. '정말로 이 세상은 고통 가운데 있다. 모든 사람은 태어나서 늙고 병들어 죽는다. 그리고 다시 태어나 마찬가지의 과정을 겪는다. 이 고통으로부터 벗어날 방법은 무엇인가.' … (중략) '노병사[老死]의 고통은 태어남[生]이 있기 때문이다. 태어남은 어떤 존재[有]가 있어서다. 그 존재는 집착이 모인 덩어리[取]이다. 집착은 애욕[愛] 때문에 생긴다. 애욕은 받아들임[受]에 의해 일어난다. 받아들임은 접촉[觸]에 의한 것이다. 접촉은 6가지 감각기관[六入]에 의해서이다. 감각기관은 육체와 정신[名色]이 있기 때문이다. 명색은 의식[識]에 의해 생긴다. 의식은 의지[行]에 의해 일어난다. 그 의지는 어리석음[無明] 때문에 생긴 것이다. 이러한 원인을 알게 되어 괴로움에서 벗어나는 방법을 깨닫게 되었다. 즉 '무명이 소멸하면 행이 소멸하고, 행이 소멸하면 식, 명색, 육입,

촉, 수, 애, 취, 유가 소멸한다. 그리고 유가 소멸하면 생이 없어지고 생이 없으면 노병사가 없어지고 노병사가 없으면 수비고뇌(愁悲苦惱)가 사라진다'는 것이다.

『잡아함경』 제1권 285경 「불박경(佛縛經)」

12연기란 모든 괴로움을 떠나기 위해서 그 발생과 소멸을 무명(無明), 행(行), 식(識), 명색(名色), 육입(六入), 촉(觸), 수(受), 애(愛), 취(取), 유(有), 생(生), 노사(老死)의 12가지로 풀어 놓은 것이다. 다시 말하면 12연기는 생멸 변화하는 세계와 인생의 모든 현상을 설명하기도 하지만, 이 교리의 근본 목적은 인생의 근원적인 문제인 고(苦)가 어떻게 해서 생겨나고, 또 어떻게 해서 사라지는가를 밝히는 것이다. 고통을 여의기 위함이 연기법이니 만큼 역으로 위의 경전의 순서처럼 먼저 노사에서부터 12연기를 간단히 알아보자.

노사란 늙음과 죽음을 의미한다. 그러나 여기서 말하는 노사는 삶의 모든 괴로움을 총칭한 근심, 비애, 고통, 번뇌[憂悲苦惱]를 말한다. 모든 존재는 생하면 필연적으로 늙음과 죽음이 있게 된다. 이 피할 수 없는 노사의 모든 괴로움은 무엇 때문에 있는 것일까? 태어남[生] 때문에 고통이 있는 것이다. 즉 삶의 고통은 태어남으로부터 시작되는 것이다. 그래서 삶의 전 과정 즉 생노병사를 괴로움이라 한다.

그러면 생은 무엇이 있으므로 있는가? 생은 집착을 여의지 못한 존재[有]가 있어서다. 또한 나와 남, 내 것과 남의 것, 좋은 것과 싫은 것을 실체가 있는 존재로 고착화시키다 보니 태어난 것은 필연적으로 늙음과 죽음을 맞게 된다.

존재는 어떻게 있는가? 집착 때문에 있다. 취는 집착의 의미로서 인간의 미혹한 생존은 집착에 근거한 것이다. 또한 맹목적인 애증에서 발생하는 강렬한 애착을 가리킨다. 어떤 대상에 대해 욕망이 생기면 뒤따라 그것에 집착심을 일으키게 된다.

집착은 무엇 때문에 있는가? 애욕 때문이다. 애욕이란 갈애(渴愛)라고 하는데 보통 목이 타서 갈증이 나면 오로지 물을 구하려는 생각만 나는 것처럼, 항상 능동적으로 만족을 구하는 인간의 본능적, 맹목적, 충동적 욕망을 말한다.

애욕은 왜 생기는가? 받아들인 느낌과 감정이 있기 때문이다. 받아들임이란 즐거운 느낌, 괴로운 느낌, 즐거움도 괴로움도 아닌 느낌과 그 감수(感受)작용을 말한다. 감각기관과 그 대상 그리고 인식작용 등의 3요소가 만날 때 거기에서 지각을 일으키는 심적인 힘이 생기게 되고 그 다음 수(受)가 발생하는데 이 수 때문에 애욕과 갈애가 생기게 된다.

접촉은 어떻게 발생하는가? 수가 있기 때문이다. 촉이란 지각을 일으키는 일종의 심적인 힘이다. 모든 촉은 6근이 6경과 접촉하지 않으면 결코 생길 수가 없는 것이다. 즉 촉에도 6가지의 감각기관(눈, 귀, 코, 혀, 몸, 마음)에 의한 6촉(六觸)이 있다. 촉은 6입에 의해서 생긴다고 되어 있지만 엄밀하게 말한다면 6입 만에 의해서가 아니고 식(識), 명색(境), 6입(根) 등 3요소가 함께 함으로써 발생하게 된다.

그러면 촉은 무엇으로 인하여 생기는가? 그것은 6가지 감각기관(六入) 때문에 생긴다. 6입이란, 6근(六根) 혹은 6처라고 하는데 이는 대상과 감각기관과의 대응작용이 이루어지는 영역을 말한다. 6입은 무엇으로 인하여 있는 것일까? 명색으로 인하여 있다. 명색이라 함은 정신현상을 표시하는 명칭과, 그리고 물질을 나타내는 색을 합친 것을 의미한다. 6입의 대상이 명색이다.

그렇다면 명색과 그에 대응하는 6입인 감각기관만 있으면 인식활동이 일어날 수 있을까? 이런 상태에서 결코 인식현상은 일어나지 않는다. 여기에는 반드시 식이 있어야 한다. 죽은 사람이 꽃을 보거나 만질 수 없듯이, 식이 없으면 인식활동이 존재하지 않는다. 사실 식은 명색이 있기에 존재하고 명색은 식이 있기에 의미를 가지는 것이다. 그리고 그 매개의 역할을 하는 것이 6입이다. 다시 말하면 우리는 감각기관인 6입과 그 대상인 명색 그리고 인식 주관인 식이 다 함께 갖추어졌을 때만이 사물과 접촉하는 인식활동을 하게 되는 것이다. 여기서 식이란 표면적인 의식뿐 아니라 심층의식도 포함한다. 장미꽃을 볼 경우 장미꽃이라는 인식이 일어나게 되는 것은 전에 장미꽃을 본 경험과 정보가 심층의식 상태로 남아 있기 때문에 가능하다. 장미꽃을 보았다는 과거의 경험은 과거의 행위이다.

식은 어떻게 있는가? 행이 있기 때문이다. 과거의 행이 없다면 현재의 인식작용이 일어날 수 없다. 그래서 행으로 인하여 식이 있다고 하는 것이다. 행이란 이미 몸과 입과 뜻에 의해서 형성된 선행 정보들이다. 이를 신·구·의(身 口 意)라 한다. 장미꽃을 한 번도 본 적이 없는 사람은 이미 입력된 장미꽃이라는 명칭도 개념도 없다. 물론 장미꽃이라 정확히 인식하지 못하더라도 기존에 형성된 다른 정보들과 조합하여 개념과 명칭을 만들어 낼 수는 있다. 예를 들면 장미꽃과 비슷한 찔레꽃이라 인식할 수도 있다. 내부에 반드시 잠재적인 에너지의 형태로 행이 있지 않으면 상응하는 식이 일어나지 않는다. 경험된 행위가 여력을 남기며, 지식정보, 성격, 습관, 소질 등의 에너지로 축적된다.

마지막으로 행은 왜 생기는가? 무명이 있기 때문에 행이 일어나는 것이다. 무명(無明)이란 글자 그대로 명(明, 지혜)이 없다는 말이다. 올바른 법, 즉 진리에 대한 무지를 가리킨다. 구체적으로는 연기의 이치에 대한 무지이고 사성제에 대한 무지이다. 괴로움은 무지 때문에 생기므로 무명은 모든 고를 일으키는 근본 원인이다. 팔정도 중에 정견, 즉 바른 가치관과 세계관을 확실히 체득하게 되면 무명은 이내 사라지는 것이다.

지금까지 불교의 핵심교리를 연기법의 개관으로부터 시작하여 일체법, 삼법인, 사성제 그리고 12연기의 순으로 알아보았다. 사실상 어떤 교설을 먼저 살펴보더라도 연기법의 중심축을 벗어나지 않는다. 일체법은 존재의 연기적 구조를 다양한 관점에서 설명한 것이고, 삼법인은 존재 현상의 연기적 특징을 보여준다. 사성제는 연기적 관찰을 통한 괴로움의 극복을 제시하는 실천적 교설이다. 그리고 12연기는 연기법 자체를 심층 분석하여 고통의 삶과 해탈의 삶을 구체적으로 밝힌 가르침이다. 이처럼 불교 교설의 중심축은 연기법이므로 어떤 교설이라도 연기법의 틀 안에 있다. 다음 장에서 살펴볼 중관, 유식, 천태, 정토, 화엄 등 다양한 교설들이 시대와 지역적 특성에 따라 새로운 구성과 확장된 개념으로 불교 교설을 재정리했다 해도 연기법의 큰 틀을 벗어나지 않는다.

일체법, 삼법인, 사성제 그리고 12연기를 잘 외워 알고 있다 하더라도 생활속에서 실천할 수 없는 교설이라면 고급 지식인들 사이에 회자되는 고상한 지식에 불과하다. 불교 교설은 제대로 실천했을 때 온전한 체험의 세계에 들 수 있다. 다시 말하면, 종단의 각 불교대학이나 사찰의 교리강좌, 혹은 교리해설서를 통해서 교리를 통달해 알고 있다 하더라도 삶 속에서 실천하지 않으면 한낱 지식에 지나지 않으며 연기법을 실천하는 진정한 불자라 할 수 없다. 그러므로 이 연기법을 축으로 한 위의 교설들을 생활속에서 어떻게 구체적으로 적용할 수 있고 실천 수행할 수 있는지를 생각해 보자.

신행활동 과제

1. 12연기를 순관과 역관으로 살펴보자.
2. 우리 자신의 삶에서 12연기를 떠올려 보자.

6. 생활속의 연기법 수행

불교 교리에서 사용하는 용어나 개념은 모두 불교 수행과 연관되어 있고, 그 수행은 매일 반복되는 하루의 일과 속에서, 늘 부딪치는 구체적인 일 속에서 실천 가능한 것이다. 내 집안, 내 일터 등과 같은 내가 처한 환경에서 바로 실천해 그 효력이 즉각 나타날 수 있어야 한다. 밥 먹고 화장실 가고 잠자는 일상사 그대로가 수행이 되어야 하는데, 일상사 모두가 수행이 되는 경지에 이르기가 쉽지 않다. 그 이유는 수행의 시작이 일상사가 아니었기 때문이다. 배운 교리와 일상사가 하나가 되지 못하고 물과 기름처럼 따로 놀기 때문에 아무리 불교 교리 공부를 오래 해도 불자의 삶에서 수행의 향기가 배어나오지 않는 것이다. 수행은 처음부터 일상사가 그대로 수행이 되어야 한다. 언제 어느 때나 누구나 마음만 내면 실행할 수 있는 것이어야 한다. 주부가 가정에서 요리나 집안일을 할 때, 직장인이 직장에서 업무를 볼 때, 학생이 학교에서 공부할 때, 때와 장소를 가리지 않고 수행을 즉각 적용할 수 있어야 한다.

이 장에서 우리는 연기법을 배웠다. 연기의 원리를 일상사에 그대로 적용하여 생활할 때, 이것이 바로 연기법 수행이다. 먼저 연기법을 복습해 보자.

연기법이란 '이것이 있으므로 저것이 있고, 이것이 없으면 저것도 없다'는 존재의 상호 연관성을 나타내는 삶의 근원적 원리이다. 즉 존재하는 모든 것들의 있는 그대로의 모습이다. 네가 괴로우면 나도 괴롭고, 네가 행복하면 나도 행복하다. 자연환경이 오염되면 인간도 오염되고, 생명이 죽으면 인간도 죽는다. 환경과 생명이 살아나면 인간도 건강하게 살아난다. 존재의 상호 의존성과 연관성이 연기법의 기본 구조이기 때문이다.

이 '나'라는 존재는 첫째, 시간적으로 나를 낳아주신 부모와 조부모 등 무수한 조상님들의 연장선상에 있으며, 둘째, 공간적으로 지구촌이라고 하는 공간에 더불어 살아가는 존재이다. 셋째, 외부세계에서 감각기관을 통해서 들어온 정보와 의식 공간에 존재하던 기존의 개념, 관념, 가치 등 무수한 심리적 정보들과 결합하여 연기적으로 형성된 '나'이다. 넷째, 이런 상호작용을 통해서 생겨난 상대적 개념이 만들어낸 '나'에는 온갖 종류의 욕망과 집착, 그리고 생각과 앎의 거품이 가득하다.

이와 같은 '나'는 연기적 존재라는 것을 정확히 인지하는 것이 연기법 수행의 출발이다. 이 4가지 연기법의 기본 틀을 염두에 두고 연기법 실천을 생활속에서 응용해 보자.

연기법 수행 ① _ 공경과 감사의 생활

어느 날 갑자기 '나'라는 존재가 지구촌에 툭 떨어져 태어난 것이 아니라, 나를 낳아주신 부모님과 거슬러 올라가면 조부모님, 그 위의 모든 조상님들이 있었기에 지금 '나'라는 존재가 여기에 있게 된 것이다. 나로부터 20대만 역사를 거슬러 올라가면 약 2백만 명 이상이, 30대를 소급해서 올라가면 약 21억이 넘는 조상들이 연결되어 있다고 한다. 엄격히 따져 보면, 30대 앞에 계셨던 21억의 조상님 가운데 한 분만 계시지 않았더라도 지금의 나는 있을 수 없었을 것이다.

이런 식으로 생각하면, 역사의 모든 인물들이 직·간접적으로 나와 연관되어 있었다고 해도 과언은 아닐 것이다. 그분들 중에는 부처님과 같은 위대한 영적 스승님이 있을 수도 있고, 인류의 문명을 질적으로 변화시킨 많은 성자들이 있을 수 있다. 이런 분들 덕분에 삶은 성장과 성숙 쪽으로 진화되어 오고 있는 것이다. 이것이 우주의 진리가 흐르는 방향이다. 사람이 길을 가더라도 앞으로 가는 것이 쉬운 것은 단순히 눈이 앞을 향해 있어서가 아니라 우주의 흐름이 그러하기 때문일 것이다. 산을 올라가더라도 사람 본능적으로 더 높은 곳으로 올라가는 것은 우주의 흐름이 성장하기 때문이며, 더 멀리 여행하고 더 높이 나는 것도, 우주의 성향이 확대와 팽창, 그리고 완성과 성숙에 있기 때문이라고 한다.

연기법의 이런 시간적 의미를 음미해 보면 모든 존재에 대한 경의와 공경의 태도를 가지지 않을 수 없게 된다. 공경은 '나'라는 존재를 지금 여기에 있게 한 웃어른들을 올려다보는 것이요, 내 마음이 위로 향하는 행이다.

이런 연기의 원리를 모르면 일상의 삶에서 남을 존중하고 공경하는 것이 쉬운 일은 아니다. '잘 났어 정말!'이라는 어느 연예인의 말처럼, 우리 개개인 모두가 다 잘났다고 생각하기 때문일 것이다. 남에게 고개 숙이고 남을 잘 모시기는 참 힘든 일이다. 누구나 윗사람으로 대접받고 싶어하지 자신이 상대를 공경하고 대접하려는 사람은 그리 많지 않다. 따라서 내 앞에 인사하고 굽실거리는 저 분은 단지 지위가 나보다 못하거나 여건이 어쩔 수 없어 그러한 것일 뿐, 속마음까지 그런 것은 아닐 수도 있다. 나 역시 나보다 높은 분들에게 웃는 낯으로 공손하지만, 내 마음까지 상대를 공경해서 그러는 것이 아닐 경우도 있다. 참으로 진정 공경심을 일으켜

진솔하게 이웃을 모시기는 이렇게 어려운 일이다.

그런데 공경에서 명심해야 할 것은, 공경이란 아랫사람이 윗사람에게, 나이 적은 자가 많은 자에게 일방적으로 하는 것은 아니라는 사실이다. 공경은 신분, 나이, 계급 및 서열의 고하에 관계없이 누구나 서로에게 해야 한다. 예절은 아이들뿐만 아니라 어른들도 서로 지켜야 하는 것이다. 따라서 진정한 웃어른이란, 나이만 많은 거만한 어른이 아니라 자비하고 지혜로우며 인자한 마음을 가진 이를 말한다.

우리 가정이나 사회에 갈등이 많은 이유 중의 하나는 서로를 무시하고 인정하지 않기 때문이다. 우리는 도무지 남의 고통, 남의 처지를 이해해 줄 줄을 모른다. 내 입장에서만 생각하여 남을 무시하고 비난하며 심지어 괴롭히기까지 한다.

모든 인간은 관계속에서 살아간다. 모든 관계속에서 가장 어려운 것이 인간관계이다. 인간관계를 쉽고 부드럽게 만드는 윤활유 역할을 하는 것이 바로 공경이며 감사이다. 즉 공경은 만행의 근본이며, 인간관계, 개인의 성장, 자연과의 친화는 바로 감사에서 시작된다. 감사하는 마음은 공경으로 가는 지름길이다. 감사하는 마음이 있으면 부처님과 부모님을 모시듯, 소중한 친구를 대하듯 그 어느 것 하나도 소홀할 수 없고 그 누구도 함부로 대하지 않고 지극한 정성으로 공경하게 된다. 이처럼 내가 지금 여기에 있게 한 모든 분들을 공경하고 생활속에서 만나는 모든 이들에게 감사하는 마음을 갖는 것이 연기법 수행의 첫걸음이다.

연기법 수행 ② _ 기쁨 가득한 공존의 생활

공경과 감사의 생활로 연기법을 실천하게 되면, 자연히 지금 내가 살고 있는 공간은 공경하고 감사할 대상들로 가득함을 깨닫게 된다. 농장의 농부와 산업 현장의 일꾼도, 학교의 선생님과 관공서의 공무원도, 철도나 버스 운전사들도 모두 고맙고 공경해야 할 분임을 알게 된다. 또한 물과 공기와 태양도 산과 나무, 강과 들녘도 나를 지탱해 주는 중요한 것임을 알 수 있다. 우리는 이러한 자연생태계 덕분에 건강히 살아갈 수 있는 것이다. 이처럼 연기법을 공간적 관점에서 보면, 동시대의 지구촌에서 살고 있는 우리 모두 더불어 살아가는 존재라는 것이다. 공경과 감사의 마음으로 더불어 살면, 삶은 항상 환희와 기쁨으로 가득 차게 된다. 그래서 연기법 수행의 둘째는 공존의 기쁜 삶을 영위하기 위해 정진하는 것이다.

우리가 죽으면 살과 뼈 등은 흙[地]이 되어 돌아가고, 물과 피와 고름 등의 액체는 물[水]이 되어 흐르고, 몸의 열이나 따뜻한 기운 등은 대지의 열[火]로 전환되며, 우리 몸의 운동이나 혈액의 운동 등을 원활하게 해주었던 바람의 기운[風]은 대지의 움직임, 바람이 되어 흩어지게 마련이다. 이런 식으로 보면, 지금 눈앞에 보이는 산하대지는 내 몸과 무관하지 않다. 내 몸은 결국 산하대지로 환원되며 산하대지는 바로 내 몸임을 알 수 있다.

사정이 이런데 어찌 남의 것을 대하듯 마구 뚫고 부수고 해칠 수 있단 말인가! 개발과 성장이라는 미명하에 수백만 년 동안 우리와 함께 해 온 산을 뚫고 부수어 바다의 갯벌을 막는다. 갯벌 속의 무수한 생명들이 죽어간다. 늦은 밤에 공장에서 폐수를 방출하고, 공장의 굴뚝에서 마구 이

산화탄소를 내뿜는다. 휴지와 음식물 쓰레기를 함부로 버리고, 아무 곳에서나 침을 뱉고 코를 푼다. 이 세계는 더불어 살아야 참으로 살맛나는 환희와 기쁨의 세상이 펼쳐진다는 사실을 망각하고 있기 때문에 환경을 파괴하고 오염시키는 어리석은 행동을 일삼는 것이다. 지구촌에 살고 있는 인류가 진작부터 부처님께서 가르치신 이 연기의 진리에 귀를 기울였다면 지금처럼 오존층이 파괴되어 지구 온난화가 가속화되고 물이 오염되어 정수된 물을 사먹어야 하는 지경에까지 이르지는 않았을 것이다.

자연을 정복하려는 인간 중심의 태도를 버리고 산하대지와 공존하고 더불어 살아갈 때 자연은 우리에게 기쁨과 환희로 보답해 준다. 봄·여름·가을·겨울 변화무쌍한 자태를 뽐내며 산하대지는 인간들에게 신선함과 아름다움을 선사한다. 반면에 연기법을 무시한 채 인간의 오만함과 어리석음으로 자연을 마구 파괴하고 우주의 생태계 질서를 교란시키게 되면 반드시 엄청난 재앙을 초래하여 머지않아 인류는 공멸할지도 모른다.

인간과 자연의 공존뿐만 아니라, 인간과 인간, 인간과 동물 등과의 더불어 사는 것 또한 기쁨을 주는 생활이다. 아무리 힘들고 고달픈 인생이라 하더라도 혼자가 아니라 많은 고마운 이들이 함께 하고 있음을 깨달을 때 삶이 신나고 즐거운 것이다. 그러나 생존경쟁이 치열한 사회생활에서 연기법을 잊고 살면 그 즉시 즐거움이 괴로움으로 바뀐다.

경쟁 사회에서 남보다 더 많이 소유하고 더 높이 승진하며 더 빨리 부자가 되고자 하는 욕망은 끝이 없다. 내가 승진하기 위해서 동료가 퇴출당해야 하며 내 아들 딸이 대학입시에 합격하기 위해서 다른 아이들이 떨어져야 한다. 대부분의 보통사람들은 내가 피해를 보면서까지 다른 사람이 잘 한 것 혹은 잘 되는 것을 기뻐한다는 것이 그리 쉬운 일은 아니다. '사돈이 논을 사면 배가 아프다' 라는 속담도 있듯이 나의 이익을 접고 남의 이익에 찬사를 보내고 기뻐한다는 것은 성인군자가 아니고는 실천하기가 쉽지않은 일이다.

   그러나 사고의 발상을 바꾸어 연기법의 입장에서 본다면, 그것이 그리 어렵거나 불가능한 일이 아니다. 오히려 지금과 같은 네트워크 시대에는 공존의 밀도가 고도화되기 때문에 '나만 혼자 잘 살고 남들은 못 살아도 상관없다' 는 구태의연한 태도를 가진 자는 낙오자가 될 수밖에 없다고 한다. 지능지수를 IQ(Intelligence Quotient)라 하고 감성지수를 EQ(Emotion Quotient)라 하듯이 정보화 사회에서 서로 공존하며 살 수 있는 능력을 공존지수, 즉 NQ(Network Quotient)라 한다.

   공존지수가 정보화 사회의 삶을 영위하는 데 매우 중요한 측면으로 작용한다는 것은, 불교적으로 말하면, 지금 우리 인류가 맞이하고 있는 네트워크 시대는 연기법의 응용이 극대화된다는 의미이다. 농경시대에 사용했던 '사돈이 논을 사면 배가 아프다' 라는 속담 보다는 네트워크 시대에는 '누이 좋고 매부 좋고' 란 말이 더 설득력 있고 적합하다는 것이다. 즉 NQ시대의 생존전략은 '네가 죽어야 내가 산다' 가 아니라 '네가 잘 살아야 나도 잘 산다' 는 공존의 법칙이 유효하다. 갈수록 복합적인 상호관계성이 확대되는 사회에서 자기만 잘 살겠다고 발버둥치는 사람은 자기 자신의 실패는 물론이고, 자신과 관계된 다른 사람에게도 큰 피해를 입힌다. 더불어 공존하면 모두가 기쁘고 즐겁지만 남을 이기기 위해 짓밟으면 함께 슬프고 비참해진다.

그러므로 연기법 수행을 실천하는 이는 큰 것은 물론이고 사소한 것이라 할지라고 함께 기뻐하는 태도를 지녀야 한다. 한 방울의 물이 모여 바다를 이루고, 북경에 있는 나비의 펄럭이는 날갯짓이 아마존 유역의 태풍의 원인이 된다. 미시적 변화가 거시적 변화를 가져온다. 옆집 개가 새끼를 낳아도 기뻐할 일이요, 갑돌이네가 산 주식이 껑충 뛰는 것도 기뻐할 일이다. 앞집 소녀 가장 영희가 그 어려운 와중에도 공부를 잘하여 장학생이 된 것도 기뻐할 일이다. 이처럼 연기적 관점에서 보면 세상이 온통 기쁨과 환희로 충만해 있음을 깨닫게 된다.

연기법의 시·공간적 관점에서 볼 때, 우리의 삶은 항상 공경과 감사 그리고 환희와 기쁨으로 가득하다. 하지만 구체적인 삶의 현장에서 이런 연기법의 원리를 바로 적용하기란 참으로 힘들다. 이 원리를 머리로는 이해하여 실천해야겠다는 생각을 해도 행동으로 옮기는 것이 그리 쉬운 일이 아니다. 함께 입사한 직장 동료가 쾌속 승진하는 것을 보면 심통이 나고 자신이 초라해 보이는 법이다. 당장 '누이 좋고 매부 좋고'란 생각을 하여 동료에게 진심으로 찬사를 보낼 수 있는 사람은 그리 흔하지 않을 것이다. 만약 힘들이지 않고 더불어 기뻐하고 좋아할 수 있다면, 위에서 말했듯이 네트워크 시대의 공존지수가 매우 높은 연기법 수행자일 것이다.

다음에서 살펴볼 나머지 2가지 연기법 수행은 공존의 몸가짐과 말씨, 그리고 마음가짐 즉, 신·구·의(身 口 意) 3업을 다스리는 구체적인 수행방법에 관한 것이다.

연기법 수행 ③ _ 안으로 늘 깨어있는 생활

다섯 감각기관을 통해서 들어온 외부의 정보와 의식 공간에 존재하던 기존의 개념, 관념, 가치 등 무수한 심리적 정보들과 결합되어 연기적 '나'가 형성된다. 안으로 늘 깨어 있어 이렇게 형성된 '나'는 연기적 존재라는 것을 정확히 인지하는 것이 연기법 수행의 세 번째이다. '나'는 찰나찰나 연기적으로 변하고 있어 고정불변의 실체가 없는 '무아'라는 사실을 늘 깨어 있는 마음으로 알아차리는 것이다. 그러나 교리공부를 할 때는 이 말이 수긍이 가고 완전히 이해한 것 같지만 우리 생활속에 실천하려고 할 때는 '무아'니 '연기법 수행'이니 하는 말 따위는 나의 삶과 전혀 상관없는 것이 되어 버린다. 상황에 이끌리고 주위 사람들에게 휘둘려 괴로울 때, 화가 날 때, 일이 풀리지 않아 답답할 때, 우리는 순간순간 그 상황의 노예가 된다. 이런 상황에서도 깨어있는 마음을 놓치지 않고 화두를 들거나, 염불을 하며, 혹은 자신의 말과 뜻을 관조할 수 있을 때 그를 우리는 연기법 수행자라 할 수 있는 것이다.

화가 머리끝까지 치솟아 올라 친구와 싸움을 한다고 생각해 보자. 싸우는 순간 친한 친구라는 것은 까맣게 잊고 이렇게 욕을 하면 안 된다는 것도 망각한 채 그저 욕하고 주먹이 날아가고 심한 몸싸움까지 하고 만다. 이렇듯 순간의 상황에 휩쓸려 내 마음의 중심을 잃어 돌이킬 수 없는 실수를 저지르고 나서야 비로소 후회하고 한탄한다.

연기법 수행자란 누구인가? 순간순간 연기적 삶의 태도를 잃지 않는 자이다. 연기적 삶의 태도란 무엇인가? 예컨대, 화를 내는 순간 연쇄적으로 일어날 상황들을 미리 간파하여 몸과 입과 뜻을 조절하는 것이다. 마치 바둑의 달인이 바둑판의 진행될 상황을 한눈에 살필 수 있듯이, 내 몸·입·뜻의 행위가 전개될 상황이 훤히 들여다보이는 것이다. 이런 수행자는 어떤 돌발적인 상황에도 휩싸이지 않고, 마음이 항상 밖을 향해 있지 않고 내면을 관조하고 있다. 이 사람의 내면은 맑고 고요하다. 마음은 언제나 당당하여 흔들림이 없으며 그 어떤 외부의 경계가 다가와도 결코 흔들리지 않는다. 이것이 연기법 수행자의 맑고 당당한 마음이다.

눈·귀·코·혀·몸·뜻[六根]은 외부의 대상, 즉 빛·소리·냄새·맛·촉감·법[六境]을 찾아 헤매고 다닌다. 더 좋은 경계, 더 짜릿한 자극을 찾아 집착하고 소유하고자 한다. 눈으로 좋은 것을 보면 가지고 싶고, 귀로 좋은 말을 들으면 자꾸 생색내고 싶어 하며, 좋은 음식은 자꾸 먹고 싶고, 좋은 사람은 안고 싶고 키스하고 싶어 한다. 이렇게 6가지 감각기관인 6근이 시키는 대로 이끌리다 보면 자꾸 욕심과 집착이 늘어나 '나' 라는 생각만 키우고, 이 '나' 라는 거창한 실체관념에 끊임없이 업을 덮어씌워 결국 삶의 무게를 감당할 수 없게 된다.

연기법 수행자는 어떤 경우에도 이런 실체관념의 늪에 빠져들지 않고 성성하게 깨어있는 자이다. 외부에서 그 어떤 경계가 그를 휘젓더라도 경계에 따라 마음이 천차만별로 흩어지지 않는다. 참된 연기법 수행자의 면목은 경계에 닥쳤을 때 여실히 드러나는 법이다. 언뜻 보기에는 모두가 맑게 느껴질 수도 있지만 경계 앞에 서면 참된 맑음, 참된 수행자의 실상이 나타난다. 맑은 물 한 컵과 흙탕물 한 컵을 한동안 가만히 놓아두면 양쪽 다 모두 맑게 보여진다. 그러나 막대로 휘저어 본다면 맑은 물은 그대로 맑지만 흙탕물은 온통 탁해지기 마련이다.

부처님과 같은 완전한 깨달음을 성취한 분을 제외하면, 휘저어도 맑음을 원래대로 유지하는 사람은 아주 극소수에 불과할 것이다. 아무리 연기법 수행자라 하더라도 경계 없는 인생은 없으며 경계에 닥쳐 '욱' 하는 마음이 올라오지 않는 이는 거의 없다. 경계가 닥치면 과거 업식(業識)따라 마음은 동하게 마련이다. 그렇지만 그 업식에 놀아나지 않도록 하는 것이 바로 수행이다. 안으로 늘 깨어 있어 솟아나는 업식을 관조하고 있으면 그 업의 세력은 곧 약화되어 자취를 감추게 된다.

연기법 수행 ④ _ 분별심과 집착을 놓아버린 자유로운 생활

육근과 육경의 상호작용을 통해서 만들어낸 '나'에는 온갖 종류의 욕망과 집착, 그리고 생각과 앎의 거품이 가득하다. 그 이유는 간단하다. '나'라는 존재는 연기적으로 형성되었다는 사실을 망각하고 살기 때문이다. 쉽게 말해 눈으로 물질인 색을 보는데 그냥 보는 것이 아니라, 좋다, 나쁘다 분별을 하며 마음이 대상에 머물게 된다. 대상을 붙잡고 '나', '나의 것'이라는 집착을 일으킨다. 일상의 삶을 잘 살펴보면 항상 '좋다-싫다', '아름답다-추하다', '나의 것이다-너의 것이다' 등 분별의식 속에서 살아간다.

이 분별심은 집착을 낳는다. 집착은 항상 탐착과 혐오라는 두 가지 양상의 에너지를 발산한다. 탐착은 자신에게 이롭다고 생각되는 것은 강하게 끌어들이는 심리 에너지이고 혐오는 자신에게 해롭다고 판단되면 무조건 거부하고 밀쳐내는 심리 에너지이다. 이런 심리적 에너지가 우리들의 삶 전체에 점철되어 있어, 이 에너지의 강한 소용돌이 속에 휘말려 있

는 상태에서는 그 누구도 고통과 번민의 늪에서 헤어날 수 없다. 좋은 대상에 대해서 사랑을 하고 미운 대상에 대해서는 다툼을 일으킨다.

하지만 대상은 늘 허망하기 때문에 잠시 인연 따라 좋고 싫게 나타날 뿐이지 좋고 싫은 대상이 항상 정해져 있는 것이 아니다. 인생은 기쁨과 슬픔이 연이어 교차하며 흐르는 것이다. 이처럼 애착과 혐오, 사랑과 증오, 쾌락과 고통, 칭찬과 비난, 성공과 실패, 이익과 손해, 건강과 질병, 심지어 삶과 죽음까지도 매 순간 생겨났다 사라지는 것이다. 바로 생멸하는 연기적 현상을 애써 붙잡지 않고 놓아버리면, 시계추의 진동처럼 애착의 힘에서 혐오의 힘으로 왔다 갔다 하다가 결국 제자리를 찾는다. 삶은 마치 좌우로 흔들리는 추와 같다. 추 스스로 중심을 찾게 가만히 놓아둔다. 억지로 그 추의 중심을 찾으려고 붙잡는 순간 추는 중심을 떠나버린다. 세상살이도 마찬가지이다. 물 흐르듯 가만히 두면 되는데 좋으면 강하게 끌어들여 집착하고, 싫으면 무조건 거부하고 밀쳐내어 고통과 번민의 소용돌이 속에 빠져들게 된다. 자유와 해탈의 삶은 저 멀리 사후 열반의 세계에 있는 것이 아니라 인생의 어떤 상황에도 머무르거나 집착하지 않고 놓아버리면 '지금 여기'에 바로 지고한 행복의 삶이 있는 것이다. 이것이 연기법 수행의 핵심이다.

지금까지 우리가 어떻게 생활속에서 연기법을 실천할 수 있는지를 편의상 4가지의 측면에서 살펴보았다. 그러나 한마디로 줄여서 말하면, 연기법 수행의 목적은 우리의 의식 속에 깊게 뿌리내린 '자아'라는 강한 철옹벽을 녹여 없애는 데 있으며, 자아중심의 분별심에서 생긴 좋고 싫음의 두 극단을 지양하여 지혜의 발현과 자비의 실천을 꾀하는 데 있는 것이다.

연기법 수행은 기법이나 테크닉이 아니다. 하지만 어떤 불교수행 테크닉에도 적용되어야 할 가장 원초적인 원리이다. 비록 여러 가지 수행법들의 언어의 표현과 구체적인 행법들이 시대와 지역에 따라 각기 다르다 할지라도, 이들 수행법 속에서 일관성 있게 흐르고 있는 이론적 토대는 연기법이다. 즉 연기법은 어떤 형태의 불교전통에서도 공유하고 있는 공통의 수행 원리이다. 이 원리의 특징은 행복으로 가는 길을 방해하는 요소를 제거해 행복한 삶을 누리도록 하는 것이다. 행복은 획득되는 것이 아니라 고통이 소멸되면 저절로 드러나는 것이기 때문이다.

신행활동 과제

1. 연기의 법칙을 생활속에서 어떻게 구체적으로 적용할 수 있고 실천 수행할 수 있는지 생각해 보자.
2. 불교 신행생활을 한 후, 자신의 달라진 점에 대해서 발표해 보자.

제2장_불교 교리의 전개

연기법이 부처님 가르침의 핵심이란 것은 앞서 밝혔다. 앞으로 전개되는 대승불교의 큰 물줄기라고 할 수 있는 중관과 유식, 화엄과 정토 등의 불교 교리도 이 연기법의 흐름에서 크게 벗어나지 않는다. 그러나 각 교리들은 저마다 고유의 특징이 분명히 있으므로, 이를 파악하는 것은 마치 연기법이라는 바다로 흘러가는 다양한 물줄기를 보는 것과 같을 것이다.

부처님께서 열반하신 후 교단은 계속적인 발전을 하다가, 약 100년쯤 되면서부터 교리와 계율에 대한 교단 내 구성원들의 엇갈린 견해가 발생하게 된다. 이러한 견해 차이는 마침내 상좌부(上座部)와 대중부(大衆部)로 갈라지면서 분열이 일어나기 시작한다. 이러한 근본적인 분열에서부터, 계속적인 교리와 계율의 해석을 둘러싼 또 다른 분열로 이어지면서 마침내 부처님 불멸 후 약 500년경(B.C 1세기경)에는 20부파가 형성된다.

이러한 시기의 불교를 '부파불교' 시대라고 부른다. 부파불교 시대의 각 부파는 초기불교의 가르침에 대해서 전문적인 연구를 진행하였다. 부파불교 시대의 수행자들은 부처님의 교설이 사람들의 근기를 살펴 그에 알맞은 법을 설했기 때문에 언뜻 보기에 산만하고 단편적인 면이 있다고 보았다. 그래서 그러한 교설을 분석하여 체계화할 필요가 생긴 것이다. 이러한 부파불교 시대의 연구를 아비달마(阿毘達磨) 교학이라고 부른다. 아비달마 시대의 각 부파는 자신의 아비달마 교학의 성과를 결집하여 경,

율과 함께 성전으로서 간직하게 되는데, 이것을 경(經)·율(律)·론(論)의 삼장(三藏)이라고 하여 부파불교의 가장 큰 업적으로 평가하고 있다.

　이러한 부파불교의 아비달마 교학은 초기불교의 교설을 체계화하는 데에 큰 기여를 하였다. 그러나 한편으로 교학의 논쟁이 너무나 엄밀하고 치열한 것이 지나쳐 어렵고 번쇄하기 짝이 없다는 혹평을 듣게 된다. 즉 전문적으로 교학을 연구하여 철저하게 수행하는 출가승이 아니고는 이제 불교를 제대로 행하기가 어렵다는 것이다. 부파불교가 이렇게 대중으로부터 소외되고 있을 때, 교계의 한편에서는 부처님이 뜻한 불교의 진정한 정신을 되찾으려는 사상운동이 발생하였다. 때문에 부파불교의 흐름은 점차 재가들에게 외면을 당하게 되고 결국 새로운 불교운동인 대승불교를 낳게 한 것이다.

　대승불교는 기존의 붓다관에 대해서 새로운 시각을 정립하였다는 점에서 크게 주목을 끌었다. 대승에서는 신앙의 대상인 붓다의 본원(本願)과 정토(淨土)를 설하고 자비를 찬탄하며, 불신론(佛身論)을 그 중심에 두었다. 대승의 불신론은 진리 그 자체로서의 붓다, 즉 법신(法身)과 중생 제도를 위한 붓다의 시현, 즉 색신(色身)을 강조하는 것으로서 구체적으로는 시방삼세(十方三世)에 수많은 붓다들이 존재한다고 믿었다. 또한 대승불교에서는 신앙적 실천의 주체로서의 보살을 강조했는데, 보살이란 보디삿트와(bodhisattva)라는 말을 음역한 것으로, '깨달음을 추구하는 중생'이라는 뜻이다. 보살은 원래 성불하기 이전의 붓다를 가리키는 말이었으나, 불교에 귀의하고 입문한 모든 사람을 가리키는 말로 승화시킨 데에는 대승의 구도자에게 붓다를 닮으라는 뜻이 담겨 있다.

대승 불교의 실천이 기반이 되었던 진리관은 생사, 즉 열반(生死卽涅槃)이라고 설하는 공성(空性) 사상이 근간을 이룬다. 보살은 무주처(無住處) 열반을 이상으로 하여 이타행을 실천하며, 미혹과 깨달음의 동일한 근거로서의 마음에 대해서도 공성에 의해 본질이 해명되어, 여래장(如來藏)이라든가 유심(唯心) 또는 유식(唯識)의 이론을 낳았다. 또한 붓다의 깨달음을 원점으로 하여 제법(諸法)의 연기가 곧 진여(眞如)이며 법계(法界)라고 하며, 그 특색을 공(空) 내지 공성(空性)이라 파악하여, 반야바라밀에 의해 이것을 체득하는 것을 깨달음으로 삼는다. 이후 서술되는 불교 교리의 전개는 이러한 대승불교의 교리적 특징과 함께 불교 교리 전개의 큰 축을 형성했던 주요 종파불교의 가르침을 설명해 주고 있다.

1. 중관

교육목표

1. 『반야심경』에 나타난 공의 의미를 알 수 있다.
2. 중관 사상이 지니는 진정한 중도의 의미를 설명할 수 있다.
3. 진제와 속제의 차이를 알고, 공견의 위험성을 직시할 수 있다.

1) 반야 공사상과 중관학

『반야심경』에는 '색즉시공 공즉시색 수상행식 역부여시' 라는 구절이 있다. 이는 '색이 그대로 공이고, 공이 그대로 색이며, 수와 상과 행과 식도 역시 이와 마찬가지다' 라고 번역된다. 그런데 여기서 말하는 색, 수, 상, 행, 식은 5온(五蘊)이기에, 이 구절은 '5온이 그대로 공이고, 공이 그대로 5온이다' 로 풀이된다. 그리고 5온이란 나와 나를 둘러싼 이 세계의 모든 것을 가리키기에 이 구절은 다시 '모든 것이 그대로 공이고, 공이 그대로 모든 것이다' 로 바꿔 쓸 수 있다.

'공' 이란 말은 쑤냐(Śūnya)라는 범어를 한자로 번역한 것인데, 쑤냐는 '텅 비어 있음' 을 뜻한다. 따라서 '모든 것이 그대로 공이다' 라는 말은

'모든 것이 그대로 텅 비어 있다'는 의미가 된다.

『반야심경』에서는 공의 경지에 5온도 없고 12처도 없으며 18계도 없고 12연기도 없으며 사성제도 없다고 설한다[空中 無色 無受想行識 無眼耳鼻舌身意…]. 5온이나 12처, 18계는 모두 세상만사에 대한 불교적 분류 방식들이다. 동일한 세상만사를 간략히 분류하면 5온이 되고, 더 세분하면 12처가 되며, 좀 더 세분하면 18계가 되는 것이다. 이런 5온, 12처, 18계설은 모두 부처님께서 무아의 진리를 설하시기 위해 사용하신 교리들이었다. 또 12연기와 사성제는 깨달음과 관계되는 부처님의 가르침이다. 그런데 궁극적 경지에는 5온, 12처, 18계와 같은 세상만사는 물론이고, 12연기와 사성제와 같은 불교의 핵심교리조차 없다고 설하는 것이다. 겉보기에 이 세상도 부정하고 부처님의 가르침조차 부정하는 듯하다.

그러면 『반야심경』에서는 어째서 이렇게 세상만사가 텅 비어 있고 불교의 핵심교리들이 모두 없다고 부정하는 것일까?

부처님의 가르침은 흔히 뗏목에 비유된다. 세찬 물살이 흐르는 강을 건너기 위해서는 뗏목과 같은 배가 필요하다. 강의 이쪽 언덕은 지금 우리가 살고 있는 윤회의 세계에 비유되고, 강의 저쪽 언덕은 열반의 세계에 비유된다. 윤회의 강둑[此岸]에서 열반의 강둑[彼岸]으로 건너가기 위해 우리는 뗏목과 같은 부처님의 가르침에 의지해야 한다. 그런데 뗏목을 타고 강을 건널 경우 뗏목에서 내린 후 저쪽 강둑으로 올라가야 강을 건너는 일이 끝나듯이, 불교 신행자의 경우도 부처님의 가르침이라는 뗏목을 타고 피안의 열반에 도달한 후에는 그 가르침의 뗏목에 집착하지 말아야 한다. 저 쪽 강기슭에 도착했는데도 뗏목을 타고 있으면 아직 열반의 언덕에 완전히 도달한 것이 못 된다. 진정한 열반의 언덕에는 부처님의 가르침조차 존재할 수가 없다. 그래서 『반야심경』에서 궁극적 경지인 열반의 경지, 다시 말해 공의 경지에는 '5온도 없고, 12처도 없고 … 사성제도 없다' 고 설하는 것이다.

이러한 논리적 분석에 의해 세상만사를 설명하는 불교 교학의 한 분야가 바로 중관학(中觀學)인 것이다.

2) 중관학의 성립과 중관논서

중관학은 대승불교의 아버지라고 불리는 용수(나가르주나 : 150~250경)에 의해 창안되었다. 부처님께서 열반하시고 500여 년이 흐른 후 부처님의 가르침을 정리하는 과정에서 이견이 생겨 인도불교 내에는 약 20여 종의 교단이 난립하게 된다. 이들의 불교는 종파적 성격을 갖는다는 점에서 부파불교, 경전을 체계적으로 해석한다는 점에서 아비달마불교, 대승불교에서 비판의 대상으로 삼았다는 점에서 소승불교라고 불리기도 한다.

이런 아비달마불교는 『아함경』 등에 흩어져 있는 부처님의 가르침을 일목요연하게 체계화했다는 점에서 긍정적 가치를 갖는다. 그러나 각 부파에서 자신들이 구성한 교학 체계만이 진실이라고 고집하는 경우에 문제가 된다. 이는 앞에서 설명했던 '가르침의 뗏목'에 대한 집착에 비교된다.

중관학의 창시자인 용수가 비판의 대상으로 삼았던 것은 바로 이들의 아비달마교학이었다. 용수는 반야경의 공사상과 『아함경』의 연기사상에 토대를 두고, 중관적 논법을 창안한 후 이를 구사하며 갖가지 아비달마 교학에 내재하는 모순을 지적하였다. 중관적 논법, 즉 중관 논리란, 모든 것이 공하다는 점을 논증한다는 점에서 '공의 논리'라고 부를 수 있고, 갖가지 개념들에 대한 집착에서 벗어나게 해준다는 의미에서 '해탈의 논리'라고 부를 수도 있으며, 일상적 사유를 해체시킨다는 점에서 '해체의 논리'라고 부를 수도 있고, 논리적 사유의 한계를 지적한다는 점에서 '반논리(反論理)'라고 부를 수도 있다. 그리고 이런 중관 논리는 용수의 『중론』, 『회쟁론』, 『십이문론』, 『광파론』, 『대지도론』 등과 그 제자 아리야제바(170~270경)의 『백론』, 『사백관론』 등에 잘 표출되어 있다.

3) 중관 논리

'중관(中觀)'이란 용어는 『중론』에 대한 주석서인 길장(吉藏 : 549~623년)의 『중관론소(中觀論疏)』에서 나온 것으로 '중도적으로 관찰한다' 또는 '중도적으로 분석한다'는 의미로 풀이될 수 있다.

그런데 중도는 두 가지 측면을 지니고 있다. 하나는 불고불락(不苦不樂)과 같이 고행주의와 쾌락주의적 수행관 모두를 비판하는 '실천적 중도'이고, 다른 하나는 불생불멸(不生不滅), 불상부단(不常不斷), 불일불이(不一不異), 비유비무(非有非無)와 같은 '사상적 중도'이다. 중관 논리에서 '중도적으로 관찰한다'고 하는 것은 이 중 후자를 의미한다. 그리고 불생불멸, 불상부단 등의 경우에서 보듯이 여기서 말하는 중도는 '가운데의 길이 옳다'는 것이 아니라 '양극단이 모두 틀렸다'는 것을 의미한다.

발생과 소멸, 상주와 단멸, 있음과 없음 등은 우리 생각의 양극단이다. 우리의 생각은 극단적 방식으로 작동한다. 있는 것을 부정하면 없는 줄 알고, 발생을 부정하면 소멸인 줄 알며, 상주함을 부정하면 단멸인 줄 안다. 이것이 소위 흑백논리이다. 흑을 부정하면 백인 줄 아는 것이다. 우리의 일반적 생각은 이런 식으로 작동한다.

그러나 중관학에서는 흑과 백의 양극단 모두를 부정한다. 흑도 틀리고 백도 옳지 않다는 것이다. 그렇다고 해서 흑과 백이 혼합된 회색이 옳다는 말이 아니다. 다만 흑과 백이 모두 틀렸음을 알려 줄 뿐이다. 새롭게 알려 줄 그 무엇이 있는 것이 아니다. 이를 삼론종의 길장은 파사현정(破邪顯正)이라고 불렀다. 파사현정이란 잘못된 것을 파하는 행위 자체가 그대로 옳은 것을 드러내는 것이라는 의미이다.

이것이 중관학에서 말하는 중도의 진정한 뜻이다. 중도의 '중' 자에는 이렇게 '양극단 모두 틀렸다'는 비판의 의미가 담겨 있다는 점에서 '텅 비어 있음'을 의미하는 '공'과 통한다고 할 수 있다. 중관학에서는 흑백논리적으로 작동하는 우리의 생각에서 모순을 지적해 낸다. 부처님의 가르침을 체계화한 과거의 아비달마 교학에서 뿐만 아니라, '바람이 분다'거나 '비가 내린다', '내가 살아 있다'는 등 우리의 일상적인 생각에서도 논리적 모순은 발생한다. 왜냐하면 '일상을 대하는 우리의 생각'과 '부처님의 가르침을 대하는 우리의 생각'이 서로 다른 것이 아니기 때문이다. 중관학 논서가 난해한 이유는, 반논리(反論理)인 중관 논리 자체가 어렵기 때문이기도 하지만, 중관 논서에서 비판의 대상으로 삼았던 것이 난해하기 그지없는 아비달마 교학이기 때문이다.

그러면 이러한 중관 논리의 난해한 교리들을 우리의 일상적 삶과 연관하여 살펴보기로 하자.

중관학의 견지에서 볼 때, 비단 아비달마 교학만 모순을 안고 있는 것이 아니라, 우리의 일상적 사유 전체가 모순에 빠져 있다. 아비달마 교학의 모순은 우리의 사유가 갖는 총론적 모순의 각론에 해당할 뿐이다. 중관적 방식, 중관 논리를 설명하기 전에 먼저 알아야 할 것은 우리의 사유가 작동하는 방식이다. 우리의 사유, 우리의 생각은 논리적으로 작동한다. 그리고 논리적 사유란, 개념을 '설정'하고, 그렇게 설정된 개념들을 연결하여 '판단'을 만들고, 판단들을 모아 삼단논법과 같은 '추론식'을 작성함으로써 진행된다. 그러나 반논리학인 중관학에서는 공과 연기의 교설에 의거하여 개념의 실재성을 비판하고, 사구부정(四句否定)의 논리에 의해 모든 판단의 사실성을 비판하며, 상반된 추론을 제시함으로써 어떤 추론의 타당성을 비판한다. 결국 논리적으로 작동되는 우리의 사유 그 자체를 모두 비판한다.

그러면 이러한 비판 중 일부를 구체적인 사례를 통해 살펴보자.

지금 우리 눈앞에 어떤 길이의 막대기가 있다고 하자. 그런데 누군가가 이 막대기의 길이가 어떠하냐고 우리에게 물었을 때, 우리는 길다고 대답할 수도 있고 짧다고 대답할 수도 있다. 이보다 짧은 막대를 염두에 두고, 비교했다면 '길다'고 대답할 것이고, 이보다 긴 막대를 염두에 두었다면 '짧다'고 대답했을 것이다. 동일한 막대기인데도 불구하고 어떤 막대를 염두에 두고 있는가에 따라 이렇게 그 대답이 달라진다. 이것이 연기와 공의 의미다. 긴 것이 있기 때문에 짧은 것이 있는 것이고, 짧은 것이 있기에 긴 것이 있는 것이다.

그러므로 이 막대의 길이는 원래 길지도 않고 짧지도 않다. 이 막대의 길이는 공하다. '이 막대의 본래적 길이는 없다' 는 것을 '이 막대의 길이에 자성이 없다' 고 표현하기도 한다. 우리 눈에 보이는 모든 길이, 모든 크기가 이와 마찬가지다. 작은방을 염두에 두면 이 방은 큰방이 되고, 더 큰방을 염두에 두면, 이 방은 작은방이 된다. 이 방의 원래 크기는 공하다. 잘 생김과 못 생김, 부유함과 가난함, 현명함과 어리석음 등 모든 것이 상대적이다. 동일한 사람이 상황에 따라 이쪽으로 분류되기도 하고 저쪽으로 분류되기도 한다.

이상과 같이 상대적인 개념들을 예로 들어 공의 의미에 대해 설명하는 것은 쉽다. 그러나 마치 수학문제에서 쉬운 문제와 어려운 문제가 있듯이, '모든 것이 공하다' 고 할 때 그 모든 것들 중에는 공함을 이해하기 어려운 것도 있다. 예를 들면, '무안이비설신의 무색성향미촉법 …' 이라는 구절에서 보듯이 『반야심경』에서는 '눈도 없고, 그 대상인 색도 없다' 고 설하는데, 『중론』에서는 다음과 같이 그 의미를 해명한다. '눈이란 것은 스스로 자기 자신을 볼 수 없다. 스스로를 보지 못한다면 어떻게 다른 것을 보겠는가?'

마치 칼날로 칼날 자체를 자르지 못하듯이, 나의 눈으로 나의 눈 그 자체를 볼 수는 없다. 불은 뜨거운 것이 그 본성이고, 물은 축축한 것이 본성이듯이 눈은 '보는 힘' 을 본성으로 갖는다. 혹자는 거울에 비추어 보면 자신의 눈을 볼 수 있다고 반박할지 모르지만, 거울에 비친 눈은 '대상세계인 색[色境]'의 일부이지, '보는 힘[能見性]'을 갖는 것이 아니기에 진정한 눈이라고 말할 수 없다. 따라서 스스로 보려 하든, 거울에 비추어 보든 나의 눈의 존재는 확인되지 않는다. 그래서 눈이 없다는 것이다. 또 이렇게 눈[能見]이 없기에 그 대상[所見]인 색도 있을 수 없다. 마치 짧은 것을 염두에 두어야 긴 것이라는 의미가 발생하듯이, 눈을 염두에 두어야 눈에 비친 대상이라는 생각이 발생하게 되는데, 눈이 없다면 그 대상도 있을 수 없다. 또 눈[能見인 眼根]도 없고 대상[所見인 色境]도 없다면, 그 양자의 관계인 봄[眼識]도 있을 수가 없다. 위에 인용한 "스스로를 보지 못한다면 어떻게 다른 것을 보겠는가?"라는 반문은 이를 의미한다.

4) 공의 자가당착과 이제설

중관학에서는 이런 방식으로 일체의 존재는 물론이고 일체의 판단, 일체의 사유를 모두 비판한다. 그러나 여기서 명심해야 할 것은 아비달마 교학에서 논리적 모순을 지적해 내는 중관학이지만, 아비달마 교학의 효용성조차 부정하고 있는 것은 아니라는 점이다. 중관학에서는 아비달마 교학을 대하는 실재론적 태도가 범하는 논리적 오류를 지적할 뿐이다. 『대지도론』에서는 이를 다음과 같이 표현한다.

> 보살은 모든 존재가 사연(四緣)으로부터 발생하는 것을 관찰하여 알지만 사연이 확고히 존재한다고 보지 않는다. … 반야바라밀에서

는 다만 사견(邪見)을 제거하는 것이지 사연을 파하는 것은 아니다.

아비달마 교학 역시 부처님의 교설을 담고 있는 훌륭한 뗏목인 것이다. 뗏목이 없다면 우리는 강을 건널 수조차 없다. 그리고 중관학에서 '언어와 생각에 의해 구성된 모든 것은 논리적 모순에 빠진다'는 점을 가르치긴 하지만, 중관학 역시 '언어와 생각'을 이용하여 공을 논증하기에 여기서 예외일 수는 없을 것이다. 『회쟁론』의 적대자는 이를 다음과 같이 지적한다. '만일 모든 것이 공하다면 모든 것이 공하다는 그 말도 공할 테니 논리적 모순에 빠진다.'

다시 말해 '모든 이론이 다 틀렸다'고 할 경우 '모든 이론이 다 틀렸다'는 말도 '이론' 중 하나이기 때문에 이 역시 '틀린 것'이어야 한다는 식의 지적이다. 용수는 이에 대해서도 깔끔하게 해명하고 있다. 예를 들어 어떤 깨끗한 벽에 '낙서금지'라는 말을 쓸 경우 그 말도 낙서에 속하기에 자가당착에 빠진다. 그러나 누군가가 먼저 벽에 낙서를 해 놓았을 때, 그 위에 '낙서금지'라는 말을 쓸 경우에는 그 '낙서금지'라는 말 역시 낙서이기에 자가당착에 빠져 있는 말이긴 하지만, 앞으로의 다른 낙서를 금지시켜 주는 효용이 있다. 다른 모든 불교 교리가 그러하듯이 중관학 역시 응병여약(應病與藥)의 가르침이라는 것이다.

『중론』의 적대자는 '모든 것이 공하다'고 주장할 경우 사성제도 부정하고 삼보도 부정하게 된다고 말하며 공의 교리의 부당성을 지적한다. 사실 '모든 것이 공하다'면 계율도 공하기에 계율을 지킬 필요도 없고, 보시도 공하기에 남에게 베풀 필요도 없고, 사성제도 없고, 삼보도 없을 것이라고 착각하기 쉽다. 그러나 용수는 진제(眞諦)와 속제(俗諦)라는 이제설 (二諦說)을 제시하며 이를 비판하고 있다. 진제란 깨달음에 관한 진리로 구극의 진실을 말하며 속제는 세속사람의 아는 바 도리를 일컫는다. 즉 계율을 지키고, 남에게 베풀고, 사성제를 관찰하고, 삼보를 공경하라는 것이 속제적 교설이라면, 그 '모든 것이 공하다'는 것은 진제적 교설이다. 따라서 진제와 속제를 균등하게 실천해야 진정한 불교인이라고 할 수 있다. 속제를 모르고 진제만 추구할 경우 가치판단이 상실되는 공견에 빠져 막행 막식하는 폐인이 되기 쉽고, 진제를 모르고 속제만 추구할 경우 기껏해야 하늘나라에 태어날 뿐 결코 해탈할 수 없다.

『중론』에서는 이러한 공견의 위험성에 대해 다음과 같이 경고하고 있다.

> 부처님께서는 온갖 사견에서 벗어나게 하시려고 공의 진리를 말씀하셨다. 그러나 만일 공이 있다는 견해를 다시 갖는 자가 있다면, 어떤 부처님께서도 그런 자를 구제하지 못 하신다.

신행활동 과제

1. 『반야심경』에서 세상만사가 텅 비어있다고 부정하는 까닭은 무슨 의미인지 알아보자.
2. 색즉시공(色卽是空)의 의미를 '길이'의 예를 들어 설명해 보자.
3. 모든 것이 공하다는 말이 자가당착에 빠진 말임에도 그 효용이 있

다는 점을 비유를 들어 설명해 보자.
4. 공병 또는 공견의 위험성을 알아보고, 그 사례를 조사하여 발표해 보자.

2. 유식

교육목표

1. 유식 사상이 나타난 배경을 설명할 수 있다.
2. 법을 대하는 태도에 있어서 중관과 유식, 아비달마 교학의 차이를 열거할 수 있다.
3. 유식학의 아뢰야연기론에 대해서 설명할 수 있다.

1) 유식학의 출현과 문헌

앞에서 공사상을 설명하면서, 공견 또는 공병의 위험성에 대해 간략히 언급한 바 있다. 유식학은 중관학에서 말하는 공견을 악취공(惡取空)이라고 부르기도 한다. 즉 공을 잘못 파악했다는 의미이다. 그리고 이런 악취공적 세계관, 허무주의적 세계관을 비판하면서 우리의 마음인 식(識)에 근거하여 세상만사를 설명하고 있다. 이러한 유식학에서는 만법유식의 교리를 통해 악취공적 무견(無見)도 비판하지만, 아비달마교학의 유견(有見) 역시 비판한다.

이와 같이 만법유식은 유견과 무견을 떠난 중도적 가르침인 것이다. 『유가사지론석』에서는 유식학의 출현계기에 대해 다음과 같이 설명하고 있다.

　'부파불교도들의 실재론적 불교관[有見]을 시정해 주기 위해, 용수와 그 제자인 아리야제바는 대승경전에서 추출한 공의 교리를 퍼뜨리게 되는데, 시간이 흐르자 오히려 이런 공의 교리로 인해 많은 사람들이 공견에 빠지게 되었다. 그래서 무착(無着, 395~470경)보살이 삼매의 경지에 들어가 신통력을 얻어 도솔천의 미륵보살로부터『유가사지론』 등을 전수 받았다.'

　이후 소승불교도였던 세친(世親, 400~480경)이 그 형인 무착의 설득에 의해 대승으로 전향하였고『유식삼십송』 등을 저술하여 유식학의 교리를 널리 알리게 되었다.

　유식의 교리를 담고 있는 대표적인 경전으로는『해심밀경』을 들 수 있으며,『화엄경』이나『입능가경』 등도 넓은 의미에서 유식학의 소의 경전이라 할 수 있다. 그리고 논서로는 미륵의『유가사지론』 외에, 무착의『섭대승론』, 세친의『유식삼십송』이 있다. 또 호법(6세기경)의 설을 정통으로 삼아『유식삼십송』에 대한 십대 논사의 주석들을 비판적으로 재편집한『성유식론』이 있다.

2) 모든 존재에 대한 유식학적 분류 – 8식설과 5위 100법설

　『아함경』 등 초기불교 경전에서는 우리의 마음, 즉 식(識)을 '안식, 이식, 비식, 설식, 신식, 의식'의 6가지로 분류하였다. 그러나 유식학에서는 이 중 의식을 다시 '의식과 마나식, 아뢰야식'으로 세분하여 우리의 마음을 8가지로 분류하였다. 대개 '의식'은 따지거나, 회상하거나, 상상하는 등의 기능을 하며, '마나식'은 '무아의 이치를 모르는 어리석음[我癡]', '내가 있다는 착각[我見]', '내가 잘났다는 교만심[我慢]', '착각된 자아에 대해 애착하는 마음[我愛]' 등을 유발하는 것으로 우리의 자의식과 이기심의 뿌리라고 할 수 있다. 그리고 '아뢰야식'은 세상만사를 수렴하고 방출하는 가장 근원적인 마음이라고 할 수 있다.

우리의 일거수일투족은 모두 이 '아뢰야식'에 저장되었다가, 시기가 무르익으면 우리가 체험하는 과보가 되어 나타난다. 우리가 짓는 업들은 아직 덜 익은 풋과일과 같은 모습으로 아뢰야식에 저장된다. 그리고 이후에 새로 짓는 업들은 마치 비료의 작용과 같이 덜 익은 그 업의 열매(= 씨앗)가 성숙하도록 돕는다[現行熏種子]. 그리고 열매가 완전히 성숙하면 씨앗은 과보의 싹으로 변화하여 우리에게 체험되는 것이다[種子生現行]. 이와 같은 업과 과보에 대한 설명을 '아뢰야연기론(阿賴耶緣起論)'이라고 부른다.

유식학에서는 앞서 설명한 안식, 이식, 비식, 설식, 신식, 의식, 마나식, 아뢰야식의 8가지 마음을 심왕(心王)이라고 한다. '굵은 마음'이란 뜻이다. 그런데 이런 심왕 내에서는 분노, 느낌, 질투, 집중, 탐욕, 우울, 추구, 믿음 등 갖가지 마음작용이 일어난다. 이런 '작은 마음작용들'을 심소(心所)라고 부르는데 『성유식론』에서는 심소의 종류를 총 51가지로 분류하였다. 51가지 심소법 중 느낌[受]과 생각[想]을 제외한 49가지는 모두 5온 중 행온(行蘊)에 해당한다.

그런데 심소에 소속된 이런 49가지 행은 마음과 관계된 행, 다시 말해서 유정류(有情類)에게만 존재할 수 있는 행[조작]이지만 이 중에는 마음과 무관한 행들도 있다. 이를 심불상응행(心不相應行)이라고 부른다. 예를 들면 '문장[句]'이나 '발생[生]'과 같은 행법(行法)은 유정류에게도 있을 수 있고, 무정물(無情物)에게도 있을 수 있다. '문장'의 경우 유정류인 우리가 입으로 작성할 수도 있으나 무정물인 책에 글로 쓰여 있을 수도 있으며, '발생'의 경우, 우리에게서 아픔이 발생할 수도 있으나, 무정물인 번개 역시 발생할 수 있기에 이런 행법들은 '반드시 마음과 함께 해야만 존재할 수 있는 행법'이 아니다. 그래서 이를 심불상응행법(心不相應行法 : 마음과 무관한 행법)이라고 부르며 『성유식론』에서는 '문장'과 '발생'을 포함하여 총 24가지 종류를 들어 설명하였다.

또한 물질 또는 형상을 의미하는 색법(色法)으로는 우리의 감각기관인 5근과 감각대상인 5경, 또 지계(持戒)나 파계(破戒)를 다짐할 때 제6의식 내에 형성되는 색법인 법처소섭색(法處所攝色 : 생각의 영역에 존재하는 물질)의 11가지가 있다.

지금까지 열거한 법들은 소위 '인연이 모여 형성된 법'이라 하여 이를 유위법이라고 한다. 이와 반대로 '인연소생의 법'이 아닌 것들을 무위법이라고 하는데, 『성유식론』에서는 무위법으로 허공과 진여 등 6가지를 열거하고 있다.

이상에서 세상만사에 대한 유식학의 분류법인 5위100법 이론에 대해서 간략하게 살펴보았다. 세상만사는 8가지 심왕법, 51가지 심소법, 11가지 색법, 24가지 심불상응행법 그리고 6가지 무위법 등 다섯 부류의 총

100가지 법들이 얽혀서 전개되고 있다. 예를 들어 내가 지금 맛있는 떡을 바라보며 군침을 흘리고 있을 때, 심왕법 중 안식과 의식과 마나식과 아뢰야식이 작용하고 심소법 중에서는 느낌[受], 생각[想] 등과 욕망[欲], 집중[定] 등이 작용한다고 볼 수 있다.

소승 부파 중 설일체유부의 교학을 일목요연하게 정리하고 있는 세친의 『구사론』에서는 모든 존재를 '5위 75법'으로 분류하는데, 그 취지 역시 유식의 '5위 100법' 이론과 마찬가지로 '우리의 체험을 법의 조합으로 분석해 내기 위해서'였다. 우리의 체험을 법의 조합으로 분석한 후 그런 법들 중에서 '번뇌'나 '착하지 못한 마음[不善]'에 해당하는 것들을 하나하나 제거해 나갈 경우 우리의 인격은 향상하며 궁극적으로 성인의 길에 가까이 가게 되는 것이다.

3) 모든 존재에 대한 3가지 조망 – 변계소집성, 의타기성, 원성실성의 3성설

아비달마와 중관과 유식사상은 법(法 : 우리가 체험하는 현상의 구성요소)들을 대하는 태도에서 뚜렷한 차이를 보이고 있다. 소승 교학서인 『아비달마구사론』에서는 75가지 법들 하나하나가 모두 실체[自性]가 있다고 간주하는 반면, 중관학에서는 그런 모든 법들이 궁극적으로는 무자성(無自性)하다는 점을 논증하였다.

그러나 유식학에서는 이런 법들에 대해서 다음과 같은 세 가지의 자성이 있음을 조망하였다. 이런 세 가지 자성을 삼성(三性)이라고 하는데, 첫째는 변계소집성(遍計所執性)이고, 둘째는 의타기성(依他起性)이며, 셋째는 원성실성(圓成實性)이다. 변계소집성이란 우리말로 '두루 분별된 자성'이라고 풀이되며, 의타기성은 '다른 것에 의존한 자성', 원성실성은 '완전히 성취된 자성'으로 풀이된다.

그러면 이런 삼성의 의미를 구체적인 실례를 들어서 설명해 보자.

누군가가 '긴 막대'가 실제 있다고 주장한다고 하자. 그 때 우리는 다음과 같은 설명을 통해 그에게 원래 '긴 막대'란 존재하지 않는다는 점을 알려 줄 수 있다. 긴 막대가 있다는 생각은 짧은 막대와의 대비를 통해 발생한 것이다. 더 긴 막대와 비교할 경우에는 동일한 막대가 짧은 막대가 된다. 따라서 어디서나 항상 긴 막대는 실재하는 것이 아니다. 이런 설명을 통해 애초에 '긴 막대'가 실재한다고 착각했던 사람은 '긴 막대'란 것이 공하다는 점을 알게 될 것이다. 여기서 실제 있다고 착각된 '긴 막대'는 '변계 소집된 것'이며, 다른 짧은 막대와의 비교를 통해 존재하게 되는 '긴 막대'는 '의타기한 것'이다. 그리고 길이란 이렇게 상대적인 것이기에 그 막대에 본래적 길이가 없다는 진실은 '원성실한 것'이다.

이런 점에서 살펴보면 중관학에서 논증하는 공성(空性)은 삼성 중 원성실성에 해당하고, 비판의 대상이 되는 갖가지 법들은 변계소집성에 해당한다고 볼 수 있다.

즉 중관학에서는 변계소집된 자성을 비판하며 원성실한 진제적 공만을 추구할 뿐이었는데, 유식학에서는 양자를 매개하는 것으로 모든 법들의 자성에 대한 의타기적 조망을 추가하였음을 알 수 있다. 이런 의타기적 조망은 연기적 조망이다. 그리고 '아뢰야식'과 '갖가지 법들'의 연기적 관계에 의해 세상만사를 상세하게 해석하는 이론이 바로 유식학의 아뢰야연기론인 것이다.

4) 아뢰야연기론 - 두 가지 인과응보

그러면 이러한 아뢰야연기론에 대해 보다 구체적으로 설명해 보자.

착한 행동이든, 악한 행동이든 우리가 짓는 모든 업들은 씨앗[種子]으로 아뢰야식에 저장되었다가, 성숙한 후 적정한 시기가 되면 다시 우리가 체험하는 길흉화복의 모습으로 나타난다. 이는 자업 자득적인 인과응보이다.

그런데 유식학에서는 이 이외에 또 다른 인과응보에 대해 상세하게 설명하고 있다. 우리의 인지적(認知的) 성향이 겪게 되는 인과응보이다. 예를 들면 우리가 은연중에 갖게 된 세계관과 자아관(自我觀)은 씨앗과 같은 상태로 아뢰야식 내에 저장되었다가, 미래 혹은 내생에도 우리로 하여금 그와 동일한 세계관과 자아관을 갖게 한다. 이는 우리의 인지(認知)에서 일어나는 인과응보라고 할 수 있다. 이와 같이 인과응보는 두 가지 방식으로 작용하는 것을 알 수 있다. 즉 업의 씨앗이 초래하는 인과응보와 자아와 세계에 대한 우리의 인지의 씨앗이 야기하는 인과응보가 그것이다. 업의 씨앗은 문자 그대로 '업종자'라고 불리고, 세계관이나 자아관과 같은 인지의 씨앗은 우리의 언어적 능력과 관계되기에 '명언종자(名言種子)'라고 불린다. '전생에 남을 많이 해친 사람은 삼악도에 떨어져 고통스러운 삶을 살고, 남을 많이 도운 사람은 삼선취에 태어나 행복한 삶을 산다'는 말은 업종자와 관계되고, '전생에 이기적이었던 사람은 현생에도 이기적이다'라거나, '전생에 물을 무서워하던 사람은 현생에도 물을 무서워한다'는 것은 명언종자와 관계된다.

가치의 측면에서 볼 때 세상만사, 즉 만법은 선(善), 악(惡), 무기(無記)의 세 종류로 분류된다. 이 중 무기법은 선법도 악법도 아닌 것을 의미한다. 그런데 업종자는 선인락과 악인고과(善因樂果 惡因苦果)의 인과응보를 발생케 하고 명언종자의 경우는 선인선과 악인악과(善因善果 惡因惡果)의 인과응보를 발생케 한다. 업종자의 경우 인(因)은 선악이나 과(果)는 무기성(無記性)인 육도(六道)의 고락이고, 명언종자의 경우 인도 선악이고 과도 선악이다.

그래서 업종자를 '이숙습기(異熟習氣 : 성질을 달리하여 익은 습기)'라고 부르고 명언종자를 '등류습기(等流習氣 : 같은 흐름을 갖는 습기)'라고 부르는 것이다. 습기란 아뢰야식에 훈습된 기운으로 종자의 다른 이름이다. 이런 이숙습기와 등류습기는 아뢰야식 내에 형성된 후 우리가 짓는 갖가지 업의 기운을 받아 성숙해 가다가[因能變] 시기가 무르익으면 발현되어[果能變] 우리가 체험하는 주관[見分]과 객관[相分]의 세상만사로 나타나는 것이다.

5) 수행과 깨달음

유식학에서는 연기된 세계, 즉 의타기한 법들의 세계를 아뢰야식과의 관계 속에서 해석한다. 그리고 그런 법들 중 번뇌에 해당하는 것들을 하나하나 제거해 나가는 것이 유식학의 수행법이다.

번뇌는 크게 두 가지로 나뉘어지는데 하나는 자아에 대한 집착인 번뇌장(煩惱障)이고 다른 하나는 갖가지 법들에 자성이 있다고 집착하는 소지장(所知障)이다. 번뇌장은 정서적 장애, 소지장은 인지적 장애라고 풀이할 수 있다. 번뇌장과 소지장을 포괄하는 '근본 번뇌'에 해당하는 것은 ① 탐욕, ② 분노, ③ 어리석음, ④ 교만, ⑤ 불교에 대한 의심, ⑥ 몸이 있다고 생각하는 유신견(有身見), ⑦ 전생과 내생에 대해 갖가지로 생각하는 변집견(邊執見), ⑧ 인과응보를 부정하는 사견(邪見), ⑨ 잘못된 종교의식을 신봉하는 계금취견(戒禁取見), ⑩ 이런 세계관들을 의식화하여 집착하는 견취견(見取見)인데, 이런 10가지 근본번뇌는 5위100법 중 심소법에 속한다. 이런 번뇌들을 하나하나 제거함으로써 우리는 성불의 길로 다가가게 되는 것이다.

유식학에서는 성불을 위한 보살의 길을 크게 다섯 단계로 구분한다. 수행의 준비단계에 해당하는 자량위(資糧位), 주관과 객관이 각각 공함을 관찰하는 가행위(加行位), 만법유식을 체득하고 사성제를 관찰하는 통달위(通達位), 십지(十地) 수행에 들어가는 수습위(修習位), 그리고 보리와 열반을 얻어 성불하는 구경위(究竟位)가 그것이다.

이 중 자량위에서 시작하여 통달위를 마치기까지 1아승기겁(= 1무량겁)

의 세월이 걸리고, 수습위의 십지 중 초지에서 제7지까지 이르는데 1아승기겁이 걸리며, 제8지에서 제10지까지 향상하는데 다시 1아승기겁이 걸린다. 자량위 이후 총 3아승기겁이라는 상상을 초월한 세월이 흘러야 보살도가 완성되어 성불하는 것이다. 그리고 성불하게 되면 안식에서 아뢰야식에 이르기까지 우리의 총 8식은 모두 부처의 지혜로 바뀌는데, 이를 전식득지(轉識得智)라고 부른다.

안식, 이식, 비식, 설식, 신식의 전5식은 신구의(身口意)로 신통력을 보이는 성소작지(成所作智)로, 제6의식은 변재(辯才)가 출중한 묘관찰지(妙觀察智)로, 제7마나식은 자타평등의 대자비심을 발하는 평등성지(平等性智)로, 제8아뢰야식은 세상만사를 비추는 대원경지(大圓鏡智)로 전환되는 것이다.

신행활동 과제

1. 유식학에서는 우리의 마음을 어떻게 분류하는지 말해 보자.
2. 유식의 보살도에서는 자량위 이후 3아승지겁의 수행을 해야 성불한다고 한다. 이렇게 오랜 기간 수행해야 하는 이유에 대해서 토론해 보자.
3. 우리 주변의 사물들을 변계소집성, 의타기성, 원성실성 등 삼성의 관점에서 조망하여 설명해 보자.

3. 천태

교육목표

1. 천태종의 성립 과정을 알 수 있다.
2. 천태교학의 일념삼천설과 일심삼관의 내용과 의미를 설명할 수 있다.
3. 깨달음을 이루는 방법인 십경십승관법을 이해할 수 있다.

1) 천태종의 성립

천태종의 초조는 혜문(慧文)인데, 자세한 전기는 알려져 있지 않다. 다만, 6세기 중엽에 수백 명의 무리를 엄격하게 지도한 사람이고, 『대지도론』에 의지해서 선관(禪觀)을 닦았다고 한다. 2조는 혜사(慧思: 515~577)이다. 그는 혜문의 제자이고, 『법화경』을 독송하고 좌선을 매우 충실하게 해서, 결국 법화삼매(法華三昧)라는 경지를 얻게 되었다고 한다. 3조 지의(智顗: 538~597)는 실제로 천태종을 일으킨 인물이다. 지의는 23세 때 혜사의 문하에 들어가 법화삼매를 배웠으며, 그의 대표적 저술은 『법화문구』, 『법화현의』, 『마하지관』이다.

천태대사 지의 이후에 천태종은 다소 부진한 편이었으나 당나라 중기에 들어서면서 담연(湛然 : 711~782)에 의해 새롭게 등장하게 된다. 담연은 화엄종과 선종에 대항해서 천태종을 다시 일으키려고 하였다. 그리고 송나라에 들어서서 천태종은 산가파(山家派)와 산외파(山外派)로 나누어지게 되었다.

한국은 천태종이 비교적 늦게 성립된 편이었다. 고려 초에 체관(諦觀)이 중국에 들어가서 천태종을 연구하여, 『천태사교의』라는 천태학의 명저를 남겼으며, 의천(義天 : 1055~1101)에 이르러 비로소 한국에 세워졌다. 이런 천태종의 흐름은 요세(了世 : 1163~1245)의 백련사결사에 와서는 실천적 성격을 띠게 되었고, 이 결사는 원나라 간섭기에 활동한 운묵(雲黙)에 의해서 그 근본정신이 더욱 발휘되었다.

2) 천태교학의 중심 사상

천태교학의 중심 사상에는 여러 가지를 들 수 있겠지만, 여기에서는 실상론(實相論)이라고 불리는 일념삼천설·일심삼관과 구체적 수행법으로서 십경십승관법을 검토해 보자.

일념삼천설(一念三千說)과 일심삼관(一心三觀)

'일념삼천설'은 사람의 한 마음에 삼천 가지의 가능성이 간직되어 있다는 이론이다. 여기서 '삼천'이라는 숫자가 중요한 것은 아니고, 삼천은 전체를 의미하는 숫자라고 한다. 따라서 '일념삼천설'은 사람이 무한한

가능성을 간직하고 있음을 가리키는 말이다. 현실의 사람은 가능성으로는 부처도 될 수 있고, 지옥에 떨어질 수도 있지만, 현실에는 인간의 세계에 머물고 있다. 이것이 '일념삼천설'에서 말하는 인간의 구체적 모습이다. 이 '일념삼천설'의 내용은 천태대사 지의의 『유마경현소』에 따르면 관조할 대상이고, 관조할 내용은 '일심삼관'이라고 한다. 그러면 일념삼천설과 일심삼관의 자세한 내용을 살펴보자.

일념삼천은 일념 가운데 삼천의 세계가 갖추어 진다는 것이다. 삼천의 숫자가 이루어지는 과정은 다음과 같다. 십법계(十法界)가 십법계를 갖추고, 다시 일법계가 십여시(十如是)를 머금어서, 백법계(百法界)·천여시(千如是)가 되고, 여기다 세 종류의 국토(三種國土)를 곱하면 삼천이 된다.

우선, 십법계는 지옥(地獄), 아귀(餓鬼 : 전생에 악업을 짓고 탐욕을 부린 자가 아귀로 태어나 배고픔과 목마름에 괴로워한다), 축생(畜生), 아수라(阿修羅 : 고대 인도에서는 싸움을 일삼는 악신으로 생각했다), 인간(人間), 하늘, 성문(聲聞), 연각(緣覺), 보살(菩薩), 불(佛)이다. 앞의 여섯 가지는 6도(六道)라고 하는데 윤회하는 세계이고, 성문, 연각, 보살은 대승불교의 삼승(三乘)이다. 천태대사 지의는 여기다 불계를 더 보태서 십계를 만들었다. 이는 불교사상에 근거해서 세계에 대해 가치를 매긴 것이다.

이 십법계가 다시 십법계를 머금는다. 그래서 인간계도 십계가 존재하고, 지옥계도 십계가 존재하고, 불계도 십계가 존재한다. 이는 아무리 훌륭한 사람이라도 선심(善心)과 악심(惡心)이 존재하고, 아무리 악한 사람이라도 선심과 악심이 존재한다는 말이다. 다른 각도에서 보자면, 가능성으로는 무엇이든지 될 수 있지만 현실적으로는 한계가 있다고 할 수 있다.

또 일법계가 십여시를 갖추고 있다. 십여시는 여시상(如是相), 여시성(如是性), 여시체(如是體), 여시력(如是力), 여시작(如是作), 여시인(如是因), 여시연(如是緣), 여시과(如是果), 여시보(如是報), 여시본말구경등(如是本末究竟等)이다.

상(相)은 바깥의 모습이고, 성(性)은 내면의 본성, 체(體)는 사물의 주체, 역(力)은 잠재적인 힘과 작용, 작(作)은 드러난 힘과 작용, 인(因)은 직접적인 원인, 연(緣)은 간접적인 원인, 과(果)는 직접적인 원인의 결과, 보(報)는 간접적인 원인의 결과, 여시본말구경등(如是本末究竟等)은 형상에서 결과까지 통괄하는 평등의 원리이다.

그리고 삼세간(三世間)은 오음세간(五陰世間), 중생세간(衆生世間), 국토세간(國土世間)인데, 오음세간은 세계를 구성하는 요소인 물질이고, 중생세간은 거기에 안주하는 인간과 생물이며, 국토세간은 그 인간과 생물이 살고 있는 환경이다.

앞에서 소개한 '일념삼천설'은 관조할 대상에 속하는 것이라면, 일심삼관(一心三觀)은 관조할 내용에 속하는 것이다. 천태대사 지의가 말하는 일심삼관은 공(空)·가(假)·중(中)이 한 마음 같이 연결되어 있음을 말하는 것이다. 모든 존재하는 것은 공(空)이라고 보는 것은 대승불교의 일반적 이론이다. 이 공을 가장 단순하게 접근하자면 내면의 집착하는 마음을 비우는 것이라고 할 수 있다. 그 때 집착의 대상인 객관세계도 집착하는 것 같이 존재하는 것이 아니라는 것을 깨닫게 된다.

인도불교에서도 공을 강조하였는데, 이것이 중국불교로 넘어오게 되자 상황이 바뀌게 되었다. 모든 것을 버리고 이 사바세계를 초월하자는 이야기로는 중국인의 마음에 맞지 않는 그 무엇이 있었다. 그래서 공의 세계에 철저히 파고드는 것도 중요하지만, 현실세계는 우리가 집착하는 방식과는 다르게 존재한다는 점을 분명히 하고자 하였다. 그것이 가(假) 이다. 현실의 대상은 범부가 집착하는 것처럼 존재하는 것은 아니지만, 그렇다고 해서 아무런 가치도 없는 것도 아니라고 보는 것이고, 여기서 현실을 중시하는 중국인의 실용주의적 관점을 읽을 수 있다.

이러한 공(空)과 가(假)의 두 관점을 종합하는 것이 중(中)이다. 이는 공 (空)이라고 해서 없다는 쪽에 치우치지도 말고, 가(假)라고 해서 있다는 편에도 비중을 두지 말자는 것이다. 이 두 가지 극단을 넘어서는 것이 바로 중도(中道)이다. 그래서 일심삼관의 의미는 공(空)·가(假)·중(中)의 의미가 한 마음 같이 긴밀하게 연결되어 있음을 말하는 것이고, 다른 각도에서 보자면 공(空)의 의미를 가(假)를 통해서 분명히 드러내고자 하는 것이라고도 할 수 있다.

십경십승관법(十境十乘觀法)

'십경십승관법'은 깨달음을 이루는 방법을 설명한 것이다. 가령, 수행을 하는데 번뇌가 생기면 어떻게 해야 되는가? 수행 중에 병이 들면, 어떻게 해야 하는가? 혹시 수행하다가 적은 것을 얻고서 완전한 도를 얻었다고 잘못 생각하면 어떻게 하는가? 이런 점 때문에 천태대사 지의는 10경(十境)을 제시하였다.

그리고 십승관법은 완전한 깨달음을 이루는 10가지 방법이다. 불교에서 말하는 이상의 경지가 아무리 숭고한 것이라 할지라도 방법이 명확하지 않는다면, 그것은 공염불에 지나지 않을 것이므로 그 방법에 대해 열 가지로 정리해서 말하는 것이다.

　이 십승관법의 의미는 다섯 가지로 정리할 수 있다. 첫째, 바른 진리의 가르침을 알아야 한다는 점이다. 둘째, 지식 또는 지혜만 가지고는 곤란하고 자비심이 있어야 한다는 점이다. 셋째, 지관을 닦아야 하고 넷째, 자기가 어느 정도 수행이 익었는지 알아야 하며 다섯째, 진리에 대한 애착마저 버려야 한다는 점이다.

　이 중에서 특히 주목하고 싶은 것은 넷째와 다섯째 내용이다. 넷째 내용은 보통 수행자가 조그마한 경지를 얻고서 쉽게 만족해 버리는 것에 대한 경고이다. 한국 선종의 풍토는 대체로 이론적인 것을 분별 집착으로 무시해 버리는 경향이 있는데, 최소한 자기가 어느 정도 수행이 완성되었는지 알아볼 수 있는 교학(敎學)의 지식은 필수적이라는 점을 일깨워 주고 있다. 다섯째 내용은 불교의 정신을 가장 잘 보여 주는 것이라고 할 수 있다. 이는 불교의 궁극경지에 이르러서는 불법에 대한 집착마저 버려야 함을 보여주는 것이다.

　십경십승관법에서 '십경'은 지관(止觀)의 대상이 되는 10가지 경계를 말하는 것이고, '십승'은 지관을 닦는 사람이 행하는 10가지 방법이다. '십승'이라고 한 것은 이것이 깨달음으로 인도하는 마차이기 때문이다. 그리고 십경의 하나 하나에 대해서 십승관법을 행하는 것이 십경십승관법이다.

십경(十境) _ 관찰할 대상

십경은 『마하지관』에서 관조할 대상으로 제시한 것이다. 이 중에서 처음에 말하는 음계입경(陰界入境)이 중심이 되고, 나머지 9가지 경계는 생길 때마다 관조하는 대상이다. 그 내용을 살펴본다.

첫째, 음계입경(陰界入境)이다. '음(陰)'은 오음(五陰)이고, '계(界)'는 십팔계(十八界)이며, '입(入)'은 십이입(十二入)이다. 이 '음계입경'이 맨 처음에 제시된 이유는 두 가지인데, 하나는 늘 눈앞에 펼쳐 있어서 항상 관조할 대상이 되기 때문이고, 다른 하나는 경전에서 음계입경이 맨 처음에 관조한다고 말하고 있기 때문이다.

둘째, 번뇌경(煩惱境)이다. 이는 오음(五陰)의 과(果)를 관찰할 때 번뇌가 발동하는 것이다. 보통 때에도 우리 마음 속에 번뇌가 움직이고 있지만, 이것을 알아차리지 못한다. 그러다가 오음을 관찰할 때, 그 속에서 번뇌가 활동하고 있음을 느낀다. 그래서 '음계입경' 다음에 '번뇌경'이 일어나는 것이다.

셋째, 병환경(病患境)이다. 병을 이루는 요소를 살펴보면, 지(地)·수(水)·화(火)·풍(風)의 4대(四大)는 몸의 병을 이루는 것이고, 탐(貪)·진(瞋)·치(痴)의 3독(三毒)은 마음의 병을 이루는 것이라고 할 수 있다. 그런데 이것들이 평소에는 잘 섞여 있어서 느끼지 못하다가 '번뇌경'으로 인해서 4대가 어지럽게 날뛰게 되어 맥과 장기에 충격을 주게 되면 병환이 생기는 것이다.

넷째, 업상경(業相境)이다. 이는 병환이 제거되어서 몸이 튼튼해지면, 선(善)을 행하기도 하고 악(惡)을 행하기도 해서, 결국 업을 짓게 된다는 것이다. 그래서 '병환경' 다음에 '업상경'을 말하는 것이다. 그리고 '업상경'에는 헤아릴 수 없이 많은 종류의 업(業)이 있다고 한다.

다섯째, 마사경(魔事境)이다. 이는 도(道)를 가로막는 경계이다. 앞의 '업상경'에서 수행자는 악(惡)이 생기면 없애려고 하고, 선(善)이 생기려고 하면 더욱 확장하려고 한다. 이 때 마(魔)는 그러한 수행자의 마음을 흔들기 위해서 여러 가지 유혹의 모습을 나타내 보인다. 그래서 '업상경' 다음에 '마사경'을 말하는 것이다.

여섯째, 선정경(禪定境)이다. 이는 정신 통일된 삼매의 경지에서 생기는 것이다. 앞에서 말한 '마사경'을 넘어서면 공덕이 생기게 된다. 이미 마(魔)의 유혹을 이겼기 때문에 자연스럽게 여러 선정이 생겨나는 것이다. 이러한 선정은 과거의 생(生)에 닦은 수행의 힘에 근거해서 생기기도 하고, 금생(今生)의 수행에 의지해서 생기기도 한다. 그리고 선정에 들어가는 모습도 한 가지만 있는 것이 아니고 매우 다양하다고 할 수 있다.

일곱째, 제견경(諸見境)이다. 이는 '선정경'에서 삿된 지혜가 일어나는 것이다. 이 때 수행자는 사물을 잘못 보게 되어서 뒤집어진 생각, 곧 전도망상(顚倒妄想)을 하게 된다. 이처럼 삿된 생각이 넘쳐흐르는 것을 '제견경'이라고 한다.

여덟째, 증상만경(增上慢境)이다. 이는 얻지 못한 것을 얻었다고 잘못 생각하는 것이다. 앞의 '제견경'에서 생긴 치우친 견해가 잘못된 줄 알아서 집착을 그치면 탐욕과 성냄이 일어나지 않지만, 근기가 둔한 사람은 이 탐욕과 성냄이 없는 상태를 불교의 최고 경지인 열반으로 착각하는 경우도 왕왕 있다. 그래서 아직 얻지 못한 것을 얻었다고 잘못 생각해서 교만한 마음을 낸다. 이것을 증상만경(增上慢境)에 빠졌다고 하고, 이런 부류의 사람을 '증상만인(增上慢人)'이라고 한다.

아홉째, 이승경(二乘境)이다. 이는 2승의 견해에 떨어지는 것이다. 앞에서 말한 '제견경'과 '증상만경'을 넘어서서 마음이 고요한 경지에 들어갔더라도, 그것이 전부가 아니라고 한다. 경우에 따라서는 과거세(過去世)에 익힌 소승(小乘)의 기질이 생겨나는 사람도 있을 수 있다. 이런 사람들은 대승(大乘)의 마음을 일으킨다고 주장하지만, 결국에는 2승의 경지에 떨어지고 만다. 이것이 '이승경'이다.

열째, 보살경(菩薩境)이다. 이는 보살이 떨어지기 쉬운 경계이다. 원래 보살이라면 서원(誓願)이 있기 때문에 공(空)의 가르침을 잘못 이해하지는 않는다. 그렇지만 방편을 중시하기 때문에 유혹에 떨어질 수 있다. 더구나 보살에도 수준 차이가 있기 때문에 미혹할 수 있는 것이다. 이러한 유혹을 넘어서기 위해서 '보살경'을 말하는 것이다.

십승관법(十乘觀法) _ 관찰하는 방법

첫째, 관부사의경(觀不思議境)의 내용은 앞에서 소개한 '일념삼천설'과 '일심삼관'이다.

둘째, 발진정보리심(發眞正菩提心)이다. 앞에서 말한 '부사의경'을 바르게 인식하지 못하기 때문에 진실하고 바른 보리심을 일으킨다. 그 내용은 다른 것이 아니라, 바로 사홍서원(四弘誓願)으로 정리된다. 이는 모든 중생을 구원하겠다는 것, 모든 번뇌를 끊겠다는 것, 모든 가르침을 배우겠다는 것, 완전한 깨달음을 얻겠다는 것이다.

셋째, 선교안심(善巧安心)이다. 이는 지관(止觀)으로 진리의 본성인 법성(法性)에 안주하는 것이다. 또한 이것은 원(願)을 세우고 지관수행을 뜻하는 실천에 힘쓰는 것이기도 하다.

넷째, 파법편(破法遍)이다. 이는 중생이 전도(顚倒)되는 경우가 많으므로, 그것을 방지하자는 것이다. 물론 앞의 '선교안심'의 단계에서 지관으로 마음을 편안히 하였다면, 선정과 지혜가 열리어 다시 번뇌를 깨뜨린다고 말할 필요가 없을지도 모른다. 그러나 아직 법성(法性)과 상응하지 못한 수행자가 있다면, 선정을 함축한 지혜를 잘 활용해서 번뇌를 제거해 나가야 할 것이기 때문에 뒤집힌 생각을 깨뜨리라고 말하는 것이다.

다섯째, 식통색(識通塞)이다. 앞에서 말한 '파법편'이 철저하였다면, 생겨남이 없는 본래의 경지 곧 무생(無生)에 들어갈 것이다. 하지만 인생도 그렇듯이 수행도 그렇게 간단하지만은 않다. 이 경우 무생(無生)의 경지에 들어가지 못한 이유를 잘 살필 필요가 있다. 왜냐하면 옳고 그르다는 분별의 생각에 막혀서 진리를 분명하게 깨닫지 못하였기 때문이다. 이처럼 '식통색'에서는 자기가 어디서 막히고, 어디는 통했는지를 돌이켜 보아 수행에 힘쓰는 것이다.

여섯째, 도품조적(道品調適)이다. 이는 37도품(道品)으로 번뇌를 다스리는 것이고 소승의 수행방법을 활용하는 것이기도 하다. 대승의 방법으로 깨달음을 얻으면 좋겠지만, 그렇지 못하다면 소승의 방법도 무방하다는 생각이 이 안에 숨어 있다. 37도품은 지혜를 얻기 위한 부파불교의 여러 가지 수행방법이다.

일곱째, 조도대치(助道對治)이다. 근기가 둔하고 번뇌가 두터운 사람의 경우, 37도품으로도 공(空)·무상(無相)·무원(無願)의 3해탈문(三解脫門)을 곧 열지 못하여 수행의 길을 전념할 수 없게 된다. 이 때, 번뇌를 끊는 대치(對治)의 도(道)로써 번뇌의 장벽을 깨뜨릴 필요가 있고, 그러면 해탈문에 편안히 들어갈 수 있다는 것이다.

여덟째, 명차위(明次位)이다. 이는 자기가 어느 정도의 경지에 이르렀는지를 분명히 아는 것이다. 대승과 소승의 수행방법을 모두 사용하였는데도 크게 진전이 없다면, 자신이 어디에서 막혀 있는지 점검할 필요가 있다. 그래서 자기가 증득한 것과 증득하지 못한 것을 분명히 알고, 증득하지 못한 것을 증득하기 위해 더욱 분발해야 한다는 것이다.

아홉째, 능안인(能安忍)이다. 처음 '관불가사의경'부터 '명차위'의 단계까지 수행해서 장애를 지혜로 바꾸었다고 하자. 여기서도 사람에 따라 처하는 상황이 다를 수 있다. 이 단계에 이르러서도 어떤 사람은 수행단계의 하나인 '초품제자위(初品弟子位)'에 들어가지 못하기도 하고, 또 어떤 사람은 '초품제자위'에 들어가서 지혜가 밝고 분명하기도 하다. 초품제자위는 범부가 닦는 다섯 단계의 수행 중 처음에 해당하는 것이다.

이 단계에서는 사람에 따라 수행의 내용이 달라진다. 지혜가 밝고 분명한 수행자라면, 마치 큰 코끼리가 무리를 단속하듯이 중생을 널리 이롭게 하는 데 힘써야 할 것이다. 그러나 지혜가 분명하지 않은 사람이라면, 세상에 나서지 말고 삼매를 닦는 데 전념해야 한다. 왜냐하면 수행이 완성되어서 깨달음의 힘이 드러날 때, 교화를 행해도 늦지 않기 때문이다. 그래서 수행자는 외부의 유혹에 대해서는 사양하고 은둔하고 떠나게 되면 감당할 수 있을 것이고, 내부의 번뇌에 대해서는 공(空)·가(假)·중(中)

의 일심삼관의 이치를 관찰하면 물리칠 수 있을 것이다.

　열째, 무법애(無法愛)이다. 이는 부처님의 가르침(法)에 대한 애착(愛着)이 없는 것이다. 위의 9가지 관법을 잘 닦으면, 모든 장애를 넘어서서 참된 세계에 들어갈 수 있을 것이다. 그런데 9가지 관법을 닦고도 참된 세계에 들어가지 못했다면, 그 이유는 부처님의 가르침에 애착해서 거기에 머물기 때문이라고 할 수 있다. 그 때문에 더 나아가지 못하고 발전하지 못한다. 이 때에는 부처님 가르침에 대한 애착, 곧 법애(法愛)를 깨뜨릴 필요가 있다. 그것을 깨뜨리면 3해탈에 들어가 진정한 중도를 일으킬 것이고 그 때 자연히 모든 지혜의 바다에 들어가서 불교 최고의 경지인 무생법인(無生法忍)에 머물게 된다.

『법화경』의 해제

　불교는 성문승(聲聞乘), 연각승(緣覺乘), 보살승(菩薩乘)의 삼승(三乘)으로 구분할 수 있지만, 이것들이 궁극에는 근본적인 가르침인 일승(一乘)으로 돌아간다고 하는 것이 『법화경』 사상의 핵심이다. 삼승이 존재하는 이유는 중생의 소질을 의미하는 근기(根機)가 여러 종류이므로, 거기에 맞추어서 부처님이 설법하였기 때문이다. 그래서 모든 가르침의 목적은 중생을 부처가 되게 하는 데 있는 것이고, 이것이 바로 일승의 가르침이다. 이점을 『법화경』에서는 여러 가지 비유를 통해서 설명하고 있는데 그 중에 가장 아름다운 비유를 살펴본다. 이 이야기에서 말하는 '비' 는 부처님의 가르침을 비유한 것이고, '여러 가지 초목' 은 부처님의 가르침을 듣는 중생을 비유한 것이다

가섭이여! 삼천대천세계의 산과 강과 계곡과 땅에서 자란 나무와 수풀과 약초가 여러 종류이고 이름과 그 색깔이 각기 다르다. 비를 머금은 구름이 널리 퍼져 삼천대천세계를 두루 에워싸서 한꺼번에 비가 내린다. 그 비가 널리 내리면 나무와 수풀과 약초 중에서 작은 뿌리와 줄기, 작은 가지와 잎, 중간의 뿌리와 줄기, 중간의 가지와 중간의 잎, 큰 뿌리와 줄기, 큰 가지와 잎을 가릴 것 없이 모두 비를 맞는다. 한 가지 구름에서 생겨난 비에 의해 각각의 나무가 자기의 성질에 맞추어서 자라난다. 그래서 꽃과 열매가 맺어진다. 이렇게 비록 한 가지 땅에서 생기고, 한 가지 비에 의해 적셔졌지만 모든 초목은 다 차이가 있다.

「법화경」

그리고 그와 상응해서 그 가르침을 말씀하시는 부처님도 영원히 살아 계시는 부처님으로 바뀐다. 그 가르침이 일승이어서 모든 중생을 부처가 되게 할 수 있는 것이라면, 이러한 가르침을 말씀하신 부처님도 뛰어난 능력을 가지고 있는 것은 당연하다고 하겠다.

나아가 일승의 가르침을 듣는 중생도 모두 부처가 된다. 긴 세월을 두고 본다면, 모두 부처가 될 것이라고 한다. 그래서 '제바달다'라는 석가모니 부처님을 해치려고 하였던 극악한 사람도 결국 부처가 될 것이라고 말하고 있고, 여인도 부처가 될 수 있다는 점을 사가라 용왕의 여덟 살 난 딸을 예로 들어 말하고 있다. 이처럼 일승의 가르침과 그것을 전해 주는 영원히 존재하는 부처님과 궁극에는 부처가 될 수 있는 중생의 존재, 이

삼각관계가 『법화경』의 핵심이다.

한편 이러한 내용으로 이루어진 『법화경』에는 여러 가지 원본이 존재한다. 첫째, 산스크리트어본(여러 가지가 있는데, 사본이 발견된 지방에 따라 네팔계, 카쉬미르계, 중앙아시아계로 구분된다) 둘째, 축법호(竺法護) 번역의 『정법화경(正法華經)』 10권(286년) 셋째, 구마라집(鳩摩羅什) 번역의 『묘법연화경(妙法蓮華經)』 8권(406년) 넷째, 사나굴다(闍那堀多) 등이 번역한 『첨품묘법연화경(添品妙法蓮華經)』 7권 (601년) 다섯째, 티베트어본 등이다. 이 가운데에서 한역경전으로 가장 널리 읽히는 경전은 구마라집이 번역한 『묘법연화경』이고, 이것에 일부분을 보충하고 정정한 것이 『첨품묘법연화경』이며, 『정법화경』은 난해한 번역으로 알려져서 잘 읽혀지지 않는다.

신행활동 과제

1. 천태 교학에서 모든 존재가 있는 그대로 진리라고 보는 이유를 말해 보자.
2. 수행을 할 때 장애를 물리치는 방법에 대해서 각자 의견을 발표해 보자.
3. 궁극적인 경지에 이르러서는 불법에 대한 집착마저 버려야 한다는 말의 의미에 대해서 토론해 보자.

4. 화엄

교육목표

1. 화엄경의 의미를 설명할 수 있다.
2. 화엄교학의 핵심 사상인 법계연기론, 육상원융 등을 설명할 수 있다.
3. 화엄의 보살도 42단계를 통해서 보살의 삶을 실천할 수 있다.

1) 화엄경의 해제

원래 경이름[經名]에는 그 경이 지니는 전체의 내용이 잘 함축되어 있기 때문에, 예로부터 경이름 풀이를 잘 하면 그 경의 반(半)은 해석되었다고 일컬어진다. 그런 의미에서 『화엄경』의 갖춘 이름인 『대방광불화엄경(大方廣佛華嚴經)』의 해제를 먼저 살펴보자.

먼저 대(大)라고 하는 것은 크다는 뜻인데 단순히 작다고 하는 소(小)에 대한 상대적인 대가 아니라 절대적인 '대'로서, 그 무엇과도 비교할 수가 없다는 의미의 극대(極大)를 말하고 있다. 이어서 '방(方)'이란 방정하다·바르다는 뜻이고 '광(廣)'은 넓다는 의미이니까 합하여 '대방광' 하면 시공(時空)을 초월하고 있다는 뜻이 되고, 거기에 불(佛)을 붙여 '대방광불'

하면 시·공을 초월한 부처님이라는 뜻이 된다. 그 다음 '화엄(華嚴)'은 여러 가지 꽃으로 장엄하고, 꾸민다는 의미이다. 다시 말하면 '화'는 깨달음의 원인으로서의 수행에 비유한 것이고 '엄'은 수행의 결과로서 부처님을 아름답게 장엄하는 것, 즉 보살이 수행의 꽃으로써 부처님을 장엄한다는 의미이다.

그러나 이 때 중요한 것은 아름답고 향기로운 꽃들만을 뽑아서 장엄하는 것이 아니라, 길가에 무심히 피어있는 이름 모를 잡초들까지도 모두 다 포함된다는 점이다. 그렇기 때문에 『화엄경』을 일명 『잡화경(雜華經)』이라고 부르는 이유도 바로 여기에 있다.

이러한 『화엄경』의 산스크리트 원본은 산실되어 버리고 단지 「십지품(十地品)」과 「입법계품(入法界品)」만이 현존하고 있는데, 한역은 두 가지의 대본(大本), 즉 불타발타라(佛馱跋陀羅)와 실차난타(實叉難陀)의 번역본이 있다. 전자는 번역된 권수가 60권이기 때문에 『60화엄』이라 부르기도 하고 또한 번역된 시대가 동진(東晋)이므로 『진경(晋經)』이라 부르는 반면, 후자는 권수가 80권이라서 『80화엄』 또는 당나라 때의 번역이기 때문에 『당경(唐經)』이라 부르고 있다. 그 외에도 반야(般若)가 번역한 『40화엄』이 있으나, 이것은 대본(大本)의 「입법계품」에 해당하는 부분적인 번역이다.

그리고 9세기 말에 번역된 티베트본인 『서장화엄경(西藏華嚴經)』도 현존하고 있다. 이렇게 판본이 몇 가지나 되다 보니 자연히 구성조직도 조금씩 차이를 보이고 있다. 즉 『60화엄』은 칠처팔회(七處八會 : 일곱 장소에서 여덟 번의 법회) 34품으로 구성되어 있고 『80화엄』은 칠처구회(七處九會 : 일곱 장소에서 아홉 번의 법회) 39품으로 이루어져 있다. 그리고 경우에 따라서는 크게 삼분(三分)하여 지상편(地上篇), 천상편(天上篇), 지상회귀편(地上回歸篇)으로 나누기도 한다.

『화엄경』은 처음부터 현재의 체제로 만들어진 경전이 아니라, 전체적으로 사상을 같이 하는 여러 가지 단독 경전을 모아 집대성한 것이다. 그 시기는 대체로 4세기경으로 보고 있으며, 학자들은 그 장소를 서역(西域)의 우전국(于闐國)이었을 것으로 추정하고 있다.

2) 화엄종의 성립

화엄학이란 화엄사상에 근거하여 성립한 『화엄경』을 종(縱)으로 하고, 『화엄경』에 전념한 조사들의 견해를 횡(橫)으로 삼아서 만들어 놓은 큰 체계이다. 따라서 화엄조사들의 역할이 얼마나 중요한가를 짐작할 수 있다. 그런 의미에서 중국 화엄종의 성립과 한국 화엄종의 성립을 간단히 살펴보자.

먼저 중국화엄종의 초조(初祖)는 두순(杜順, 557~640)이다. 그의 사상적 입장을 전하고 있는 유일한 저작으로 인정되고 있는 『법계관문(法界觀門)』조차도 오늘날 진찬(眞撰) 여부가 논란이 되고 있다. 그러나 저서가 많은 사람이 반드시 훌륭한 사상가는 아니듯이 저술이 전해지지 않는 것과 종교자로서의 비중은 전혀 상관이 없다고 하겠다.

지엄(智儼, 602~668)은 두순의 법맥을 잇고, 화엄교학의 대성자 법장을 길러낸 과도기적인 역할을 한 사람이다. 그것은 두순이 실천적이고 관행적(觀行的)이었던 성격에 비해 화엄학의 중요한 사상적인 문제의 소박한 원형이 거의 지엄의 사상에서 나타나고 있기 때문이다. 지엄이 남긴 저술로는 『60화엄』에 대한 최초의 주석서인 『수현기(搜玄記)』를 비롯해서 『공목장(孔目章)』 등이 있다.

법장(法藏, 643~712)은 제3조로 알려져 있지만, 실질적으로 화엄교학을 체계화시킨 인물이다. 화엄종을 현수종(賢首宗)이라 부르는 것도 그의 호인 현수(賢首)에서 유래되고 있는 별칭이다. 그는 지엄 이상으로 유식(唯識)을 의식하지 않을 수 없는 입장에 있었지만, 단순한 대응이 아니라 이것을 흡수 융합시킴으로써 자신의 화엄교학을 한 차원 높게 완성시켜 나갔다.

법장이 세운 오교십종판(五敎十宗判)은 물론이거니와 법계연기(法界緣起)·성기사상(性起思想)·육상원융(六相圓融) 등, 그 어느 것도 화엄의 지상성(至上性)을 드러내기 위한 교리들이다.

그의 화엄사상을 살펴볼 수 있는 저술 가운데, 화엄학의 개론서라고 할 수 있는 『오교장(五敎章)』과 『60화엄』의 주석서인 『탐현기(探玄記)』, 그리고 『기신론(起信論)』 주석의 백미라고 하는 『기신론의기(起信論義記)』 등이 유명하다.

징관(澄觀, 738~839)은 당나라 초기 때 전개된 학문불교가 중엽에는 실천불교로 변모해가는 바로 그 시대에 활약하던 인물로서 화엄과 선(禪)을 융합시키고자 노력한 스님이다.

종밀(宗密, 780~841)은 징관이 화엄 속에 선을 융합시키고자 한 반면, 그는 선(禪)과 교(敎)를 완전히 대등한 위치로 보고 교선일치(敎禪一致)를 주장하였다.

한편 우리나라에서는 자장(慈藏)에 의해 처음으로 『화엄경』이 전래된 이래 통일신라시대에 접어들면서부터 원효(元曉, 617~686), 의상(義湘, 625~702) 두 스님에 의해 화엄사상의 기틀이 마련되었다. 그러나 원효는 어느 한 종파에 국한시킬 수 없을 만큼 불교전반에 걸쳐 사상적 폭이 크기 때문에 역시 해동초조(海東初祖)는 의상이라고 할 수 있다.

특히 『일승법계도(一乘法界圖)』는 의상의 화엄사상이 잘 압축되어 드러나 있다. 고려시대에는 균여(均如, 923~973)가 『법계도원통기(法界圖圓通記)』를 위시하여 여러 편의 저술을 남겼고, 이어서 지눌(知訥, 1158~1210)은 『화엄절요(華嚴節要)』를 통하여 돈오점수(頓悟漸修)의 화엄선을 선양하였다. 조선조 초기는 김시습(金時習)의 활약이 두드러졌고, 후기에는 연담 유일(蓮潭有一) 등 화엄조사들이 후학들을 위해 사기(私記)를 지었다.

3) 화엄교학의 중심 사상

『화엄경』은 부처님의 자내증(自內證)의 세계, 즉 깨달음의 세계를 그대로 묘사한 것이기 때문에 처음에는 사리불이나 목련과 같은 훌륭한 제자까지도 벙어리와 귀머거리처럼 그 내용을 알아듣지 못했다고 한다. 다시 말하면 그만큼 이해하기가 어려웠다는 얘기다.

그러나 한 방울의 거품을 보고서 바다 전체를 보았다고 한다거나 반대로 바닷물을 다 마신 후에야 그 맛을 알겠다고 한다면 이 또한 어리석은 사람이라 하지 않을 수 없다. 그와 같이 경전의 한 구절 한 구절의 낱말에 구애받지 않고 좀더 사실적이고 현실적으로 『화엄경』 전체를 하나의 대서사시(敍事詩)나 대 드라마로 이해한다면, 보다 좀 더 친근감이 있는 경전으로 받아들일 수도 있을 것이다. 그러나 화엄교학이라는 입장에서 살펴볼 때, 성기사상(性起思想)과 법계연기(法界緣起)가 화엄사상을 가장 극명하게 잘 드러내고 있으며, 십현연기(十玄緣起)와 육상원융(六相圓融)은 법계연기의 구체적인 모습이다.

법계연기는 우주만유의 낱낱 법이 자성(自性)을 가지고 각자의 영역을 지키며 조화를 이루는 것을 말한다. 이러한 법계를 사(事)와 이(理)로 구분하여 설명한 것이 사법계설(四法界說)이다.

첫째, 사법계(事法界)는 모든 현상적이고 차별적인 세계를 말한다.

둘째, 이법계(理法界)는 사법계를 성립시키는 본체적이고 평등한 세계를 가리킨다.

셋째, 이사무애법계(理事無碍法界)는 이와 사, 즉 본체와 현상이 둘이 아닌 것임을 설명한다. 마치 파도와 물의 관계로 비유할 수 있다.

넷째, 사사무애법계(事事無碍法界)는 현상계가 그대로 절대적인 진리의 세계라는 것이다.

즉 중중무진(重重無盡)한 연기의 세계는 현상적으로 보면 개개의 사물들이 서로 아무런 연관성이 없는 개체처럼 보이지만, 사실은 서로가 상관관계에 놓여 있다는 설명이다. 마치 바다의 섬들이 겉으로 보기에는 서로 떨어져 있는 것처럼 보이지만, 바다 밑으로 보면 모두가 하나로 연결되어 있는 것과도 같다는 뜻이다.

이를 인다라망(因陀羅網)에 비유하여 설명하기도 하는데, 소위 일즉다 다즉일(一卽多多卽一)이라고 표현되는 사상이다.

다시 말하면 이름 모를 풀 한 포기에서 우주 전체의 모습을 보고 그 풀잎에 맺혀 있는 한 방울의 작은 이슬에서 온 중생의 아픔을 느끼는 원리인 것이다.

그런데 이러한 사상은 화엄사상에만 국한되고 있는 이론이 아니라, 현대물리학에서도 충분히 입증이 되고 있어 더욱 공감이 간다. 예를 들면 우리 몸의 세포 하나하나에는 우리 몸을 복제할 수 있는 모든 정보가 다 들어있기 때문에 적어도 원리적으로는 세포 하나만 있으면 우리 몸 전체를 다시 만들어 낼 수 있다고 한다. 즉 세포 하나를 통해 몸 전체의 정보를 알 수 있다는 것은 바로 일즉일체(一卽一切)의 원리가 그대로 적용된 셈이다. 이를 사회생활속에 적용시켜보면 우리는 서로가 연관관계에 있을 뿐만 아니라, 모두가 소중하게 생각하여야 할 존재라는 것이 화엄사상의 기본 입장임을 알 수가 있다.

신행활동과제

1. '하나가 곧 전체요, 전체가 곧 하나' 라는 이치를 예를 들어 설명해 보자.
2. 우주 전체가 하나의 통일적 화합체라는 사실을 육상의 원칙으로 설명해 보자.
3. 보살의 수행 과정에서 발심과 더불어 믿음이 중시되는 이유를 말해 보자.

5. 정토

교육목표

1. 정토삼부경의 내용을 알 수 있다.
2. 불교 수행에 있어서 자력과 타력의 의미를 바르게 이해할 수 있다.
3. 극락정토에 왕생하기 위한 수행을 실천할 수 있다.

1) 정토교의 성립

중국 정토교(淨土敎)는 교리적으로 볼 때 다소의 차이점이 있는 세 유파가 있으나 그다지 명확한 구별을 하지 않고 모두 혜원(慧遠)으로부터 시작된 것이라고 한다. 그러나 정토교를 명실공히 집대성한 사람은 선도(善導)이다.

먼저 담란(曇鸞, 476~542)은 보리유지(菩提流支) 삼장으로부터 『관무량수경』의 가르침을 받고 오로지 염불에 입각하여 정토교의 기초를 다졌으며 『왕생론주(往生論註)』를 남겼다.

도작(道綽, 562~645)은 현중사(玄中寺)에서 담란의 비명(碑銘)을 보고 감명을 받아 정토교에 귀의한 사람이다. 그는 『관무량수경』을 강의하는 한편, 하룻동안 콩을 헤아리는 소두염불(小豆念佛)을 7만 번씩 하였다고 한다. 그의 저서로 『안락집(安樂集)』이 남아 있다.

선도(善導, 613~681)는 중국 정토교의 대성자로 알려져 있다. 선도는 극락의 즐거움과 지옥의 고통을 대조적으로 보여주는 정토변상도(淨土變相圖)를 그려 민중들에게 나눠줌으로써 오늘날의 시청각 교육과도 같은 방법으로 교화하였다. 일화에 따르면 그가 권한 칭명염불(稱名念佛)의 가르침에 따라 장안(長安)의 집집마다 염불소리가 끊이지 않았다고 한다. 그가 남긴 대표적인 저술로 『관무량수경소(觀無量壽經疏)』가 현존하고 있다.

이와 같이 중국에서는 정토교가 하나의 종파로 형성되면서 민중 속에 뿌리를 내렸지만, 우리나라에서는 눈에 띨 만큼 종파로서의 형성은 이루지 못하였다. 다만 경흥(憬興)과 의적(義寂) 등의 이름이 보이고 있으나, 정토신앙 보급과 관련해서 꼭 언급해야 할 원효에 대해서만 아주 간략하게 살펴보기로 하자.

『삼국유사(三國遺事)』에 의하면 모든 불교 교학에 능했던 원효는 『화엄경』에 주석을 달다가 크게 깨친 바가 있어 스스로 파계를 하고 민중 속으로 들어간다. 세속의 복장을 하고 머리를 기르고 '아무 걸림이 없는 박'이라는 뜻의 무애포(無碍匏)를 매고 같은 뜻의 노래인 무애가(無碍歌)를 부르면서 무애춤을 추었다는 일화가 전해지고 있다. 이 때 원효가 민중들에게 가르쳤던 불교는 아미타신앙이었다. 원효가 이렇게 전국 방방곡곡을 누비니, 산골에 사는 백성들까지도 나무아미타불을 외울 줄 알게 되었다고 『삼국유사』는 전한다.

2) 정토삼부경의 세계

『관무량수경(觀無量壽經)』의 범본과 티베트본은 산실되어 버리고, 오직 5세기 경에 강량야사(畺良耶舍)가 번역한 한역본만이 현존하기 때문에 그 성립시기를 정확하게 알 수 없다. 그러나 '정토삼부경' 중에서 가장 발전된 사상을 보이고 있다는 점으로 미루어 볼 때 적어도 성립시기를 4세기 경으로 추정하고 있다.

경명(經名)에서도 알 수 있듯이, 이 경전은 극락정토의 장엄함과 그 곳에 주재하시는 무량수불(無量壽佛)과 좌우에서 보좌하는 관음(觀音)·세지(勢至)보살을 생각하는[觀] 내용으로 구성되어 있다. 그런데 경전의 내용을 보면 이러한 사상은 매우 비극적인 사건을 배경에 깔고 있는데 바로 '왕사성의 비극'이라고 하는 내용이 그것이다. 그 의도하는 바는 왕사성의 비극을 주제로 하여 위제희 왕비가 고뇌를 떨치고 서방정토로 구제되어 가는 순서를 관불(觀佛), 관상(觀想)의 설법으로 명백히 밝혀, 타력구제의 진실성을 범부중생들에게 알려주는 데 있다. 다시 말하면 이 경전에서는 범부 왕생의 십육관법(十六觀法)을 통해서 설사 악인이라도 구제받을 수 있다는 것을 강조하고 있다. 왜냐하면 악한 사람에게도 불성은 있고 또한 그들이 누구보다도 먼저 구제 받아야 할 사람이라는 것이 미타신앙의 핵심이기 때문이다.

극락세계는 불자라면 누구나 할 것 없이 모두가 가보고 싶어하는 곳이다. 바로 그 극락세계를 건설하게 된 원인과 그곳에 가는 방법을 설한 경전이 바로『무량수경』이다.

『무량수경』은 『아미타경』과 범본의 경명(經名)이 똑같기 때문에 『아미타경』을 '소경(小經)'이라 부르고 『무량수경』을 '대경(大經)'이라고 하며, 때로는 『대무량수경』 혹은 2권으로 구성되어 있다고 하여 『쌍권경(雙卷經)』이라고도 부르고 있다.

그리고 『무량수경』은 여러 종류의 범본과 티베트 번역본 및 5종류나 되는 한역본이 현존하고 있다. 특히 범본은 19세기에 들어와서 네팔 주재의 영국 공사에 의해 발견된 것으로서 14, 5세기 무렵의 필사본으로 추정되고 있지만, 티베트 번역본은 이보다 훨씬 앞선 8세기 경에 이루어진 것이다. 또한 5종류의 한역본 중에서는 강승개(康僧鎧)가 번역한 『무량수경』이 가장 널리 유포되어 있다.

그런데 『무량수경』의 내용은 누구든지 아미타불을 믿고 그 이름만 부르면 곧바로 정토에 태어나게 된다는 것이다. 선인과 악인, 현명한 이와 어리석은 이를 막론하고 누구나 할 것 없이 오직 일심(一心)으로 염불만 하면 임종 때에 아미타불이 내영(來迎)하여 정토로 인도해 간다고 설하고 있다. 또한 『무량수경』은 아미타불이 과거세에 법장비구로 있었을 때 세운 48대원, 현세에 있어서의 정토사상이 잘 조화를 이루면서 누구나 쉽게 실천할 수 있도록 설명되어 있는 경전이다.

『아미타경』은 아미타불과 그 분이 계시는 정토의 장엄한 세계를 설하고, 그러한 정토에 왕생하는 방법을 알려주고 있다. 그러한 의미에서 본다면 『관무량수경』과 『무량수경』의 내용을 요약한 경전으로 보아도 좋을 것이다.

『아미타경』의 범본(梵本)은 네팔과 일본 등지에서 여러 가지 사본(寫本)

이 전해지고 있고, 8세기 무렵에 번역된 티베트본도 현존하고 있다. 한역본은 모두 세 종류가 있는데 우리가 주로 독송하는 경전은 간결하고 수려한 문체로 유명한 구마라집이 402년에 역출한 번역본이다. 그뿐 아니라, 이 경전은 영역(英譯)으로도 나와 있고 주석서와 연구서 역시 헤아릴 수 없을 정도로 많다. 또한 『아미타경』은 일명 『사지경(四紙經)』이라는 별명으로 불릴 정도로 비록 그 분량이 적지만, 그러면서도 아주 쉽게 정토사상을 설명해 놓고 있다.

먼저 부처님이 기원정사에서 장로 사리불을 위시한 여러 제자들과 문수보살 등 수많은 보살들이 모여있는 자리에서 설법하시는 법회의 모습이 묘사되어 있고, 이어서 극락세계를 아주 사실적으로 묘사하고 있어 모두 가보고 싶은 마음이 우러날 정도로 실감나게 기술하고 있다. 또한 그곳에 가고자 하는 사람은 아미타불의 명호를 1일 또는 7일 동안 일심(一心)으로 불러야 한다는 것이다.

3) 정토교학의 중심 사상

부처님이 일생 동안 설한 교설은 한마디로 '진실한 자신에게 눈뜨는 것'이었다. 이것은 다른 말로 바꾸면, 눈에 보이는 것의 이면에는 눈에 보이지 않는 진실한 세계가 존재한다는 의미이며, 정토에서는 눈에 보이는 현상세계를 이 세상(사바세계)이라 하고, 눈에 보이지 않는 진실한 세계를 정토(淨土), 즉 극락세계라 한다. 이 진실한 세계를 찾는 데는 두 가지 방법이 있다. 하나는 먼 길을 가는데 혼자 힘으로 열심히 노력해서 어렵게 찾아가는 것과, 다른 하나는 같은 목적지를 자동차를 타고 쉽게 가듯이 남의 힘을 빌려서 찾아가는 것이다.

정토사상이란 후자(後者)와 같이 아미타불의 힘에 의지해서 진실한 정토를 쉽고도 빨리 찾는 방법을 설명한 것이다. 그러므로 정토교에서는 '타력신앙(他力信仰)'이 강조되고 있다. 일반적으로 염불은 타력이라 하고, 참선은 자기 힘에 의지하는 '자력(自力)'이라고 하지만, 엄밀한 의미에서는 자·타력을 나누어서 설명하기 어렵다. 따라서 자력과 타력, 난행도(難行道)와 이행도(易行道), 성도문(聖道門)과 정토문(淨土門)이라는 대립적 개념으로 불교를 해석해서는 안 될 것이다. 그것은 일심으로 염불하는 수행 그 자체가 이미 자력적인 것이고, 참선하여 성불할 수 있다고 믿는 그 믿음 속에 타력적인 요소가 있기 때문이다.

극락이란, 말 그대로 즐거움이 극에 달해 있는 세계를 말하는데 불교에서 말할 때 우리들이 사는 이 사바세계는 예토(穢土), 즉 더럽고 고통스러운 땅이라고 한다. 그에 비해 수많은 정토, 즉 깨끗한 세계이면서 즐거움만이 있는 불국토가 있다는 것이다. 따라서 정토에는 극락정토 이외에도 미륵정토·약사정토·화엄정토 등이 있지만, 일반적으로 극락정토를 지칭하는 경우가 대부분이고 '정토삼부경'에서는 특히 아미타불이 계시는 극락정토만을 주제로 설명하고 있다. 따라서 아미타불을 어떻게 보느냐, 또 정토를 어떻게 해석하느냐, 하는 소위 불신관(佛身觀)과 정토관(淨土觀)이 정토사상의 확립에 큰 영향을 미치게 되었다.

또 한편 소승불교에서 대승불교로 교리가 발달하면서 가장 두드러진 특징은 수많은 불보살의 출현이라 할 수 있다. 불보살들은 각기 나름대로 독특한 사상을 지닌 모습으로 표현되고 있는데, 바로 '본원(本願)'이나 '서원(誓願)'으로 나타나는 것이 그것이다.

이때 불보살님 한분 한분이 가지는 원을 '본원(本願)' 또는 '별원(別願)'이라고 하며, 모든 불보살님이 다같이 갖고 있는 공통적인 원을 '총원(總願)'이라 하는데, 예를 들면 사홍서원(四弘誓願)과 같은 것이 여기에 해당한다. 이와 같이 본원의 대표적인 경전이 위에서 살펴본 '정토삼부경' 인 것이다. 특히 법장비구의 48원 가운데 제18원, 즉 '십념왕생(十念往生)의 원'이 가장 중요시되고 있는데, 원효는 십념에 현료(顯了)와 은밀(隱密)의 두 뜻이 있다고 하였다. 즉 현료는 누구나 쉽게 실천할 수 있는 "나무아미타불"이라고 소리내어 외우는 것이고, 은밀은 초지(初地)인 환희지(歡喜地) 이상의 보살이 아니면 실천하기 어려운 것이지만, 이 둘은 서로 다른 것이 아니라는 입장에서 회통하고 있다. 그러므로 보살에서 범부에 이르기까지 모두 미타정토에 왕생할 수 있다는 것이다. 후대에 이 정토신앙은 더욱 극단화되어 '나무아미타불'을 열 번이 아니라 단 한 번이라도 소리내어 외우면 곧바로 극락에 왕생할 수 있다는 주장까지 나와 숫자개념은 의미가 없어지게 된다.

그런 의미에서 마음이 모든 것의 근본으로 마음 밖에는 아무 것도 없으며, 정토 또한 마음이 만들어낸 것에 지나지 않는다고 하는 '유심정토(唯心淨土)' 설도 나오게 되었다. 내가 서 있는 이 땅이 바로 극락이기 때문이다. '번뇌(煩惱)가 바로 보리(菩提)' 라는 주장을 하는 대승불교다운 해석이다.

신행활동과제

1. 엄밀한 의미에서 불교의 수행법을 자력과 타력으로 구분하기 어려운 이유를 설명해 보자.
2. '왕사성의 비극'이란 어떤 내용인지 함께 토론해 보자.
3. 정토(淨土)와 예토(穢土)의 차이점을 열거해 보고, '번뇌(煩惱)가 바로 보리(菩提)'라는 입장에서 불자로서 자신의 생활태도에 대해서 반성해 보자.
4. 극락세계의 모습을 상상하며 일심으로 아미타불의 명호를 불러 보자.

6. 밀교

교육목표

1. 밀교가 성립한 배경을 알 수 있다.
2. 현교와 밀교의 차이를 설명할 수 있다.
3. 밀교 수행의 근본 목적과 수행법을 알 수 있다.

1) 밀교의 성립과 역사

'밀교(密敎)'는 '비밀불교(秘密佛敎)'를 줄여 부른 말인데, 깨달음을 위한 수행도로서의 밀교를 진언승(眞言乘), 또는 진언문(眞言門)이라고도 한다. 또한 밀교를 표현하는 다른 용어로는 금강승(金剛乘), 구생승(俱生乘), 시륜승(時輪乘) 등이 있다. 서양에서는 밀교를 딴뜨릭부디즘(Tantric Buddhism), 또는 불교딴뜨라(Buddhsit Tantra) 등으로 부르는데, 이것은 8, 9세기경 인도의 후기 밀교시대에 성립된 밀교경전을 딴뜨라(Tantra)라고 부른 데서 비롯된 것이다. 흔히 불교딴뜨라를 좌도밀교(左道密敎)라고 오해하는 학자들도 있는데, 좌도는 힌두딴뜨리즘 가운데 샤끄따파를 가리키는 것으로 불교의 범주인 밀교와 전혀 관련이 없다.

밀교는 대승불교의 성립 이후 4, 5세기경에 시작된 것으로 중국의 불공(不空)은 불교를 현교(顯敎)와 밀교로 나누고, 밀교에 대해 부처님의 삼밀(三密)과 상응하는 수행문에 의지하여 많은 겁의 난행과 고행을 하지 않고 신속히 성불할 수 있다고 하였다. 여기서 삼밀은 부처님께서 중생에게 보이신 세 가지 비밀을 말하는 것으로 신밀(身密), 구밀(口密), 의밀(意密)을 뜻한다.

삼밀을 간략히 설명하면 신밀은 부처님의 신체적 비밀로 부처님의 상호(相好)인 32상 80종호와 함께 보살, 수호존 등의 형태와 색깔, 장신구, 수인(手印) 등을 말한다. 구밀, 또는 어밀(語密)은 부처님의 언어적 비밀로 진언, 다라니, 종자(種字) 등을 가리킨다. 의밀, 또는 심밀(心密)은 부처님의 마음의 비밀로 곧 부처님께서 깨달으신 지혜, 또는 삼매를 말한다. 즉 밀교는 진언(眞言), 다라니(陀羅尼)를 비롯해 다양한 불·보살의 형태와 수인(手印), 그리고 만다라(曼茶羅)와 대부분의 불교의식 등을 포함하면서 이것을 방편삼아 깨달음과 중생구제라는 불교의 근본적인 목적을 실현하기 위한 것이다.

불교경전의 경우 대승불교의 성립과 함께 경전의 수지, 독송을 돕기 위해 경전의 축약된 의미를 지닌 진언과 다라니가 등장하고 이에 의지한 수행이 일찍이 등장하였다. 정토(淨土)계 경전에는 불상이나 불·보살의 정토를 관하는 수행이 존재하였으며, 3, 4세기 경에는 불교경전에 많은 주와 다라니, 그리고 점성술과 제의 등이 출현, 정비되었다. 이것은 밀교가 불교 내부에서 점차적으로 성장한 사실을 뜻하는 것으로 불교가 인도대륙의 종교환경에서 성장하면서, 인도의 종교문화에 의지한 외형적 소재들을 수용하게 되면서 이들을 통해 인도대중들을 깨달음으로 인도하고, 또한 중생구호라는 불교의 본래적 정신을 구현하려 노력한 것이다.

이와 같이 인도에서 성립한 밀교는 불교경전의 전래와 함께 중국에 전해졌는데, 처음에는 진언과 다라니 등의 밀교적 소재가 대승경전에 섞인 채 전해졌으나, 정비된 의궤(儀軌)에 입각해 성불을 목적으로 하는 체계화된 중기밀교는 8, 9세기경 당 시대에 전해져 한반도를 비롯한 일본에 전해졌다. 한반도를 비롯한 중국, 일본 등의 북방 대승불교권에서『대일경』과『금강정경』을 중심으로 한 밀교의 교학과 수행체계가 유행되고, 정비된 반면 인도와 티베트에서는 딴뜨라를 중심으로 한 인도 후기밀교가 크게 유행하였다.

한반도의 경우 불교가 전래될 때 밀교가 치병과 호국 등의 방편을 보임으로써 불교를 영험한 종교로 인정받는 데 기여하였다. 이러한 과정은 한반도뿐만 아니라 중국, 일본, 티베트 등 대부분의 국가에서도 공통된 것으로 불교의 전파에 밀교가 얼마나 중요한 역할을 하였는지를 잘 보여주는 사례이다.

2) 밀교의 중심 교리

석존의 입멸 후 불교경전에 나타난 붓다관은 부처님에 대해 역사적 인물인 석존(釋尊)에 국한하지 않고, 삼세에 걸쳐 타방정토에 무수히 존재한다고 설하였다. 또한 부처님은 인연에 따른 생멸(生滅)의 존재가 아니라

시공(時空)을 초월한 절대세계에 변함없이 머문다고 하였다. 이러한 붓다의 절대성과 영원성은 대승불교에서는 법신(法身)불로 나타나『화엄경』의 경우 법신인 비로자나불은 시대를 초월한 절대적 존재로서 열반에 들지 않고 중생을 위해 영원히 설법한다고 설하여 법신불이 지닌 신앙적 의미를 함께 보여주고 있다. 한편 대승불교의 보살은 보현보살(普賢菩薩)과 같이 중생구호를 위해 마지막 중생이 남을 때까지 자신은 영원히 성불치 않는다고 하여 대승정신의 구현자로서 그 모범을 보여주고 있다.

밀교의 붓다관은 이러한 대승불교의 붓다관을 계승하면서도 한편으로 붓다와 대보살의 경계를 허물어 진언문의 수행자가 성불하여 자신이 곧 절대 법신의 붓다로서 중생구호를 위해 영원히 노력해야 한다고 설하고 있다. 밀교경전인『대일경』에서 비로자나여래의 일체지지(一切智智)에 대해 '보리심이 원인이 되고, 자비심이 뿌리가 되고, 방편을 구경으로 한다'고 정의하여 밀교의 궁극적 성불이 중생구호의 방편적 구현을 궁극적 목표로 정하고 있음을 설하고 있다.

밀교에는 수행의 이상적 성취자로서 금강살타(金剛薩埵)를 내세우고 있는데, 이는 지금강(持金剛)·집금강(執金剛) 등의 여러 이름으로 불리고 있으며, 그 명칭이 의미하듯 절대법신의 영원성을 상징하는 금강과 보리살타의 살타가 결합된 말로서 절대법신이면서 대보살의 중생구호이념을 실현하는 실천자의 의미를 담은 것이다.

밀교는 대승불교의 반야사상과 열반관 등의 사상을 계승한다. 용수의 『대지도론』에서 '깊은 깨달음은 세간적 현실과 열반을 다르지 않게 본다'라고 한 반야사상과『열반경』에서 열반은 영원한 안락이며 청정한 자성임을 뜻하는 '상락아정(常樂我淨)'의 근본 이념을 계승하였다. 따라서 교리적으로 반야의 지혜에 의해 세간과 출세간을 나누지 않고 열반과 생사가 하나라는 깨달음에 입각해, 자신은 공성에 머물면서 중생구호를 위해 현실세계에서 노력하는 성취자의 이상을 금강살타를 통해 보이고 있는 것이다.

밀교경전인 『이취경』에는 '수승한 지혜를 성취한 보살은 중생의 윤회생사(生死)가 다하도록 언제나 중생을 이익 되게 하며, 열반을 취하지 않는다. 반야와 방편은 반야바라밀에 의해 알 수 있는 것으로 제법과 일체의 존재는 모두 청정한 것이다. 탐욕으로 가득한 세간을 청정케 하며, 유정과 악취를 존재의 삶이 다하도록 조복시킨다. 마치 연꽃의 줄기가 진흙에 묻더라도, 그 자체는 더러워지지 않는 것처럼 모든 탐욕인 번뇌의 성품도 그와 같이 오염되지 않으며 중생을 이익되게 한다. 큰 탐욕이 청정하기 때문에 크게 안락하고, 풍요로우며, 삼계에 자재함을 얻어 능히 견고한 이익을 성취한다'라고 하여 대승불교의 붓다관과 반야와 열반 등의 제반 사상에 근거하여 현실 세간의 살아 있는 실천자에 대한 교리적 기반을 이룩하고 있다.

3) 밀교의 수행이념

밀교수행의 근본적인 목적이 대승적 이념의 실현에 있지만 밀교의 수행을 진언문(眞言門)으로 설정한 것과 같이 밀교는 현교와 다른 독특한 수행방편을 가지고 있다. 그것은 수행자가 밀교를 구성하는 진언, 다라니와 수인, 불형(佛形) 등을 소연(所緣)으로 관(觀)하여 내면적인 심식(心識)의 변화를 통해 궁극적으로 성불에 도달하는 것이다.

소연의 대상인 여래의 불형에 대해 『대일경』에는 진언과 수인, 형상의 세 가지가 있다고 설하였다. 같은 경전의 「무상염송문(無相念誦門)」에는 '진언행자가 성불의 마음을 결정할 때 먼저 한마음으로 본존을 관해야 한다. 진언과 비밀한 수인을 수호함으로써 유가수행의 본존상을 짓는다. 본존의 색상과 위의(威儀)와 같이 진언행자의 마음도 그와 같다. 본지(本地)신과 상응하는 불신(佛身)에 머물러 비록 복이 적은 자라도 성불할 수 있다'라고 하였는데, 여기서 유가수행은 곧 수행자의 심식(心識)을 붓다의 의식으로 전환하려는 전식득지(轉識得智)의 수행이념에 근거한 것이다.

밀교의 유가수행은 중생의 의식변화를 통해 중생 자신의 현실을 붓다의 절대적 현실로 실현하는 것으로 중생의 신어심(身語心)은 곧 붓다의 신금강·어금강·심금강으로 전환되는데, 이러한 즉신성불(卽身成佛)의 수행이념은 인도 후기밀교의 수행으로까지 전개되어 생기차제(生起次第)와 구경차제(究竟次第)의 독특한 수행체계의 사상적 기반이 된다. 후기밀교의 수행이념은 중생의 신어심의 영역을 중생의 세 가지 존재인 삼유(三有), 즉 생유(生有)와 중유(中有)와 사유(死有)를 붓다의 화신과 보신, 그리고 법신으로 구현하기 위한 것에 지나지 않는다.

『비밀집회딴뜨라』에는 '진언을 관연(觀緣)한 몸은 말과 마음에 의지하며, 마음은 안락하고 즐거워 수승한 실지(悉地)를 성취할 것이다. 마음에 관연한 무아를 말과 몸에 대해서도 관할 것이니 평등한 공성을 삼밀에 상응하여 성취한다. 신어의를 관연할 때 그 자성은 관연함이 없을 것이니 진언에 의해 몸을 상응함에 있어 보리도 없고 수행도 없다' 라고 하였다. 이것은 밀교의 수행이 어떤 생리적이거나, 외적인 변화에 기인하는 것이 아니라 공사상이나 유식사상, 여래장사상 등의 불교의 근본적 교리에 입각해 이것을 철저히 수행자의 내면세계에 반영하는 유가수행임을 잘 나타내는 것이다.

　이와 같이 밀교의 교리와 수행은 대승불교의 전통을 계승하면서, 중생의 현실세계에서 얼마나 효율적으로 신속하게 실현할 수 있는가를 연구한 불교 교단의 경험과 노력에 의해 이루어진 것이다.

신행활동 과제

1. 우리가 독송하고 있는 불교 경전 속에 밀교적 요소는 무엇이 있는지 조사해 보자.
2. 여러 불보살님의 수인(手印)을 비교해 보자.
3. 만다라의 의미를 알아보고, 생활속에서 어떤 용도로 사용되고 있는지 말해 보자.

7. 선(禪)

교육목표

1. 선의 의의와 기원을 알 수 있다.
2. 중국 선종의 흐름을 설명할 수 있다.
3. 한국 선의 전개 과정을 설명할 수 있다.
4. 참사람이 되기 위한 수행을 실천할 수 있다.

1) 선(禪)의 기원

선은 고대 인도의 명상법인 요가(yoga)에서 비롯되어 붓다의 명상과 정각(正覺)을 통하여 새로운 불교의 실천 수행으로 이루어진 것이다. 요가의 기원은 B. C 3000년 경 고대 인도의 원주민들에 의해 실시되었다. 따라서 요가 명상인 선(禪)은 약 5000년의 역사를 가지고 있다고 할 수 있다. 요가라는 말은 사유(思惟) 혹은 명상(冥想)이라는 의미인데 '명상을 통하여 오감(五感)을 제어하고 산란한 마음을 정지시키는 것, 즉 모든 감각기관을 움직이지 않고 집중(執中)하여 마음을 통일시켜 적정상태에 머무는 것'이라고 정의할 수 있다. 요가는 삼매(三昧, samādhi), 선나(禪那, dhyāna)라는 말로 쓰이기도 하는데, 불교에서는 선나(禪那)로 사용되어 오다가 선(禪)이라는 말로 일반화되었으며, 대승불교에서는 선바라밀(禪波羅蜜)이라고 하였다. 고대 인도의 『우파니샤드』에서 설하는 브라흐만교에서는 요가의 명상을 통하여 브라만과 아트만이 본래 하나라고 하는 범아일여(梵我一如)의 경지를 체득함을 목적으로 한다. 그러나 붓다의 선정(禪定)은 제법의 본질인 연기(緣起)의 법을 깨닫기 위한 것이 목적이다.

부처님은 출가하여 여러 수행자를 찾아 수행하는 가운데 수정주의(修定主義) 사상가를 찾아가 선정법을 닦았다. 이들의 주장은 요가의 선정을 통하여 정신집중을 이루어 일체의 정신적인 작용이 정지되어 적정(寂靜)의 상태에 도달함으로써 고(苦)에서 해탈할 수 있다고 주장한다. 부처님은 이 선정법을 차례로 닦아 최고의 경지인 무소유처(無所有處)의 선정과 비상비비상처(非想非非想處)의 선정에 도달하였다. 그러나 선정의 상태에 있을 때는 일체의 고에서 해탈된 경지를 얻을 수 있으나 선정에서 벗어나면 또 다시 이전과 마찬가지로 괴로움의 상태로 돌아오게 됨을 알고, 이러한 수정주의의 수행으로는 결코 완전하고 안온무고(安穩無苦)한 해탈을 얻을 수 없음을 깨닫고 나서 수정주의를 버렸다.

그리고 다시 고행주의(苦行主義) 수행자를 찾아가 정신적 자유를 얻기 위한 혹독한 고행을 닦았다. 고행주의자들은 인간이 괴로움을 느끼는 것은 육체가 있기 때문이며 육체를 괴롭혀 최극한의 경지에 이르면 정신적 해탈을 얻을 수 있다고 믿고 있었다. 그러나 부처님은 온갖 어려운 최고의 고행을 모두 경험하였으나 육체적인 고행으로는 정신적 해탈의 경지를 얻을 수 없다고 결론내리고 고행주의를 버렸다. 그리고 네란자라 강물에서 목욕하고 수자타에게 우유죽을 공양 받고 보리수나무 아래에 금강보좌를 만들어 깊은 선정에 들어갔다. 생로병사의 인간의 근본 고통의 원인은 무엇인지, 이러한 인간의 근본적인 괴로움에서 해탈하는 길을 깊이 명상하기 시작하여, 마침내 새벽하늘의 샛별을 보고 스스로의 힘으로 연기의 법을 깨달았다.

부처님은 선정의 실천구조를 지(止, Samatha)와 관(觀, vipaśana)으로 설명하고 있다. 보통 '지관(止觀)'이라는 말로 사용되고 있는데, 지는 사마타, 즉 삼매(三昧)로서 마음을 집중하여 산란심이 없는 경지를 말하고, 관은 비파사나로서 만법의 근원인 진리[緣起]를 관찰하여 깨닫는 것을 말한다. 즉 지는 번뇌가 없는 정적(靜的)인 마음상태인 선정을 가리키는 말이며, 관은 선정에서 일어나는 동적(動的)인 상태인 지혜를 나타내는 말이다. 부처님이 수정주의의 선정설(禪定說)을 버렸다는 것은 그것이 지의 상태에 머물러 버리는 선정을 목적으로 했기 때문이다. 고(苦)에서 해탈을 얻기 위해서는 지(止)의 선정에서 더 나아가 연기의 법을 관찰하는 지혜로 나아가지 못한다면 깨달음을 이룰 수 없기 때문에 지관쌍수(止觀雙修)의 선정설을 확립하였다.

원시불교의 주요한 선정설로는 사선(四禪), 팔등지(八等持), 구차제정(九次第定)을 들 수 있다. 이것들은 사선을 중심으로 하여 새로운 선정이 가미되어 성립된 것으로 다음과 같이 서로 관련되어 있다.

① 사선(四禪) : 초선(初禪), 제이선(第二禪), 제삼선(第三禪), 제사선(第四禪).
② 팔등지(八等持) : 사선+사무색정(四無色定 : 공무변처(空無邊處), 식무

변처(識無邊處), 무소유처(無所有處), 비상비비상처(非想非非想處)).

③ 구차제정 : 팔등지+멸진정(滅盡定).

부파불교의 대표적 선정설로는 사념처관(四念處觀)과 오정심관(五停心觀)을 들 수 있다. 여기에서 염처(念處)란 곧 정신통일을 말한다.

사념처관

① 신념처관(身念處觀) : 이 몸이 부정(不淨)하다고 관함.
② 수념처관(受念處觀) : 고락(苦樂) 등 감각 작용이 모두 고(苦)라고 관함.
③ 심념처관(心念處觀) : 의식[識心]이 생멸하여 항상하지 않음을 관함.
④ 법념처관(法念處觀) : 제법이 인연으로 생겨남으로 무자성(無自性)임을 관함.

오정심관

① 부정관(不淨觀) : 탐욕이 많은 사람들이 닦음. 육체의 부정한 모양을 관찰하게 하여 자신의 육체에 대한 탐욕심과 집착심을 끊게 만드는 선정의 수행.
② 자비관(慈悲觀) : 화를 잘 내는 사람들이 닦음. 일체의 중생이 과거생으로 보면 모두가 나의 부모 형제 아님이 없음을 관찰하여 자비의 마음을 일으켜 분노와 화내는 마음을 가라앉히는 선정의 수행.
③ 인연관(因緣觀) : 전도(顚倒)된 사고를 가진 사람들이 닦음. 일체의 모든 것은 인연에 의해서 이루어지고 있다는 사실을 관찰하여 도리에 맞는 마음을 가지기 위한 선정의 수행.

④ 계분별관(界分別觀) : 모든 존재를 실체로 보는 사람들이 닦음. 일체의 현상하는 모든 존재는 영원한 실체가 없음을 관찰하여, 모든 존재를 바르게 보는 마음을 가지게 하는 선정의 수행.

⑤ 수식관(數息觀) : 마음이 산란한 사람들이 닦음. 자연계의 대기호흡을 관찰하고, 자신의 호흡을 세어서 마음을 안정시키는 선정의 수행.

대승불교의 경전 가운데 선사상에 크게 영향을 미친 경으로서는 대략 『금강경』, 『화엄경』, 『유마경』, 『능가경』 등을 꼽을 수 있다. 반야의 공사상은 일체개공(一切皆空)을 설하고 있는데, 일체 모든 것은 연기하여 자성이 없으므로 독립적인 존재는 없다는 것이다. 무자성의 공을 체득하는 것이 대승선이다. 『금강경』에서는 '즉비(卽非)의 논리'로 공이라는 말을 대신하고 있다. 즉 '불법은 불법이 아니므로 그 이름이 불법이다[佛法者 卽非佛法 是名佛法]'라고 즉비의 부정의 논리를 전개하여 공을 설하고 있다. 그리고 '응무소주 이생기심(應無所住 而生其心 : 마땅히 머무는 바 없이 그 마음을 내어야 한다)'라고 하는 무주(無住)사상 역시 선사상에 영향을 끼치고 있다.

『화엄경』의 해인삼매를 통하여 설하고 있는 '일즉다 다즉일(一卽多 多卽一)'의 상즉상입(相卽相入)의 논리는 중생이 바로 부처[衆生卽佛]라는 돈오선의 이론적 기초가 되고 있다. 『유마경』의 '번뇌 즉 보리[煩惱卽菩提]', '생사 즉 열반[生死卽涅槃]'이라는 '불이법문(不二法門)'은 선의 실천사상으로 발전하게 된다. 그리고 『능가경』에서는 자각성지(自覺聖智)의 여래청정선(如來淸淨禪)을 강조하고 있으며, 또한 "나는 최정각(最正覺)을 이룬 그날 밤부터 열반에 이르기까지 일자(一字)도 설하지 않았다"라는 '일자불설(一字不說)' 설을 주장하여 '이심전심, 불립문자(以心傳心 不立文字)'의 선사상적 토대를 이루고 있다.

2) 선종과 선의 종류

선종(禪宗)이란 인도의 선이 중국에 전래되어 선 수증(修證)의 종지를 가지고 형성된 종파를 말한다. 선종의 초조는 보리달마(菩提達摩)이며, 혜가, 승찬, 도신, 홍인을 거쳐 신수와 혜능에 의해 북종과 남종으로 나뉘어져서 북종은 점수선, 남종은 돈오선을 각각 선양하였다. 남종 계통인 마조의 홍주종에 이르러 조사선의 생활종교로 발전하여 선종으로서의 정체성을 확립하게 된다. 이후 오가칠종(五家七宗)으로 발전되고 그 중 조동종과 임제종이 오늘날까지 전해지고 있다.

선종에서는 자파(自派)의 종지로 '교외별전(敎外別傳), 불립문자(不立文字), 직지인심(直指人心), 견성성불(見性成佛)'을 표방하고 있다. 교외별전이란 선의 입각처(깨달음)가 언어의 길이 끊어지고[言語道斷], 마음의 길이 없어진[心行處滅] 경지임을 나타내는 말임과 동시에, 언어와 문자에 의지하는 교종(敎宗)의 가르침에 대해 이심전심의 마음을 강조하여 말보다 마음이 우월하다는 종파주의의 산물이기도 하다. 불립문자란 앞에서 말한 "언어문자를 초월한 선의 경지를 나타내기 위해 문자를 세우지 않는다"는 뜻으로 쓰이는 말이다. 그러나 불립문자는 문자를 사용하지 않는다는 의미가 아니고, 언어문자에 집착하지 않는다는 의미로 이해해야 한다. 직지인심의 가르침은 사람의 마음을 바로 가리켜 부처의 성품을 보는 것을 말한다. 따라서 달마는 '성품이 곧 마음[卽性卽心]'이라고 말하고, 마조는 '마음이 곧 부처[卽心卽佛]'라고 말하고, 임제는 '사람이 곧 부처[卽人卽佛]'라고 주장하고 있다. 그래서 인간의 참성품을 보게 되면(깨달으면) 바로 부처가 된다는 의미로 견성이 곧 성불이라고 강조하고 있는 것이다.

중국선불교는 대승불교의 실천적 계승이다. 대승불교는 근본불교의 정신으로 돌아가고자 하였다. 즉 부파불교가 부처님의 근본 종지를 오해하고 생사를 떠나 단멸공(斷滅空)에 안주하는 것으로 열반을 삼음에 대해 무주생사(無住生死 : 생사에 머물지 않음), 무주열반(無住涅槃 : 열반에도 머물지 않음)의 무주행, 즉 반야바라밀의 보살행을 근간으로 근본불교의 정신으로 돌아갈 것을 주창한다. 생사에도 머물지 않고, 열반마저 버리는 대승보살행은 중국선종에서 견성성불(見性成佛), 요익중생(饒益衆生)의 역동적 실천사상으로 계승되어 진다. '견성성불, 요익중생'이 선의 정신이다.

선의 내용에 따른 분류는 『대지도론』 17권에서는 외도선(外道禪), 성문선(聲聞禪), 보살선(菩薩禪)으로 나누어 설명하고 있다. 『능가경』에서는 사종선(四種禪)을 설하고 있다. 첫째, 우부소행선(愚夫所行禪)은 성문·연각·외도 수행자의 선정으로서 자기의 이 몸은 무상·고·무아·부정한 것이라고 관하고 인무아(人無我)라는 입장에서 설해진 선을 말한다. 둘째, 관찰의선(觀察義禪)으로 의(義 : 意味)를 관찰하는 대승공관의 선정을 들고 있다. 여기의 '의'란 법(法 : 사물, 존재)이라는 의미로서, 자기의 몸[人]과 일체의 객관 존재[法]도 공·무아라고 관하여 인법이무아(人法二無我)를 깨닫는 선을 말한다. 셋째, 반연여선(攀緣如禪)은 진여(眞如)를 소연(所緣)으로 하는 선이다. 일체의 존재는 공한 것이다라고 하는 차원에 머무르지 않고, 여래의 법신인 진여불성은 상(常)·락(樂)·아(我)·정(淨)인 것으로 관하는 것을 말한다. 넷째, 여래청정선(如來淸淨禪)은 일체의 삼매를 총괄하는 선정으로, 여래의 깨달음의 경지인 자각성지(自覺聖智)에서 일체중생을 제도하는 부처님의 자비 행화에 대해 전념하는 선을 말한다.

종밀은 『도서』에서 종래의 여러 선정설을 종합하여 외도선·범부선·소승선·대승선·최상승선(最上乘禪: 여래선)의 5종선으로 분류하고 있다. 훗날 선종에서는 여래선과 조사선으로 나누어 여래선에 대한 조사선의 우위를 말하고 있지만 사실상 여래선을 중국적 조사불교의 관점에서 조사선이라 부르는 것이다.

3) 중국 선종사상의 전개

중국에 선(禪)이 전래된 것은 후한(後漢) 이래 선경(禪經)이 번역된 이후의 일이다. 안세고가 소승계의 선경인 『안반수의경』 및 『선행법상경』 등을 번역하였으며, 지루가참이 대승계의 선경인 『반주삼매경』과 『도행반야경』 등을 번역하였다. 특히 수식관을 주로 설하고 있는 『안반수의경』은 달마가 중국에 와서 본격적으로 중국 선종이 흥기되기 이전에 초기 중국의 습선자(習禪者)들에게 끼친 영향이 매우 크다.

중국 선종은 초기에 천태선과 달마선으로 출발하였으나 뒷날 달마계통의 선종으로 통합되었다. 보리달마에 의해 시작된 달마선은 『능가경』

의 '불어심위종(佛語心爲宗)'의 '불심제일(佛心第一)'로 그 사상적 근간을 삼았기 때문에 능가사(楞伽師) 혹은 불심종(佛心宗)이라고 부른다. 달마 능가선의 핵심사상으로는 '이입사행(二入四行)'설을 들 수 있는데, 즉 도에 들어가는 두 종류의 문(二入)에는 이치로 들어가는 '이입(理入)'과 실천행으로 들어가는 '행입(行入)'이 있다고 설한다.

이입이란 '경전의 가르침에 의거하여 종(宗: 心, 禪)을 깨달아[藉敎悟宗]', 궁극에는 범부와 성인이 동일한 참성품[眞性], 즉 불성을 깨달음을 말한다. 행입에는 네 가지의 실천행이 있는데, 보원행(報怨行: 빚을 갚는 행), 수연행(隨緣行: 인연에 따르는 행), 무소구행(無所求行: 구하는 바가 없는 행), 칭법행(稱法行: 법에 합일된 행)을 말한다. 그리고 달마의 독창적 선법으로 '안심법문(安心法門)'을 들고 있는데 '이입(理入)이란 안심(安心)이며, 안심이란 벽관(壁觀)이다'라는 말에 기인한다. 벽관의 벽(壁)이란 '객진위망(客塵僞妄)이 들어가지 못하는 것'을 말한다. 따라서 벽관이란 모든 번뇌와 거짓된 망상이 일어나지 않는 심불기(心不起)의 순일무잡(純一無雜)한 본래 마음상태를 말한다.

이러한 달마의 벽관을 위주로 한 선법은 혜가에게 전해지고, 혜가는 승찬에게 전하여 능가종을 이루게 된다. 승찬은 『신심명』의 저자로 알려져 있지만 그 진위는 불분명하다. 능가사들이 남천축일승종(南天竺一乘宗)의 입장에서 무득정관(無得正觀)의 선사상을 전개하고 있을 때 황매(黃梅)의 쌍봉산(雙峰山)을 중심으로 달마선종의 4조 도신(道信)이 '일행삼매(一行三昧)'의 실천불교를 선양하여 그 문하에 500여명의 수선자들이 운집하였으니 이로부터 명실상부한 선종(禪宗) 교단의 모습을 갖추게 된다.

또 도신의 제자 홍인(弘忍)이 쌍봉산의 동산으로 옮겨 수선도량을 개창하여 천여 명의 대중이 모여 수선하였는데 도신, 홍인의 선법을 동산법문(東山法門)이라 부른다. 동산법문의 핵심사상은 도신의 '수일불이(守一不移)' 사상이다. 수일불이란 "공정(空淨)의 눈을 가지고 주의하여 일체를 관하며, 낮과 밤의 구별없이 오로지 모든 정력을 쏟아 항상 동요함이 없는 것"이라고 설하고 있는데, 마음을 하나의 사물에 집중시켜 관(觀)하게 하는 구체적인 좌선 실천법이다.

홍인은 도신의 수일불이의 좌선법을 계승하여 '수본진심(守本眞心)'의 선사상을 전개하고 있다. 그는 "스스로의 본심이 바로 부처임을 알게 되기를 바란다. 천경만론(千經萬論)이 각자 본래의 진심을 지키는 것(守本眞心)만 못하다"고 설하여 수본진심을 강조하고 있다. 도신, 홍인의 동산법문의 교단에서 또 하나 주목할 만한 것은 좌선과 노동을 병행한 생산적 교단을 이루고 있다는 사실인데, 이는 훗날 백장청규에 지대한 영향을 미치고 있다.

홍인의 문하에는 뛰어난 십대제자가 있는데 그 중 북종의 신수와 남종의 혜능을 대표하여 '남능북수(南能北秀)'라 일컫는다. 낙양과 장안을 중심으로한 제도(帝都)불교를 이끈 북종의 신수는 양 수도의 법주[二京法主]요, 세 황제의 국사[三帝國師]로서 달마 이래의 안심법문을 계승하여 점수(漸修)에 의한 이념선(離念禪)을 선양하고 있다. 『육조단경』에 나타난 신수의 게송, 즉 "몸은 보리의 나무요[身是菩提樹], 마음은 밝은 거울과 같으니[心如明鏡臺], 때때로 부지런히 털고 닦아서[時時勤拂拭], 티끌과 먼지 묻지 않게 하라[莫使有塵埃]"는 가르침은 북종의 점수선적 가풍을 잘 나타내고 있다.

반면 남종의 혜능은 남방(광동 소관)을 중심으로 한 서민불교를 지향하고 있는데, 무념(無念), 무상(無相), 무주(無住)를 종지로 하는 식심견성(識心見性)의 돈오(頓悟)적 무념선(無念禪)을 주창하였다. 『단경』의 혜능의 게송, 즉 "보리는 본래 나무가 없고[菩提本無樹], 밝은 거울 또한 받침대가 없네[明鏡亦無臺], 부처의 성품은 항상 깨끗하니[佛性常淸淨 : 이 본에는 本來無一物], 어느 곳에 티끌과 먼지가 있으리오[何處有塵埃]"라는 구절은 남종의 돈오선적 가풍을 잘 표현하고 있다.

당시 정통과 주류의 위치에 있던 북종 신수계를 향해 "사승은 방계요(師承是傍), 법문은 점수(法門是漸)"라고 공격하며 혜능을 달마선의 6조로 현창한 인물이 신회이다. 사실 돈오선은 혜능에 의해 주창되었지만 돈오선의 지위는 신회의 육조현창운동에 의해 확립된다. 혜능 사후 남종선은 신회의 하택종이 주도적 역할을 담당하다가 곧이어 마조의 홍주종과 석두의 석두종 계통으로 넘어가게 된다. 즉 달마, 혜가로부터 비롯되는 중국 선종은 초기의 능가종, 동산법문, 북종선과 남종선의 시대를 거쳐 9세기를 전후하여 강서(江西)의 마조 도일(馬祖道一)과 호남(湖南)의 석두 희천(石頭希遷) 및 그들 문하에서 배출된 뛰어난 선승들의 활약에 의해 조사선(祖師禪)의 생활종교로 발전하게 된다.

마조계 선종의 특징의 하나는 그 문하에 용상대덕(龍象大德)이 수없이 많이 배출되고 다양하고 조직적인 교단을 형성하고 있다는 점이다. 『조당집』에는 친승제자가 88인, 현도(玄徒)가 천여 명, 『전등록』에는 입실제자가 139인으로 각기 한 지방의 종주로서 행화를 펼치고 있다고 기록하고 있다. 이것은 당시 선종이 이미 마조계 홍주종(洪州宗)으로 재편되고 있음을 보여주는 사실이다.

혜능으로부터 시작된 조사선의 종지는 마조계 홍주종에 이르러 만개하게 되는데, 그 주요 사상으로는 '즉심시불(卽心是佛 : 마음이 부처이다)'과 '비심비불(非心非佛 : 마음도 아니요 부처도 아니다)' 그리고 '평상심시도(平常心是道 : 평상심이 도이다)' 등 조사선 특유의 일상성의 선사상을 전개하고 있다.

홍주종의 뛰어난 선승으로는 서당 지장, 백장 회해, 남전 보원, 대주 혜해 등 수없이 많다. 그 중 백장은 선종 최초로 『선원청규(禪苑淸規)』를 제정하여 이전의 율종(律宗)으로부터 선종교단을 독립시키고 있다. 사실 중국 선종의 비약적인 발전은 선승들이 집단적인 수행생활의 규범과 주체적인 교단의 조직 및 운영 등을 위해 체계적으로 성문화 된 『백장청규(百丈淸規)』의 제정과 더불어 정착되었다. 오늘날 『백장청규』의 전모는 알 수 없으나 선수행자를 위한 중국 특유의 선문규식(禪門規式)으로 가장 중요한 덕목은 전 대중이 생산노동에 참여해야 하는 보청(普請)의 법을 제정한 것이다. 유명한 '하루 일하지 않으면, 하루 먹지 않는다[一日不作, 一日不食]'라는 명구도 이로부터 나오게 된다.

백장의 뛰어난 제자로는 위산과 황벽을 들 수 있다. 위산(潙山)은 제자 앙산(仰山)과 더불어 선종 오가(五家) 중 가장 먼저 위앙종(潙仰宗)을 개창하고 있으며, 황벽은 '직하무심(直下無心)'의 무심법문을 강조하였으며, 그 문하에 유명한 임제가 배출되어 임제종(臨濟宗)이 탄생된다. 임제의 사상으로는 '무위진인(無位眞人 : 아무 가식이 없는 참사람)', '평상무사(平常無

事 : 할 일을 다 마친 일없는 경계)', '수처작주, 입처개진(隨處作主, 立處皆眞 : 곳에 따라 주체적인 삶을 살면, 어느 곳이나 진실의 세계)' 등 수연자재한 대자유인으로서의 인간을 강조하고 있다.

그리고 석두 문하에 조동종(曹洞宗)과 운문종(雲門宗) 및 법안종(法眼宗)이 개창되어 마조(馬祖) 문하의 위앙종(潙仰宗), 임제종(臨濟宗)과 더불어 선종 오가(五家)가 펼쳐지게 된다. 아울러 임제종에서 분파된 황룡종(黃龍宗)과 양기종(楊岐宗)을 더해 선종에서는 일반적으로 '오가칠종(五家七宗)'이라 부른다. 그리고 송대(宋代)에 이르러 조동종 계통의 굉지정각(宏智正覺)에 의해 묵조선(默照禪)이 제창되고, 임제종 양기파 계통의 대혜 종고(大慧宗杲)에 의해 간화선이 집대성 된다. 묵조선의 묵(默)은 묵묵히 좌선하는 것이며, 조(照)는 비추는 작용(照用)으로서 심성(心性)의 영묘한 깨달음의 작용을 말한다. 즉 묵묵히 좌선하는 그 가운데 영묘한 마음의 작용이 있다는 것이다. 따라서 앉아있음의 좌선을 매우 중시한다.

간화선은 옛 조사들의 깨달음의 기연(機緣 : 因緣)인 공안(公案: 話頭)을 참구하는 선수행법이다. 공안이란 '관공서의 문서'라는 뜻으로 반드시 준수해야 할 절대성의 법칙을 말한다. 선문에서는 불조(佛祖)가 개시한 불법의 도리를 의미하며, 수선자들이 분별의식을 떨쳐버리고 조사들의 공안을 참구하여 깨달아야 할 문제의식(現成公案)으로 보고 있다. 즉 인식주관과 객관대상에서 일어나는 일체의 분별심과 차별심을 떨쳐버리고 그곳에서 화두를 참구하는 것이다. 따라서 화두는 일체의 허구적이고 비실제적인 의식의 작용을 끊는 절대적인 참선의 방편이며, 이러한 화두 참구의 목적과 방법은 화두에 대해 간절한 의심을 일으켜 이 의심에 모든 의식작용을 집중시켜 바깥 경계로 의식이 지향하는 것을 끊어버리고 있는 그대로의 진리를 직관(直觀)하는 것이다.

4) 한국선(韓國禪)의 전개

한국선의 정신은 원효의 '귀일심원 요익중생(歸一心源 饒益衆生)'이라는 사상에서 찾을 수 있다. 그러나 한국에 선(禪)이 본격적으로 전래되기는 신라 말 시작하여 고려 초에 이르기까지 구산(九山)으로 대표되는 선문(禪門)이 개창되는 때의 일이다. 구산선문을 구체적으로 살펴보면, ① 처음으로 법랑(法朗)이 중국 선종 4조 도신의 법을 전해왔고, 그의 제자 신행(信行)이 또한 신수 보적 계통의 북종선을 전수받아 와서 준범(遵範)에게 전하고, 혜은(惠隱)을 거쳐 뒷날 지선(智詵)에 의해 문경 봉암사에서 희양산문(曦陽山門)이 건립된다. 그리고 ② 도의(道義)는 마조계통의 홍주종 서당 지장에게 남종선법을 전수받아 귀국하여 설악산 진전사에 은거하였으며, 그 문하의 염거(廉居)·체징(體澄)에 의해 장흥 보림사에서 가지산문(迦智山門)이 건립되고 있다.

③ 홍척(洪陟) 또한 서당 지장의 심인(心印)을 전해 받고 귀국하여 남원 실상사에서 실상산문(實相山門)을 개창하였으니 연대적으로 구산선문 가운데 가장 빠르다. ④ 혜철(慧哲) 역시 서당 지장으로부터 선법을 전수받아 곡성 태안사에서 동리산문(桐裡山門)을 건립하였으며 문하에 도선국사가 있다. ⑤ 현욱(玄昱)은 마조의 다른 제자 장경회휘의 법을 이었으며, 그

의 제자 심희(審希)에 의해 창원 봉림사에서 봉림산문(鳳林山門)이 건립된다. ⑥ 무염(無染)은 마조 문하의 마곡 보철의 법을 이어서 보령 성주사에서 성주산문(聖住山門)을 개창하였으며, ⑦ 범일(梵日)은 마조 문하의 염관 제안의 법을 받아 강릉 굴산사에서 사굴산문(闍堀山門)을 건립하였다.

⑧ 도윤(道允)은 마조의 제자 남전 보원에 사사하고 귀국하여 화순 쌍봉사에서 선법을 폈으며, 그의 제자 절중(折中)에 의해 영월 법흥사에서 사자산문(獅子山門)이 건립되었다. ⑨ 이엄(利嚴)은 조동종의 운거 도응에게 심인을 받아 해주 광조사에서 수미산문(須彌山門)을 개창했다.

이로써 구산선문이 모두 건립되는데 실제로는 구산선문 이 외에도 혜소(惠昭), 순지(順之) 등이 산문을 건립하고 있음을 볼 수 있다. 구산선문이 표방하는 선의 종지는 '무위임운(無爲任運)', '무념무수(無念無修)'로서 남종선의 '마음이 곧 부처[卽心是佛]'라고 하는 돈오견성의 무념법문을 토대로 하고 있다.

나말여초에 형성된 구산선문을 중심으로 한 선불교가 고려 중기에 이르러 보조 지눌에 의해 다시 중흥기를 맞이하게 된다. 보조는 길상사(현, 송광사)를 수선사(修禪社)로 고치고 정혜결사(定慧結社)의 근본도량으로 하여 참선을 위주로 한 결사불교를 전개하였다. 정혜결사의 이념은 "명리를 버리고 산림에 은거하여, 정혜쌍수(定慧雙修)에 힘쓰고 예불전경(禮佛轉經)으로 노동운력하며, 인연 따라 어느 곳에서나 성품 단련에 힘을 쓰며, 진인달사(眞人達士)들이 세상을 통쾌하게 살다간 고행(高行)의 길을 본받자"라고 기록되어 있다. 정혜결사의 수행은 성적등지문(惺寂等持門), 원돈신해문(圓頓信解門), 경절문(徑截門) 등이며, 성적등지문에서 정혜쌍수, 돈오점

수(頓悟漸修), 원돈신해문에서 화엄과 선의 일치인 선교회통(禪敎會通), 경절문은 화두 참구에 의한 간화선의 수행을 주장하고 있다. 특히 보조는 『간화결의론』을 저술하여 한국불교 최초로 간화선을 선양하고 있다. 보조가 결성한 수선사에는 이후 혜심(慧諶), 몽여(夢如), 혼원(混元) 등 16국사를 차례로 배출하게 되는데 이로써 송광사는 승보사찰이 된다.

고려 말에 선을 중흥하고 있는 선사로는 태고 보우(太古普愚), 나옹 혜근(懶翁慧勤), 백운 경한(白雲景閑)을 들 수 있는데, 세 사람 모두 원나라에 유학하여 임제정맥을 이어 간화선풍을 진작시키고 있다. 태고는 가지산문에 출가하여 깨달음을 얻고, 다시 원나라로 건너가서 석옥 청공(石屋淸珙)에게 참문하여 인가를 받았다. 태고는 임제의 정종(正宗)을 해동에 전해 간화선을 불러일으켜 송의 대혜 종풍을 계승했다. 그의 선풍은 '인간 본연에 돌아가 불조의 본지(本旨)에 의거하여 시방세계 일체중생을 제도하는 서원력을 세우는 것'이라고 할 수 있다.

태고와 함께 석옥의 법을 이어받은 사람이 경한인데, 그는 무심무위(無心無爲)의 선지를 강조하고 있다. 나옹은 공덕산 요연에게 출가하여 양주 회암사에서 개오하고, 원나라로 들어가 연경의 법원사에서 인도 승 지공(指空)에게 참배하고, 임제의 정맥을 계승한 평산 처림(平山處林)에게 입실하여 불자(拂子)와 법의를 받았다. 나옹의 선사상은 "선수행자가 돈독한 신심을 가지고 여일하게 화두만을 참구한다면 승속과 노소, 또는 초참후학에 관계없이 본지풍광(本地風光)을 체득할 수 있다"고 주장한다.

조선시대의 불교를 한마디로 특징 지워 말하면 산중불교(山中佛敎)라 할 수가 있다. 조선의 숭유배불 정책으로 말미암아 종파가 강제로 통폐합

되어 11종이 7종이 되고, 7종이 다시 교종과 선종의 양종으로 재편되었다. 결국 산중에 은거한 선종만이 남게 되었으니 오늘의 조계종이 바로 이 통불교(通佛敎)적 선종에 해당된다. 이런 폐불의 시기에 서산대사 청허 휴정(淸虛休靜)이 출세하여 한 때 선을 부흥시켰다.

『선가귀감』에서 휴정의 선사상을 살펴볼 수 있는데, 먼저 그는 선교관에 대하여 "말 있음으로써 말 없는 데에 이르는 것을 교(敎)라 하고, 말 없음으로써 말 없는 데에 이르는 것이 선(禪)"이라고 규정하고, "누구나 말에서 잃어버리면 염화미소가 모두 교적(敎迹)이 되고, 마음에서 얻으면 세상의 온갖 잡담이라도 다 교외별전의 선지(禪旨)가 된다"라고 하여 선교일치를 주장하고 있다.

그리고 화두 참구에 의한 공부(간화선)를 강조하고 있는데, 참구 방법에 대해 "대저 학자는 모름지기 활구(活句)만을 참구할 것이며, 사구(死句)는 참구하지 말아야 한다"고 말하고, "화두에는 어구(語句)와 의의(意義)의 두 가지 문이 있다. 어구를 참구한다는 것은 경절문의 활구이니, 마음의 길도 끊어지고 말 길도 끊어져서 모색할 수가 없는 까닭이다. 의의를 참구한다는 것은 원돈문의 사구이다"라고 주장하였다. 참선에는 반드시 삼요(三要)를 갖추어야 하는데, 삼요란 첫째, 대신근(大信根)이 있어야 하며 둘째, 대분지(大憤志)가 있어야 하며 셋째, 대의정(大疑情)이 있어야 한다. 이러한 삼요가 갖추어지면 화두를 결택하여야 하는데 화두에는 '구자무불성(狗子無佛性 : 왜 개에게는 불성이 없다고 하는가?)', '시심마(是甚麼 : 이뭣고?)', '정전백수자(庭前柏樹子 : 뜰 앞에 잣나무)', '마삼근(麻三斤 : 삼 서 근)', '건시궐(乾屎橛 : 마른 똥막대기)' '부모미생전본래면목(父母未生前本來

面目: 부모로부터 태어나기 전 본래 모습)' 등 1700가지 공안이 있다.

　그는 참선하는 사람의 정신에 대해 "한 생각 일어나고 멸하는 것을 생사라 하는데, 이 생사의 사이에 있으면서 모름지기 힘을 다해 화두를 들어야 한다. 화두에 간단(間斷 : 사이가 끊어짐)이 있으면 곧 생사라 하고 번뇌라 한다. 화두가 불매(不昧)하면 곧 그것이 바로 그 사람이며, 스스로의 집이 된다. 사대(四大)로 된 이 추한 몸이 찰나 찰나에 쇠하고 썩어간다는 사실을 알고 있는가? 사은(四恩)의 깊고 두터움을 알고 있는가? 사람의 목숨이 호흡 사이에 있음을 알고 있는가. 일어나고 앉기가 편할 때에 지옥의 고통을 생각하고 있는가? 이것이 참선하는 사람의 일과로 삼아야 할 일이므로 또한 점검하고 점검해야 한다"라고 하여 상구보리 하화중생의 대승정신으로 선지를 삼고 있다. 그는 또한 출세 자유인의 깨달음의 경지를 "신령스러운 빛이 어둡지 않아서 만고에 길이 빛난다[神光不昧 萬古徽猷]"라고 설하고 있다.

　조선 말기에 활약한 경허(鏡虛)는 쇠미해진 선풍을 다시 진작시키고 있으며, 그의 문하에 만공, 해월, 수월, 한암 등의 걸출한 선승이 배출되어 근대선의 명맥을 유지하고 있다. 아울러 용성(龍城)은 대각운동과 생활선을 주창하며 독립운동과 교화에 진력하고 있다. 그의 제자로는 동산, 인곡, 동헌, 고암, 자운 등이 있으며, 성철 또한 그 문손이다. 만공, 용성은 근대 한국선(韓國禪)을 중흥시킨 양대 산맥이다.

5) 선(禪)과 현대

　현대사회에 있어서 왜 선수행이 필요한가. 인간성 상실, 물질지상주의, 환경오염, 전쟁과 기아 등 현대사회가 안고 있는 제반 문제들에 대해 선은 어떤 대안을 가지고 있는가. 현대인들은 물질적 풍요 속에서 정신적 빈곤을 느끼며 정체성을 상실하고 방황하고 있다. 인간이 인간다울 수 있는 것은 문화가 있기 때문이지만, 현대의 과잉 문화현상 속에서 인간은 먹고, 놀고, 마시는 소비적 향락문화에 매몰되어 가고 있다. 소비와 향락은 물질만능주의의 필연이다. 물질의 노예가 되어버린 인생은 무의미하다. 소위 먹고, 자고, 자식을 낳아 키우는 것 등은 인간이 아닌 동물들도 할 줄 안다. 인간은 동물과 다른 아름다운 영혼과 이성을 가꾸고 살아야 한다. 아름다운 영혼과 이성을 가진 사람을 참사람[眞人]이라 한다.
　따라서 불교는 모든 육체적 욕망과 허위의식을 비우고 인간의 본래모습인 참사람(순수인간)으로 돌아가라고 가르친다. 순수인간은 마음이 텅 비어 일체 물질경계에 얻을 바가 없음[無所得]을 알기 때문에 허위의식에 마음이 흔들리지 않는다. 얻을 바 없음을 깨닫는 것이 선(禪)이다. 선은 욕심, 성냄, 어리석음의 세 가지 쓰레기(얻음의 세계)를 말끔히 쓸어낸 '빈 마음'에 서 있기를 권한다. 현대 자본주의는 무한욕망으로 가득 채우는 것만을 미덕으로 여긴다. 물질과 허위의식으로 채워진 현대인은 가장 중요한 인간성을 상실하고 말았는데, 인간성은 객관경계에 오염된 허위의식을 비워버림으로써 다시 회복할 수 있다. 텅 비워버린 마음에서 창조적인 생각이 나오게 되며, 굳은 의지가 창출된다. 비운 마음이 청정한 본성이요, 불성이요, 부처이다. 따라서 선에서는 인간의 본성이 그대로 부처(衆生本來佛)임을 강조하고, 본래 부처인 인간이 무한한 존엄성을 가진 존재임을 자각하게 한다.

현대 산업사회는 인간의 삶을 편리하게 해주었다. 그러나 편리한 것이 반드시 행복과 일치하는 것은 아니다. 편리함은 더욱더 많은 정보를 제공한다. 현대인은 밀려드는 정보의 홍수 속에서 의식작용이 더욱 복잡해져서 번민과 고통을 느끼며 하루하루를 생활한다 해도 과언이 아니다. 그래서 이러한 내면적인 스트레스, 즉 마음의 얽매임으로부터 완전히 벗어난 내적 자유를 간절히 희망한다. 이러한 때 선은 우리에게 절대자유의 경지인 해탈의 방법을 일러준다. 직하에 무심하라[直下無心], 즉 '지금 있는 그 자리에서 일체 경계에 얽매인 마음을 일시에 놓아라[放下着]'고 가르친다. 무심이란 아무 생각이 없는 목석이 되라는 것이 아니다. 진정한 무심이란 일체를 생각하되 생각하지 않음[於念而不念]이다. 다시 말하면 분별하되 분별하지 않음이요, 분별하지 않되 잘 분별함이 무심의 상태이다. 즉 마음이 일어나지도 않고[無生心], 멸하지도 않는[無滅心] 불생불멸(不生不滅)의 중도정심(中道正心)이 무심이다.

그러므로 서산대사는 『선가귀감』에서 "객관대상[境界]을 대하여서 마음이 일어나지 않는 것을 생하지 않음[不生]이라고 하며, 생하지 않는 것을 생각이 없다[無念]고 하고, 생각이 없는 것을 해탈이라고 한다"고 하였다. 해탈이란 궁극적인 내적 자유와 평안을 가져다 준다. 그리고 선은 '일체 존재가 모두 불성이 있다[一切衆生悉有佛性]'고 가르친다. 모든 생명이 부처이며 모든 국토가 정토임을 설파한다. 마음이 청정하면 국토가 청정하다. 따라서 '직심이 도량이며[直心是道場], 직심이 정토[直心是淨土]'라고 말한다. 일체 중생이 본래 부처이니 상호 존중할 수밖에 없으며, 일체 사물과 국토가 정토이니 아끼고 가꾸어야 할 대상이 아니겠는가.

결론적으로 현대인은 마음 밖의 대상을 소유함으로 행복을 구하려고 한다. 그러므로 자기 자신에 대한 확신과 다른 인간과 사물(자연)에 대한 참된 이해와 관계가 상실되었다. 선(禪)을 통하여 '인간이 바로 부처'라는 주체적 삶을 회복하고, '모든 사람이 불성의 존재'라고 하는 인간 신뢰와 존중을 확립하며, '우주(자연)와 인간이 하나'라는 생명 공동체적 삶을 살아야 한다. 선은 항상 깨어있는 마음, 열려있는 마음이다. 사람과 사람, 사람과 물질, 사람과 우주 사이에 항상 깨어있고 열려있는 사람이 바로 선을 닦는 사람[禪師]이다.

신행활동과제

1. 고대 인도의 명상법인 요가와 불교의 선수행법이 지닌 차이점을 발표해 보자.
2. 중국 선종 사상사에서 북종의 신수와 남종 혜능의 선 가풍에 대해서 비교해 보자.
3. 한국선의 전개 과정을 살펴보고, 특히 간화선의 수행법에 대해서 조사해 보자.
4. 현대사회에서 선수행이 필요한 이유를 알아보자.

제3부 The Practice & Behavior of a Buddhist

불자의 신행과 실천

1. 인과응보
2. 불자의 올바른 생활
3. 기도
4. 참선
5. 육바라밀

1. 인과응보

교육목표

1. 인과설을 바탕으로 업과 윤회의 관계를 바르게 이해할 수 있다.
2. 육도 윤회의 의미를 설명할 수 있다.
3. 선업과 악업의 과보는 과연 언제 받는지 알 수 있다.

1) 업(業)

업(業)이라는 말은 불교인만이 아니라 일반 사람들에게도 친숙한 말이다. 특히 예로부터 윤리적인 규범들과 결부하여 좋은 일은 권장하고 나쁜 일은 못하게 막는 근거로서 업이라는 말을 많이 사용하여 왔다. 또한 복을 짓는다는 말이 좋은 행동을 한다는 의미로 쓰이는 것과는 반대로 업을 짓는다는 말은 나쁜 행동을 한다, 즉 죄를 짓는다는 뜻으로 쓰이기도 한다. 한편 다른 종교에서 현세에서 신을 믿는가 안 믿는가에 따라 자신의 내세가 결정된다고 말하는 것도 일종의 업 사상을 바탕으로 하고 있다고 볼 수 있다.

실제 업 사상은 순수한 부처님의 가르침이 아니고 석가모니 부처님 이

전부터 인도의 여러 사상에 널리 퍼져 있었다. 업은 산스크리트어 까르마(karma)를 번역한 말로 '무엇을 짓다' 혹은 '만들다' 라는 의미이다. 따라서 업이란 본래 행동 혹은 행위 그 자체를 말하는 것이지 선과 악에 대한 의미는 포함되어 있지 않는 말이다. 그러나 우리가 어떤 행동을 한다는 것은 그것이 좋은 일이든 나쁜 일이든 그렇지 않으면 좋은 일도 나쁜 일도 아니든 간에 그 행위가 다른 것 혹은 다른 사람에게 영향을 미치게 마련이다.

바꾸어 말하면 업이라는 말에는 반드시 원인과 결과가 따르고 한 가지 행동이 다른 행동을 일으키는 원인이면서 동시에 또 다른 것에 의해 일어난 결과가 될 수 있는 양면성을 지닌 것이라 할 수 있다. 특히 어떤 행위의 원인이 되는 행위가 선한 것인가 아니면 악한 것인가에 따라 그 결과로서 복을 받거나 죄를 받게 된다. 그러므로 일반적으로 어떤 결과를 초래하는 원인이 되는 행위를 업이라 부르고 그 결과에 대해서는 과보(果報) 또는 업보(業報)라는 말을 쓴다.

이와 같은 업은 몸으로 짓는 업[身業], 입으로 짓는 업[口業], 그리고 마음으로 짓는 업[意業]의 세 종류로 구분하고 이를 삼업(三業)이라 한다. 몸으로 짓는 업은 육신의 움직임으로, 그리고 입으로 짓는 업은 말에 의해 짓는 행위를 말한다. 그리고 마음으로 짓는 업이란 정신적 활동, 즉 우리가 생각하는 모든 것을 말한다. 이 중에서 특히 중요한 것이 마음으로 짓는 업인데 그것이 표면에 나타나 다른 것에 직접 영향을 미치든 아니면 그저 마음 속에만 품고 있든 간에 모두 마음으로 짓는 업에 속한다. 또한 공업(共業)이란 말은 같은 무리의 사람들이 같은 행위를 하고 그 과보도 함께 받는 것을 말한다.

한편 『천수경』의 「참회게」에서는 우리가 몸과 입과 마음으로 지은 악업은 탐욕[貪], 증오[嗔], 어리석음[癡] 등의 삼독(三毒)이 그 원인이라고 지적하고 있으며 「십악참회게」에서는 열 가지 종류의 악업과 그에 대한 참회를 나열하고 있다.

- 십악참회(十惡懺悔)

살생중죄 금일참회(殺生重罪今日懺悔) 투도중죄 금일참회(偸盜重罪今日懺悔)
사음중죄 금일참회(邪淫重罪今日懺悔) 망어중죄 금일참회(妄語重罪今日懺悔)
기어중죄 금일참회(綺語重罪今日懺悔) 양설중죄 금일참회(兩舌重罪今日懺悔)
악구중죄 금일참회(惡口重罪今日懺悔) 탐애중죄 금일참회(貪愛重罪今日懺悔)
진에중죄 금일참회(瞋恚重罪今日懺悔) 치암중죄 금일참회(痴暗重罪今日懺悔)

- 참회게(懺悔偈)

아석소조제악업(我昔所造諸惡業)   개유무시탐진치(皆由無始貪瞋癡)
종신구의지소생(從身口意之所生)   일체아금개참회(一切我今皆懺悔)

- 참회진언(懺悔眞言) "옴 살바 못자모지 사다야 사바하"

2) 윤회

윤회란 크게 두 가지 의미로 해석할 수 있다. 첫째는 우리가 살고 있는 인간 세계를 포함한 여섯 개의 세계[六道], 즉 지옥, 아귀, 축생, 아수라, 인간, 천상의 세계를 끝없이 죽고 태어나면서 돌고 도는 것을 말한다. 둘째는 우리의 마음 상태를 비유적으로 표현한 것으로 세 가지의 세계[三界], 즉 욕계(欲界), 색계(色界), 무색계(無色界)로 나누어진 선정의 단계를 말한다.

첫 번째 육도 윤회는 현생에서 우리가 짓는 업에 따라 내생의 세계가 정해지는 것으로 선업을 쌓고 바른 수행을 통해 다음에 보다 나은 세계에 태어날 수 있으며 그와 반대로 악업으로 인해 더 고통스러운 세계에 태어날 수 있다는 것이다. 따라서 업이야말로 윤회의 원동력인 것이다. 한편 어떤 종교에서는 천상의 세계에는 신과 같은 존재들이 머무는 곳으로 내생에 그 곳에 태어나는 것을 최종 목표로 삼는다. 그러나 불교는 천상의 세계도 윤회에 포함시키고 있는데 이것은 천상이나 극락이 도달해야 할 최종 목적지가 아니라 뛰어넘어야 할 하나의 대상일 뿐이라는 것을 말해 준다.

두 번째의 삼계 윤회는 육도를 다시 세 가지의 세계로 분류한 것인데 욕계는 지옥, 아귀, 축생, 아수라, 인간, 그리고 서른 세 개의 천상세계 중 일부로 물건과 잠을 탐하고, 음란한 생각이 가득한 우리 중생의 일상적 의식 상태를 말한다. 색계는 욕계에 속하는 천상의 세계보다 위에 있는 일부의 세계를 말하고 선정에 의해 욕망은 제거되었지만 육신과 같은 물질이 아직 남아 있어 완전히 자유롭지 못한 마음의 상태를 말한다. 그리고 무색계는 삼십삼천 중에서 가장 높은 단계에 있는 네 개의 천상 세계에 해당되며 이 단계는 육신의 굴레마저도 완전히 뛰어 넘은 자유자재한 마음의 상태를 말한다. 따라서 우리의 마음은 수행에 따라 더 높은 세계로 갈 수도 있고 번뇌와 망상에 의해 낮은 단계의 세계로 떨어질 수도 있음을 의미한다.

한편 우리가 불교의 윤회설을 공부할 때 반드시 염두해야 할 가르침으로 무기설(無記說)이 있다. 무기설이란 부처님께서 존재의 본질에 관한 네 가지 질문에 대해 침묵으로 그 답을 대신하신 것을 말한다.

그 네 가지 질문이란 첫째, 세계는 시간적으로 무한한가, 유한한가? 일부는 무한이면서도 다른 일부는 유한인가, 알 수 없는 것인가. 둘째, 세계는 공간적으로 보아 무한한가, 유한한가? 일부는 무한이면서도 다른 일부는 유한인가, 알 수 없는 것인가. 셋째, 영혼과 육체는 같은 것인가, 다른 것인가? 일부는 같으면서도 다른 일부는 다른 것인가, 알 수 없는 것인가. 넷째, 여래는 죽은 후에 존속하는가, 존속하지 않는가, 일부는 존속하고 다른 일부는 존속하지 않는 것인가, 알 수 없는 것인가 이다.

부처님은 이러한 질문들 자체가 중생의 고통을 제거하는 데는 아무런 도움이 되지 않기에 부처님은 독화살에 맞은 사람의 비유를 들어 직접적인 답을 피하셨던 것이다. 이를 경전에서는 다음과 같이 쓰고 있다.

> 부처님이 사밧티의 기원정사에 계실 때 말룽캬라는 존자가 부처님께 여쭙기를 "세계는 영원한가 무상한가? 무한한 것인가 유한한

것인가? 목숨이 곧 몸인가 목숨과 몸은 다른 것인가? 여래는 마침이 있는가? 아니면 마침이 있지도 않고 없지도 않는가?'라고 질문을 했다. 부처님은 비구들에게 이렇게 말씀하셨다.

"어떤 어리석은 사람이 '만약 부처님이 나를 위해 세계는 영원하다고 말하지 않는다면 나는 그를 따라 도를 배우지 않겠다'라고 생각한다면, 그는 그 문제를 풀지도 못한 채 도중에 목숨을 마치고 말 것이다. 이를테면, 어떤 사람이 독 묻은 화살을 맞아 견디기 어려운 고통을 받을 때 그 친족들은 곧 의사를 부르려고 했다. 그런데 그는 '아직 이 화살을 뽑아서는 안되오. 나는 먼저 화살을 쏜 사람이 누구인지를 알아야겠소. 성은 무엇이고 이름은 무엇이며 어떤 신분인지를 알아야겠소. 그리고 그 활이 뽕나무로 되었는지 물푸레나무로 되었는지, 화살은 보통 나무로 되었는지 대나무로 되었는지를 알아야겠소. 또 화살 깃이 매의 털로 되었는지 독수리 털로 되었는지 아니면 닭털로 되었는지를 먼저 알아야겠소.' 이와 같이 말한다면 그는 그것을 알기도 전에 온 몸에 독이 번져 죽고 말 것이다.

세계가 영원하다거나 무상하다는 이 소견 때문에 나를 따라 수행한다면 그것은 옳지 않다. 세계가 영원하다거나 무상하다고 말하는 사람에게도 생노병사와 근심 걱정은 있다. 또 나는 세상이 무한하다거나 유한하다고 단정적으로 말하지는 않는다. 왜냐하면 그것은 이치와 법에 맞지 않으며, 수행이 아니므로 지혜와 깨달음으로 나아가는 길이 아니고, 열반의 길도 아니기 때문이다. 그러면 내가 한결같이 말하는 법은 무엇인가. 그것은 곧 괴로움과 괴로움의 원인과 괴로움의 소멸과 괴로움을 소멸하는 길이다. 어째서 내가 이것을 한결같이 말하는가 하면, 이치에 맞고 법에 맞으며 수행인 동시에 지혜와 깨달음의 길이며 열반의 길이기 때문이다. 너희들은 마땅히 이렇게 알고 배워야 한다."

부처님께서 이렇게 말씀하시니 말룽카를 비롯하여 여러 비구들은 기뻐하면서 받들어 행했다.

「중아함경」 「전유경」

실제 이 네 가지 질문에 대해서는 현대 과학도 결정적인 답을 줄 수 없음을 우리는 알고 있다. 불교는 죽은 후의 세계가 어떤 것인지를 설명하고 그것에 대한 맹목적 믿음을 강요하는 종교가 아니다. 따라서 불교의 윤회설은 현재 우리가 살고 있는 세계 또는 우리 마음의 세계를 보다 더 바르게 알고 깨닫는 데 초점을 맞추어 이해되어야 한다. 우리가 살고 있는 세계의 모든 물질적인 것들과 정신적인 것들은 매순간마다 변하지 않는 것이 없고 부처님은 이러한 것을 무상이라고 했다. '나'라는 존재 역시 이 무상의 법칙에서 벗어날 수 없기에 지금 이 순간에도 우리의 마음과 몸도 삶과 죽음의 끝없는 윤회의 바퀴를 돌고 있다고 하겠다.

3) 인과

앞에서 윤회는 업을 그 원동력으로 하고 있음을 살펴보았다. 또한 업은 원인과 결과라는 동전의 양면과도 같음을 살펴보았다. 이와 같이 원인과 결과는 업과 윤회를 설명하는 데 가장 기본이 된다.

나아가서 원인과 결과 즉 인과(因果)는 업과 윤회를 설명하는 데 그치는 것이 아니라 모든 존재의 실상을 바르게 알 수 있는 핵심이 되는 원리이다. 모든 존재하는 것들은 서로서로 의지하여 원인이 되기도 하고 결과가 되기도 하기에 그 인과관계를 정확하게 파악하는 것이 곧 존재의 실상을 바르게 보는 것이다. 이와 같이 존재의 실상을 관계 속에서 파악하는 것을 연기법(緣起法)이라고 한다.

우리가 한 사물을 보고 그것이 책상인지 의자인지 아는 것을 분별(分別)이라고 할 때 분별작용에는 반드시 분별하는 주체와 분별되는 대상이 있어야 하고 그것이 서로 의지하여 일어난 결과가 우리의 분별인 것이다. 즉 똑같은 강이라 하더라도 사람에게는 푸른 물결이 넘실거리는 강으로 보이고, 지옥의 죄인들에게는 불의 강으로, 그리고 아귀들에게는 피, 고름, 오물이 가득한 강으로 보이는 것과 같이 비록 같은 대상이라 하더라도 우리 중생들에게는 각자의 근기에 연(緣)하여 서로 다른 분별 작용이 일어난다(起).

따라서 불교는 연기법으로 존재의 실상을 바라보기에 우리가 분별하는 모든 존재는 허망하고 무상한 것들에 지나지 않는다고 하는 것이다. 이와 같이 연기법은 일상생활의 마음가짐으로부터 부처님의 법을 수행하는 마음에 이르기까지 우리의 마음이 일어나는 이치를 일깨워 주어 아집과 편견에서 비롯되는 고통으로부터 벗어나 바르게 세상을 볼 수 있는 길로 이끌어 주는 가르침이다.

한편 흔히 우리는 우리가 지은 선업과 악업의 과보는 과연 언제 받는가 하는 의문을 한 번씩은 가져 보았을 것이다. 왜냐하면 우리 주위에는 나쁜 일을 하고도 잘 살아가는 것처럼 보이는 사람이 있는가 하면 착한 일만 하는데도 불행한 삶을 살아가는 것처럼 보이는 사람도 있기 때문이다. 이러한 문제와 관련해 원인이 발생하고 과보가 일어나기까지의 시간에 대해 다음 네 가지로 정리할 수 있다.

첫째, 두 손바닥을 치는 그 즉시 소리가 나듯이 원인이 발생한 다음 순간 곧바로 결과가 일어나는 경우이다. 둘째는 원인이 발생하고 나서 상당한 시간이 흐른 후에 그에 대한 결과가 일어나는 것으로 꾸준히 공부한 결과 시험에 합격한다든지 직장 내에서 자신이 맡은 책임을 꾸준히 다한 결과 승진을 한다든지 하는 경우를 말한다. 셋째는 자신의 노력이나 의지와 상관없이 결과가 발생하는 것으로 태어나고, 늙고, 죽는 것 혹은 우리가 참선 수행을 할 때 마음을 집중하지 못하고 한 생각이 걷잡을 수 없이 꼬리에 꼬리를 물고 일어나는 경우가 그 예이다. 마지막으로 전생의 무명(無明)과 그에 의한 모든 업에 의해 현생이 일어나고 또 현생의 행위에 의해 다시 내생이 결정된다는 육도 윤회를 말하는 것으로 현생의 업이 다음 생의 결과가 되는 것을 말한다.

원인이 있으면 결과가 있고 결과가 있으면 원인이 있다는 것은 불교 신자가 아니더라도 납득할 수 있는 합리적인 진리이다. 그러나 우리는 삶 속에서 이 간단한 진리에 의지하지 않고 자신과 관계를 맺고 있는 모든 것들에 대해 자기 중심적인 사고방식과 접근방식만을 고집하는 경향이 있다. 모든 것은 인과 관계 속에서 그 존재의 의미를 찾을 수 있기에 무상한 것이고 그 관계를 떠나서 홀로 존재하는 것은 우리의 상상이 지어낸 관념일 뿐이기에 마치 토끼의 뿔과 같이 허망한 것임을 알아야 할 것이다.

신행활동 과제

1. 십악참회와 참회게를 봉독하며, 열 가지 악업과 선업에 대해서 생각해 보자.
2. '독화살 비유'를 읽고, 왜 부처님이 침묵으로 그 답을 대신했는지 말해 보자.
3. 자신의 삶 속에서 기억에 남는 업[原因]과 그 과보[結果]에 대한 것은 무엇이 있는지 발표해 보자.

2. 불자의 올바른 생활

교육목표

1. 무주상보시의 공덕을 설명할 수 있다.
2. 재가신도로서 지켜야할 계율의 의미를 알고 이를 실천할 수 있다.
3. 참회와 발원을 생활화 할 수 있다.

1) 보시(布施)

보시(布施)는 재가 신도들이 절의 불사를 위해 자신의 돈이나 물품을 바치는 것을 말한다. 그러나 본래의 뜻은 절의 불사가 아니더라도 자신의 것을 어떤 조건이나 바람이 없이 다른 사람에게 베푸는 것을 의미한다.

이러한 보시법에는 보시의 종류에 따라 부처님의 법을 원하는 자에게 부처님의 법을 설하는 것[法布施], 가난한 사람들에게 재물을 주는 것[財布施], 그리고 공포에 휩싸여 있는 중생들에게 두려운 마음을 없애주는 것[無畏施]으로 나뉜다. 또한 그 과보에 따라 크게 두 가지로 나누어 생각할 수 있는데 보시라는 선업을 통해 내생에 그 복덕을 누리는 것과 번뇌를 완전히 끊고 윤회의 세계로부터 벗어나 깨달음을 얻는 것이 있다.

한편 보시는 대승불교의 수행 덕목인 육바라밀 중 첫 번째 덕목이기도 하다. 따라서 여기서는 내생에 복덕을 누리는 보시에 대해서만 생각해보기로 하자.

우리가 살아가면서 자기의 것을 남에게 조건 없이 주는 것은 참으로 어려운 일이다. 더구나 주고서도 주었다는 그 자체에도 집착하지 않는다는 것은 더더욱 어려운 일이다. 만일 우리가 자신의 재물을 다른 사람에게 보시하면서 스스로가 보시를 했다는 마음이 조금이라도 있는 경우에는 인과의 법칙에 의하여 반드시 그 보시 행위의 과보로써 내생에 그에 상당하는 복덕을 누리게 될 것이다. 그렇지만 비록 그 보시가 너무나도 커 내생에 천상에 태어난다 할지라도 그 복덕이 다 하면 또 다시 윤회의 세계로 떨어지고 만다. 더구나 만일 우리가 보시를 할 때 받는 사람이 부담을 느낀다면 그것이 반드시 선업을 짓는 행위만은 아니다.

그러므로 보시는 자신의 마음공부가 얼마만큼 되었는가를 가늠해 보는 좋은 척도라고 할 수 있다. 훌륭한 테니스 선수가 완벽한 서브를 넣기 위해 매일같이 연습을 하는 것처럼 우리들도 조건 없이, 그리고 바람 없이 주는 완전한 보시를 하기 위해 꾸준히 보시 수행을 해야 할 것이다.

2) 계율(戒律)

부처님의 가르침에 관한 책들을 삼장(三藏), 즉 경장(經藏), 율장(律藏), 논장(論藏)이라 한다. 이 중에서 율장은 출가자나 재가자들이 일상생활에서 지켜야 할 여러 가지 규칙들을 말하고 있다. 여기서 지켜야 할 규칙들이란 부처님께서 우리들의 몸과 마음을 보다 건강하고 건전하게 유지하여 깨달음의 길로 인도하기 위한 것이다. 몸과 마음의 자유를 구속하기 위한 것이 아니다.

불교에 처음 입문하면 재가 불자의 경우 기본 교육을 받은 후에 삼귀의계와 오계를 받게 되는데, 이 계율만 잘 지켜도 호법신장(護法神將)들이 우리들의 몸과 마음의 건강을 지켜준다고 한다.

이러한 계율에는 출가 스님을 위한 구족계(具足戒 : 비구▷250계, 비구니▷348계)와 재가 불자를 위한 5계(五戒), 즉 불살생, 불투도, 불사음, 불망어, 불음주 등이 있다.

여기서 첫 번째에서 네 번째까지의 계율들은 어기는 그 자체가 악한 행동이라는 점에서 특히 중요하다. 그리고 다섯 번째의 계는 술 마시는 행위 그 자체는 나쁜 일이라 할 수는 없으나 과음을 하거나 중독이 되면 자신의 몸을 해칠 뿐 아니라 다른 사람에게 피해를 줄 수도 있으므로 지켜야 한다.

또한 매달 음력 8, 14, 15, 23, 29, 30일의 6일을 6재일(六齋日)이라 하는데 이 날은 사천왕이 천하를 돌아다니면서 우리의 선과 악을 감찰하는 날이고 우리가 방심하는 사이 악귀가 잘 붙는 날이다. 이러한 날에는 몸을 조심하고 마음을 깨끗이 하기 위해 다음의 팔관재계(八關齋戒)를 지켜야 한다.

첫째, 살생하지 말라.

둘째, 도둑질하지 말라.

셋째, 음행하지 말라.

넷째, 거짓말하지 말라.

다섯째, 음주하지 말라.

여섯째, 몸에 패물을 달거나 화장하지 말며 노래하고 춤추지 말라.

일곱째, 높고 넓은 큰 평상에 앉지 말라.

여덟째, 제때가 아니면 먹지 말라.

팔관재계는 위의 재가 불자가 지켜야 할 오계에 몸치장을 화려하게 하거나 화장을 진하게 하여 밖에 놀러 다니지 말 것, 높고 넓고 잘 꾸며 놓은 곳에 앉지 말 것, 그리고 오전에 한 끼만 먹을 것 등이다. 나아가서 재가 불자가 지켜야 할 계에는 십선계(十善戒)가 있는데, 이것은 오계와 달리 수계 의식을 통해 받는 것이 아니라 부처님 앞에서 스스로 참회와 맹세를 통해 받을 수 있는 계이다. 이는 『천수경』 십악참회의 열 가지 악을 짓지 않겠다는 맹세를 말한다.

3) 참회(懺悔)

우리는 생활속에서 의식적, 또는 무의식적으로 많은 죄악과 허물을 짓게 된다. 이러한 죄악과 허물은 대부분 세속적 욕망과 이기심에 의해 생겨난다. 이러한 잘못을 뉘우치고 정화하지 않는다면 불자의 삶은 결코 진리에 다가설 수 없다. 그렇다면 구체적으로 무엇을 어떻게 참회할 것인가? 참된 참회는 자기 성품 속에서 죄의 반연을 없애는 것이다. 죄의 반연이란 삼독의 나쁜 인연을 가리킨다. 만약 당장에 본래의 청정한 법신을 찾고자 한다면 바로 이 삼독의 악연을 마음 속에서 씻어버려야 하는 것이다. 그러면 삼독은 어떻게 씻어낼 것인가? 『육조단경』에서 육조 혜능 스님은 참회에 대해 이렇게 설하고 있다.

> 선지식이여, 이것이 무상참회(無上懺悔)이니라. 참(懺)이란 무엇인가? 참이란 지나간 허물을 뉘우침이니, 지금까지 지은 모든 죄를 뉘우쳐서 영원히 다시 일어나지 않도록 하는 것이다. 회(悔)란 무엇인가? 회란 이후에 짓기 쉬운 허물을 조심하여 다음부터 있을 모든 죄를 미리 깨닫고 영원히 끊어서 다시는 짓지 않도록 하는 것이니 이것을 합하여 참회라 하는 것이니라. 범부들은 어리석어서 지나간 허물을 뉘우칠 줄 모르고 앞으로 있을 허물은 조심할 줄 모르므로, 지나간 죄도 없어지지 않고 새로운 죄가 잇달아 일어나니 이러고야 어찌 참회라고 할 수 있으랴?
>
> 『육조단경』「참회」

이처럼 참회는 과거의 잘못을 뉘우쳐 다시는 그런 잘못을 저지르지 않는 것이다. 따라서 삼독의 잘못을 알고 다시는 그러한 잘못을 짓지 않겠다고 다짐하는 것이다. 그렇게 해서 마음에서 삼독을 없애나가는 것이다. 조금 더 구체적으로 말하자면, 탐·진·치 삼독을 셋으로 나누어서 한 가지씩 씻어내면 된다. 그 요령은 108배를 하되, 부처님이 실제로 앞에 계시다고 가정하고, 한 번의 절을 할 때마다 한 가지씩 참회를 해나가는 것이다.

우선 탐욕과 관련된 상념들을 한 가지씩 떠올려서 충분히 확인하고 스스로의 성품에 되뇌인다. "이러이러한 욕심을 내었습니다. 잘못되었습니다. 다시는 그러한 잘못을 짓지 않겠습니다."하고 마음 속으로 다짐해 나가는 것이다. 이렇게 모든 욕심들을 참회해 나가되, 바로 지금 이 순간부터 과거로 향해 거슬러 올라가면서 진행해 나간다. 그렇게 하다보면 보다 근원적인 욕심들이 나타나게 되는데, 어쨌든 더 이상 기억이 나지 않을 때까지 계속해 나간다.

다음은 성냄에 관해서 참회한다. "이러이러하게 화를 내었습니다. 잘못되었습니다. 다시는 그러한 잘못을 짓지 않겠습니다."하고 반성해 나간다. 시기질투하고 남을 흉보는 것도 일종의 성냄이다. 역시 참회해야 한다. 여기에서 명심해야 할 것은 무조건적인 참회를 해야 한다는 점이다. 조건부 참회가 되어서는 의미가 없다. 원인이야 어쨌든 간에 자신의 성품 가운데에 소용돌이를 일으켰다는 것은 무언가 자취를 남긴 것이므로, 언젠가는 그것을 확인하여 없애지 않으면 안 되기 때문이다. 아울러 조건부 참회는 다만 자신의 그릇에서 맴도는 것이므로 인식의 변화를 기대할 수가 없다. 마지막으로 어리석음에 관해서 참회한다. 어리석음 가운데 가장 어리석은 것은 스스로 잘났다는 생각이다.

자기가 한껏 못났다고 생각해야 참회가 된다. 우리의 본성이야 잘나고 못나고를 초월해 있는 것이지만, 다만 분별의식이 못났다는 것이다. 꾀죄

죄한 나를 잘났다고 착각하여 남과 비교해 잘잘못을 따지는 것, 이것이 정말 못난 것이다. 또한 인과를 믿지 않는 것이 어리석은 것이다. 베푼 만큼 돌아오고, 지은 만큼 받는 것이다. 이를 확신하지 않는 까닭에, 은덕은 조금 베풀고서 대가를 많이 받지 못해서 안달하고, 허물은 많이 짓고서 과보는 조금 받으려 전전긍긍한다. 이처럼 스스로를 있는 그대로 드러내지 못하기에, 자신을 흠뻑 사랑할 수도 없는 것이다. 자신의 있는 그대로를 흠뻑 사랑할 수 있을 때 다른 모든 존재를 한없이 사랑할 수 있게 된다. 이것이 바로 진정한 참회를 통해 얻어지는 귀중한 결실이다. 완전한 존재가 되기를 기다렸다가 나를 사랑하려 한다면 인생을 낭비하고 말뿐이다. 이렇게 해서 참다운 자기 사랑에 점차 눈이 떠가면, 남의 허물을 돌아볼 겨를이 없다. 스스로에게 못마땅한 점이 많은 사람일수록 남의 못마땅함을 잘 끄집어내는 것이다.

그러므로 남의 허물이 자주 눈에 띄면, 얼른 내 마음을 바로 잡을 일이다. 한 걸음 더 나아가 108감사를 하도록 한다. 그것은 108배를 하거나, 108염주를 돌리면서 낱낱이 감사의 생각을 하는 것이다. 주위에서 감사할 일을 찾아내는 연습을 하는 것이다. 나중에는 심지어 자신에 대해 불평불만인 사항까지도 감사한 마음이 들 수 있을 때까지 감사하고 또 감사한다. 이와 같은 있는 그대로의 현실에 대한 감사의 마음은 굉장한 자기 긍정을 가져오며, 세상을 바라보는 시각이 달라지는 강력한 출발점이 된다.

4) 발원(發願)

많은 사람들이 불교에 관하여 갖는 의문 가운데 하나는, '불교에서는 욕심을 버려야 한다고 강조하는데, 욕심이 없이 어떻게 이 세상을 살아갈 수 있는가?' 하는 것이다. 이것은 당연한, 그리고 누구나 한 번쯤은 가져봄직한 의문이다. 치열한 생존경쟁의 험난한 세상을 살아나가면서 상대방을 짓누르기보다는 무조건 양보하고 욕심을 내지 않으려 하다가는, 얼마 안가 도태되고 말 것이 아니냐는 주장이다. 심지어 일부 불자들이 무기력해 보이며, 세상에 대하여 염세적이고 피동적인 자세를 견지하는 것도 이러한 불교관에 근거하고 있는 것처럼 보인다. 그러나 이것은 하나만 알고 둘은 모르기 때문에 생기는 현상이다. 불교 특히 대승불교에서는 발원(發願)을 수행의 첫걸음으로 삼고 있음에 유의하여야 한다. 원(願)을 발(發)한다는 것, 이것은 일반적으로 말하는 욕심과는 다르다.

욕심과 발원의 차이는 크게 세 가지로 설명할 수 있다.

첫째로, 욕심은 다분히 개인적이고 이기적인 바람이지만, 발원은 공통적 바람을 염두에 두고 있다. 그것은 오직 나만을 위한 원이 아니라 우리 모두, 인류 전체, 나아가서는 일체 중생에 대한 기원을 담고 있는 것이다. 여기에서 나와 남은 구분되지 않는다. 남의 행복이 곧 나의 행복이며, 남이 잘되는 것이 곧 내가 잘되는 것이다. 둘째로, 욕심은 본능적인 것이지만, 발원은 능동적인 것이다. 잘 먹고 잘 살고, 부와 명예를 바라는 것은 누구나 본능적으로 타고난 것이다. 하지만 발원은 애당초 없는 것을 만들어 나가는 것이다. 우리는 본래 꿈에도 남에게 주고자 하는 마음이 없다고 한다. 그러나 일부러 원을 발하여 자꾸 베푸는 마음을 연습함으로써, 아상(我相)의 소멸에 접근하게 되는 것이다.

셋째로, 욕심은 결과를 중시하지만 발원은 과정 그 자체를 중시한다. 한마디로 발원은 결과에 대한 집착이 없는 것이다. 욕심은 미래에 중점이 두어져 있기 때문에, 그러한 욕망 달성을 위해서 때로는 현재를 희생할 것을 강요한다. 하지만 발원은 현재에 중점이 두어져 있다. 물론 스스로가 세운 원을 달성할 수 있도록 끊임없이 노력하기는 하지만, 결과에 대한 집착이 없이 바로 지금 여기에서 노력하는 자체가 즐거운 것이다.

이상과 같은 의미에서 보면, 발원은 참다운 자기전환의 시작이라 말할 수 있다. 업생(業生)이 아니라 원생(願生)으로 나아가는 첫 단추인 것이다. 업생이란 어디서 왔는지도 모르고 어디로 가는지도 모르는 채, 그저 과거에 지은 바 업에 이끌려 살다 가는 것이다. 원생이란 스스로의 삶을 갈무리해 나가는 것이다. 의도적으로 방향을 설정해서 과거의 업을 벗어나 새로운 창조적 삶을 살아가는 것이다. 내가 나를 창조하는 것이다. 이러한 원생을 살아나가기 위해서는 우선적으로 발원이 필요하다. 걸림만 없다면 무엇이든 마음에 그리는 대로 되어지는 것이다. 그렇지만 마음 속 어딘가에 걸림이 있기 때문에, 즉 '못한다'는 생각이 있기 때문에 마음먹은 대로 이루어지지 않는 것이다.

그러므로 무슨 일을 하든지 의욕이나 선입관을 가지고 할 것이 아니라, 원을 세워 해야 하는 것이다. 특히 초심자에게는 반드시 발원이 필요하다. 발원이란 '탐·진·치'라는 속성에너지의 방향전환이다. 그것은 욕심을 완전히 부정하여 억제하고자 하는 노력을 하기보다는, 오히려 그 욕심을 일단 인정하되 다만 방향을 바꾸어 도심(道心)으로 인도하자는 것이다. 이것은 다름 아닌 탐·진·치의 대전환이다. 탐심을 돌이켜 대신심(大信心)으로, 진심을 돌이켜 대분심(大憤心)으로, 치심을 돌이켜 대의심(大疑心)으로 만들어 수행의 방해물을 오히려 수행의 자량으로 삼도록 하는 것이다. 이것이야말로 번뇌가 곧 보리라고 하는 대승불교의 진수이다. 돌은 그저 돌일 뿐이다. 그것에 걸려 넘어지면 걸림돌이요, 딛고 넘어가면 디딤돌이 된다.

이것은 존재의 속성인 탐·진·치 자체를 완전히 부정하여 이에 역류하고자 인위적 노력을 가하는 것이 아니다. 그러한 에너지, 즉 끊임없는 향상성들을 오히려 도를 깨치기 위한 방편으로 사용하는 것이며, 이것이 발원의 참된 가치이다. 그러면 실제 발원에는 어떤 것이 있는가? 우선 발원 가운데 가장 보편적인 것으로 사홍서원이 있다.

중생을 다 건지오리다(衆生無邊 誓願度).
번뇌를 다 끊으오리다(煩惱無盡 誓願斷).
법문을 다 배우오리다(法門無量 誓願學).
불도를 다 이루오리다(佛道無上 誓願成).

이 사홍서원은 대승보살들이 보리성취[上求菩提]와 중생구제[下化衆生]를 위한 보편적인 실천덕목으로 제시된 것이다. 보살이 성불을 이루기 위해서는 3아승기겁의 수행이 필요한데 그 동안에 모든 자리이타(自利利他)의 행을 완성해야 한다. 따라서 그 때뿐인 결심으로는 이것을 달성할 수 없다. 그래서 보리심을 일으킨 보살은 어떠한 곤란에도 물러서지 않는 견고한 결의를 일으켜야 한다. 이 결의가 바로 서원이다. 그리고 이타행을 통해 무량 무수의 중생을 깨달음으로 이끌어 제도하면서도 누구를 제도한다거나 누가 제도한다는 생각조차 하지 않는 것, 그래서 아무런 공덕도 구하지 않는 것이 바로 보살의 서원이다.

따라서 이 보살의 서원은 어떤 공격도 물리칠 수 있는 갑옷을 입은 것과 같이 견고하다 하여 '큰 서원(弘誓)의 갑옷(大鎧)을 입는다[僧那僧涅, 大誓莊嚴]'고 표현한다. 이러한 서원은 발원이 바로 업에 이끌려 사는 삶, 남의 짐이 되는 삶에서 스스로 창조해 가는 삶, 남의 짐을 덜어주는 삶으로의 전환이라는 것을 잘 표현해 준다. 결국 사홍서원이란 자신의 업력을 이겨내는 원력을 행하는 것에 다름 아니다. 그러기 위해서는 마음을 낮추고 일체의 중생을 부처님과 같이 공경하여야 한다. 밖의 중생을 공경하는 것은 물론, 자신의 마음 속의 중생도 공경하여야 한다. 여기에서 공경한다는 것은 인정한다는 것이다. 인정하고 관심을 보여줌으로써 모두 함께 이웃이 되는 것이다.

서원은 클수록 좋겠지만, 가급적이면 자신의 현재 상황과 부합하는 것으로 하는 것도 괜찮다. 예컨대 깨달음을 구하는 마음이 간절할 경우에는 '일체중생이 모두 다 깨달음을 얻어지이다' 하고, 병고에서 벗어나고자 하거든 '일체중생이 모두 다 병고에서 벗어나지이다' 하며, 마음 편안함을 성취하고자 하거든 '일체중생이 모두 다 마음이 편안하여지이다' 하는 식으로 발원해 나가는 것이다. 얼핏 생각하면 '내가 어서 깨쳐서 중생들을 제도하겠습니다' 해야 할 것 같지만, 여기에는 나라는 생각과 남이라는 생각, 그리고 제도한다는 생각과 제도된다는 생각이 전제되어 있다. 깨친 이의 특징이 이러한 네 가지 상(相)의 소멸이라고 할진대, 내가 수행해서 내가 깨치고 제도한다는 생각에 사로잡히면, 오히려 네 가지 상이 증장될 수도 있기 때문이다. 혹은 특별한 바람이 없는 경우에는 다음과 같이 하는 것도 좋다.

'모든 사람들이 몸과 마음이 밝고 건강해져서 재앙은 소멸하고 소원은 성취해서 부처님 시봉 잘 하길 발원합니다.'

신행활동 과제

1. 보시행의 경험담을 이야기해 보자.
2. 일상생활속에서 실천할 수 있는 계율의 실천방안을 만들어 보자.
3. 가까운 사찰을 찾아 108참회를 하고, 자신의 발원문을 작성해 보자.

3. 기도(祈禱)

교육목표

1. 기도의 의미와 방법을 알 수 있다.
2. 기도를 생활속에서 실천할 수 있다.

1) 기도

 보통 때에는 전혀 종교적 성향이 없던 사람이라도 위기에 처하거나 심각한 상황에 부딪히면 종교에 의지하곤 하는 일을 자주 목격할 수 있다. 지푸라기라도 잡고 싶은 심정이 되면 무언가 의지하고 싶은 것이 인지상정일 것이다. 기도란 일반적으로 인간이 자신의 한계를 느낄 때 신이나 그 밖에 신비한 힘에 의지하여 그것을 이겨내고자 간절하게 비는 것을 말한다. 그러나 불교에서 기도는 권청(勸請), 즉 일체 중생들이 어리석은 마음을 떨쳐버리고 하루 속히 지혜의 눈이 열리도록 부처님께 청하는 의식으로서 모든 중생을 제도하겠다는 원력과 바른 깨달음을 성취하여 모든 이웃들에게 기쁜 마음으로 회향하겠다는 서원의 뜻이 더 크다.
 즉 불교의 기도는 불·보살님의 위신력을 찬탄하고 다생에 지은 모든 업장을 참회하며 감사한 마음으로 일체중생과 함께 하기를 발원하고 회향하는 것이다. 그 기도발원은 부처님의 가르침을 믿고 의지하며 이 생명 다하도록 실천하겠다는 성스러운 마음에서부터 생기는 것이다. 그러므로 기도를 통해서 나와 이웃 그리고 모든 중생들에게 불·보살님의 공덕이 함께 하기를 서원하고 또한 자신의 편협한 마음을 부처님 마음으로 되살리는 것이다. 그래서 궁극적으로 기도는 선지식과의 만남을 통한 자기와 이웃과의 만남을 뜻한다.

따라서 기도의 마음가짐은 우선적으로 간절한 마음이 앞서야 하겠지만, 그러기 위해서 무엇보다 중요한 것은 자기부정이 전제되어야 한다. 즉 내 힘으로 어떻게 해 보겠다는 생각이 적을수록 기도는 오히려 잘 된다고 하는 것이다. 오직 모든 것을 부처님께 맡겨버리는 것, 그것이 중요한 관건이다. 심지어 잘 되고 못 되고 까지도 부처님께 맡겨버릴 수 있다면, 이미 성취한 기도라고 할 수 있을 것이다. 그리고 기도의 성취를 위해서는 반드시 서로 정합이 되는 소원을 가져야 한다. 적멸보궁이나 유명한 기도도량에 가서 간절히 기도하면 한 가지 소원은 이루게 해준다고 하는 것도 이런 의미로 보아야 한다.

부처님이 왜 한 가지 소원만 들어주고 싶겠는가? 수백 가지, 수만 가지 모든 중생의 소원을 모조리 들어주고 성취시켜 주고자 하는 것이 부처님의 대자대비심이다. 다만 한 가지 소원은 들어준다고 하는 것은, 정합이 되는 소원, 즉 앞과 뒤가 맞아떨어지는 소원을 가져야 한다는 의미로 해석해야 옳을 것이다. 동쪽으로 가고자 하는 소원과 서쪽으로 가고자 하는 소원을 동시에 가지고 있는 한 그 소원성취는 요원한 것이다. 기도의 방법에는 여러 가지가 있다. 천수다라니나 능엄주 혹은 관세음보살 육자대명왕진언, 광명진언 등을 지송하는 것을 주력(呪力)이라고 한다. 『금강경』이나 『지장경』, 혹은 『화엄경』, 『법화경』, 『원각경』 등 경전을 읽고 지송하는 것을 간경(看經) 혹은 독경(讀經)이라고 한다. 석가모니불이나 아미타불, 혹은 관세음보살, 지장보살, 미륵보살 등과 같이 불보살님의 명호를 지속해서 염하는 것을 염불(念佛) 혹은 정근(精勤)이라고 한다. 이외에도 백팔배, 삼천배 등과 같이 절을 하는 방법을 비롯해서 다양한 방법이 있을 수 있다.

기도는 가능한 한 매일 '같은 시간에 같은 장소에서 같은 요령'으로 해 나가는 것이 좋다. 부드럽기 짝이 없는 물방울이 바위를 뚫는 것은 지속적으로 같은 자리에 떨어지기 때문이다. 기도 또한 마찬가지다. 오늘은 여기, 내일은 저기에서, 이 시간에도 했다가 저 시간에도 했다가 해서는 성취를 보기가 어렵다. 또 한꺼번에 여러 시간을 했다고 며칠은 쉬고 해서는 곤란하다. 규칙적인 식사습관을 지닌 사람은 식사시간이 가까워지면 몸속에서 먼저 알고 준비를 하는 것처럼, 기도도 항상 '같은 시간에 같은 장소에서 같은 요령으로' 하다보면 몸과 마음에 분위기 조성이 잘 되어져 기도삼매를 쉽게 성취할 수가 있는 것이다.

그러기 위해서는 자신이 남들의 방해를 받지 않고 규칙적으로 낼 수 있는 시간을 정해 놓고 하는 것이 좋다. 장소도 가급적이면 가까운 법당을 정하여 하는 것이 좋다. 또한 기도의 요령도 한 가지를 정해 놓고 일정 기간 동안은 같은 요령으로 지속하는 것이 좋다. 예를 들면 매일 천수다라니 108독 이상을 한다거나, 금강경을 7독 이상 한다거나 염불을 삼천

번 이상 한다거나 하는 등이 그것이다. 만약 가정에서 정기적으로 기도하기 위해서는 먼저 일상생활에 지장을 받지 않고 기도할 수 있는 편한 시간과 공간을 정해 놓은 다음, 절에서 기도하는 것과 같이 봉행하면 된다.

어쨌든 외부를 향한 기도가 점차적으로 내부지향적으로 바뀌어져 가고, 궁극적으로는 '일념에서 무념으로' 진전되어 나아가도록 하여야 할 것이다. 기도를 하는 데도 몸과 마음의 자세와 호흡이 중요하다. 즉 기도와 참회를 하고자 할 때는 앉는 자세부터 바르게 해야 한다. 일반적으로 앉는 자세는 두 무릎을 꿇고 앉는 방법을 취하며 그 밖에는 결가부좌(結跏趺坐)나 반가부좌(半跏趺坐)를 선택해서 앉으면 된다. 옷차림도 편안한 복장이 좋을 것이다. 기도할 때에 앉는 법을 강조하는 것은 바른 자세에서 바른 호흡이 나오기 때문이다. 바른 호흡이 중요한 것은 호흡이 안정되어 있을 때 자연히 정신도 안정되어 쉽게 기도에 몰입할 수 있기 때문이다. 하지만 실제 부처님의 명호를 부르면서 기도를 하다보면 호흡은 자연스레 안정이 되기 때문에 너무 호흡에 의식할 필요는 없다.

기도할 때 마음은 첫째 믿음이 중요하다. 즉 이 기도가 결코 헛된 것이 아니며 부처님의 가피가 분명히 나와 함께 함을 깊이 믿어야 하고 둘째로는 참회하는 마음이 중요하다. 평소 우리 자신의 잘못된 생활에 대해 반성하고 기도에 앞서 자신의 마음을 참회하고 비우는 것이요, 셋째로는 주변의 모든 이웃에게 자비로운 마음을 내는 것이 중요하다. 세상의 모든 중생이 나와 한 몸임을 깨닫고 그들 모두에게 평화와 안락이 깃들기를 바라며 누구에게도 원망이나 미움을 갖지 않는 마음이다. 이와 같은 마음가짐으로 기도에 임할 때 기도는 참다운 공덕을 쌓게 된다. 기도할 때 독송하는 경전은 기도의 내용에 따라 각기 다르다.

먼저 경전을 독송하는 것은 경전을 통해서 불·보살님의 서원과 나의 정성이 하나가 되게 하는 데 있다. 기도 방법에는 예로부터 전해오는 다섯 가지 덕목이 있는데 그 첫째는 불·보살님께 귀의하여야 하고, 둘째는 향과 꽃으로 공양하고 보시하여야 하며, 셋째는 3배 또는 108배 등으로 예배하고, 넷째는 업장을 소멸하고 복덕을 성취하기 위하여 참회 발원하여야 하며, 다섯째는 불·보살님의 명호를 부르며 정근하는 염송이 있어야 한다고 하였다.

2) 기도의 종류

관음기도

우리 나라를 비롯하여 중국, 일본에 가장 뿌리 깊이 내린 것이 관음신앙이다. 이 관음신앙과 연관된 경전은 『반야심경』, 『천수경』, 『법화경』 등이다. 이 경전은 다른 경전보다 세상에 가장 많이 보급되어 구입하기가 쉽다. 관세음(觀世音)보살은 산스크리트어 아바로키떼스바라를 뜻으로 옮긴 말이다. 관자재, 관세음, 관음 등으로 음역하기도 한다. 관세음이란 세상의 모든 소리를 다 관찰한다는 뜻이며, 사바세계의 중생들이 괴로움에 허덕일 때 관세음보살의 이름을 불러 구원을 청하면 32응신(應身)으로 몸을 나타내어 구원해 주신다. 관음보살상은 어머니같이 인자하시고 자비로우시며 후덕한 모습으로 왼손에 연꽃을 들고 있는 것이 특징이다. 이 연꽃은 중생이 본래부터 구비하고 있는 불성을 표현한 것이다. 중생이 관세음보살님께 귀의하고 그의 명호를 부르거나 찬탄, 공양하면 이런 공덕이 있다고 한다.

불에도 타지 않고 물에도 떠내려가지 않으며, 바람에도 날리지 않고 칼과 몽둥이에 잘리거나 다치지 않으며, 귀신에게 시달리지 않고 쇠고랑을 차지 않으며 도적의 두려움에서 벗어날 수 있게 해 주신다. 또 항상 관세음보살을 생각하고 공경하면 욕심 많은 사람은 욕심을 여의게 하고 … 아들을 원하면 아들을 낳고, 딸을 원하면 어여쁜 딸을 낳을 것이다.

『법화경』「보문품」

지장기도

우리나라의 지장신앙은 삼국시대부터 매우 성행하였다. 지장보살님은 부처님의 부촉을 받아 도리천에서 중생의 근기를 관찰하고 무불세계(無佛世界)의 육도중생을 교화하는 대비(大悲)보살이다. 지장보살님은 지혜와 자비를 구족하고 있으며 특히 자비의 실천을 강조하신 분이다. 지장보살님은 지옥에서 고통받는 중생들이 모두 성불하기 전에는 결코 깨달음을 이루지 않겠다는 서원을 세우신 대비원력의 보살이시다. 이 보살님은 항상 지옥에 계시면서 오늘도 육도(지옥, 아귀, 축생, 아수라, 인간, 천상)를 윤회하는 중생들을 구제하고 계신다. 『지장보살본원경』에 의하면 지장보살을 예배하고 공경하면 이런 공덕이 있다고 한다.

풍년이 들며, 집안이 편안하고, 죽은 조상이 천상에 태어나고, 부모가 장수하며, 원하는 것을 얻으며, 수재나 화재가 없고, 헛되이 허비하는 것이 없으며, 나쁜 꿈이 없고, 출입 시 신장이 보호하며, 훌륭한 인연을 많이 만날 것이다.

「지장보살본원경」

지장 신앙은 우리나라를 비롯해서 중국, 일본 등 여러 나라에서 봉행되고 있다. 이 신앙이 널리 신봉되는 것은 『지장보살본원경』에서 나타난 바와 같이 '부모가 장수하고', '조상이 천상에 태어난다'는 효사상의 영향이다. 특히 우리나라에서는 선망부모와 일가친척, 그리고 제반 천도의식을 봉행할 때 지장기도를 많이 봉행하고 있다.

약사기도

인간이 한평생을 살아가면서 몸이 아프고, 병이 들고, 늙고, 죽는 것은 어쩔 수 없는 일이다. 그래서 인간은 아픈 몸을 다스리기 위해 여러 가지 처방을 쓰기도 한다. 그러나 부처님께서는 일찍이 만 가지 모든 병은 마음에서부터 생긴다고 하는 것을 깨달으시고, 모든 중생들에게 마음을 먼저 다스릴 것을 강조하셨다. 그것이 바로 병의 근원인 탐욕과 성냄과 어리석음을 없애는 방법이기 때문이다. 그러나 그것은 하루 아침에 이루어지는 것이 아니다. 이 세상에는 사람의 모습과 인종, 그리고 문화가 각기 다르듯이 욕심을 버리고 건강한 삶을 살아가는 사람이 있는 반면에 아프고 병든 사람도 있게 마련이다. 그와 같이 병들어 아픈 사람들이 그 병을 다스리기 위해 약사여래 부처님께 기도 정진하는 것을 약사기도라고 한다. 일반적으로 약사전이 있는 사찰은 약사여래를 모시고 있으며, 이런 사찰은 아픈 사람이 기도 정진하여 치병의 효과를 보았다는 기록이나 설화가 많다.

약사여래는 정확하게 말한다면 약사유리광여래 부처님이다. 약사여래가 계시는 세계의 이름이 동방에 있는 정유리세계이므로 동방정유리계의 교주라고 지칭되기도 한다. 약사여래신앙의 모체인 『약사유리광여래본원경』에는 약사여래의 12가지 서원이 나온다. 그 중에서 여섯 번째와 일곱 번째 서원이 정신적, 육체적 병고의 해결과 회복이다. 그 다음으로 생명을 연장하는 방법을 설하고 12가지 '원을 성취시켜 주는 신령스런 주문'을 들고 있다. 이러한 약사여래의 가피를 구하고자 하는 것이 약사여래 기도이며, 5세기 무렵 중국 수나라 시대부터 민간에 유행하게 되었다고 한다.

칠성기도

우리 민족은 불교가 들어오기 이전부터 산천과 하늘을 숭배했다. 즉 칠성은 하늘, 산신은 대지, 용왕은 물의 상징이자 그 세계의 지배자를 뜻한다. 불교가 전래되자 산신과 칠성은 자연스럽게 사원의 한 부분을 차지하게 되었고 불교와 융합하여 계승되었다. 이것이 후대에는 도교나 민속신앙과 합쳐져 칠성이나 산신, 용왕에 대한 예경으로까지 이어졌다. 옛부터 우리나라 사람들은 산신과 칠성에 대한 신앙을 자연스럽게 받아들였다. 특히 자손창성, 부귀영화, 수명장수를 기원할 때는 일반적으로 칠성기도를 올린다. 이것은 태양을 숭배하며 하늘의 자손이라 생각했던 조상들의 전통과 관습에서 비롯한 것이다. 이처럼 칠성신앙은 바로 재래의 토착신앙과 불교가 엮어낸 문화이다.

참회기도

참회기도는 진실하지 못한 마음으로 그동안 알게 모르게 지은 모든 죄업을 소멸하기 위해 부처님께 그 잘못을 뉘우치고 참회하는 것을 말한다. 즉 참회기도에는 이참(理懺)기도와 사참(事懺)기도가 있다. 이참기도는 과거와 현재에 지은 모든 죄업은 마음에서 생긴 것이며, 마음 바깥에서 일어나는 것은 하나도 없다고 관찰하며 기도하는 것이다. 즉 자신의 마음이 본래 공적(空寂)한 줄을 알아서 모든 죄의 모습도 공적함을 보는 것을 말한다. 사참기도는 몸으로는 부처님께 예배를 드리고, 입으로는 부처님을 찬탄하며, 마음으로는 부처님의 성스러운 모습을 그리면서 과거와 현재에 지은 모든 죄를 참회하는 기도이다.

참회할 때 외우는 것을 참회문이라 하며, 우리나라에서는 『화엄경』에 '지난 날 지은 모든 악업은 무시 이래 탐욕, 성냄, 어리석음으로 말미암아 몸과 마음으로 지었사오니 제가 이제 그 모든 것을 참회합니다…' 등의 예가 있고, 또 『천수경』에는 '죄는 자성이 없으니 마음 따라 생길 뿐, 마음이 멸할 때 죄도 없어지네. 죄와 마음이 함께 없어져 모두 공하면, 이것이 바로 참다운 참회라 한다…' 고 하였으며 신라 때의 원효스님은 『대승육정참회문』을 지어 참회의 본 면목을 보여 주고 있다. 또 서산대사도 『선가귀감』에서 참회를 이렇게 정리하고 있다.

허물이 있으면 참회하고 잘못된 일이 있으면 부끄러워할 줄 아는 데에 대장부의 기상이 있다. 그리고 허물을 고쳐 새롭게 되면 그 죄업도 마음 따라 없어질 것이다. 즉 참회란 먼저 지은 허물을 뉘우치고, 다시는 짓지 않겠다고 맹세하는 일이다. 부끄러워 한다는 것은 안으로 자신을 꾸짖고 밖으로는 드러내는 일이다. 마음이 본래 비어 고요한 것이므로 죄업도 붙어 있을 곳이 없다.

『선가귀감』

3) 간경(看經)

불교에서 경전은 부처님의 말씀이요, 교훈이요, 진리 그 자체라 할 수 있다. 경전은 부처님 열반 이후 정법을 전하는 보고(寶庫)로 여겨졌고, 따라서 경전을 신행의 지침으로 삼게 된 까닭이 여기 있다. 『법화경』에 이런 말씀이 있다.

어디서든지 이 경을 설하거나 읽거나 외우거나 쓰거나 이 경전이 있는 곳에는 마땅히 칠보로써 탑을 쌓되 지극히 높고, 넓고, 장엄하게 꾸밀 것이요, 또다시 사리를 봉안하지 말아라. 왜냐하면 이 가운데는 이미 여래의 전신(全身)이 있는 까닭이니라.

『법화경』

경전이 부처님의 진신사리와 다름 아님을 나타내는 경구라 하겠다. 이와 같이 불교경전은 단순한 책이 아니라 부처님의 진신사리로서, 불상이나 불탑과 같이 예배의 대상이다. 뿐만 아니라 책이 귀하던 옛날에는 한 권의 경전이 갖는 의미가 각별했으며 경전을 통하여 모든 교육이 이루어졌으니 경전은 없어서는 안 될 중요한 것이었다. 예로부터 우리 선인들이 경전을 통한 수행의 한 방법으로 간경에 지극한 정성을 보인 까닭도 이 때문이다. 간경은 경전을 보고 읽는 것을 말한다. 경전은 삶의 바른 길을 제시하는 지혜의 창고이다. 따라서 경전을 읽고 외우며 몸에 지님으로써 얻게 되는 공덕이 무한히 크기 때문에 간경은 수행의 한 방법으로 정착이 되었다. 원래 경전은 중생들에게 깨달음의 길을 널리 펴고자 하여 만들어진 것이다.

따라서 경전을 통해 깨달음을 이해하고 그와 같이 실천하기 위해 읽었던 것이나, 뒤에는 읽고 외우는 그 자체가 하나의 수행법으로 인식되었다. 또한 부처님 앞에서 경전을 읽고 부처님의 덕을 찬탄하며 원하는 일이 속히 이루어지도록 발원하기도 하고 또는 죽은 자를 위해 독경해서 그 공덕으로 극락세계에 왕생하기를 바라며 명복을 빌기도 하였다. 간경은 뒤에 경전을 읽는 모든 행위를 일컫게 되었다. 풍경(諷經), 독경(讀經), 독송(讀誦)이라 하기도 한다. 이들의 의미를 구별해 쓰는 경우도 있으나, 지금은 흔히 구별 없이 하나의 뜻으로 쓰고 있다. 또한 독경·예배 등을 부지런히 한다고 하여 근행(勤行)이라고도 한다. 옛부터 경전을 읽기에 앞서 먼저 몸을 깨끗이 하고 단정히 하지 않으면 안 된다고 하였다. 몸을 깨끗이 하는 과정을 통해 마음을 추슬러 경전의 의미를 보다 정확하게 이해하기 위해서이다.

경전을 읽을 때에는 마음 속으로 의미를 이해하면서 보아야 하는데 염불처럼 소리를 내어 읽기도 한다. 이때는 염불과 마찬가지로 자신의 소리를 놓치지 않아야 한다. 그리고 경전을 보면서 이해가 되지 않는 부분이 있으면 반드시 주위의 스님이나 선지식을 찾아서 그 뜻을 물어 이해하고 넘어가는 것이 경전 읽기의 바른 방법이다.

4) 염불(念佛)

불교는 중생의 능력과 근기에 맞는 다양한 수행법이 있다. 염불이란 일반적으로 마음 속으로 부처님을 항상 생각하는 것을 말한다. 흔히 주위에서 '나무관세음보살', '나무아미타불', '나무석가모니불' 등 부처님을 부르는 소리를 들어본 적이 있을 것이다. 이처럼 부처님께 귀의하고 모든 것을 부처님의 뜻에 따라 수행하는 것이 염불이다. 염불에는 부처님께서 깨달으신 진리를 생각하는 법신염불과 부처님의 공덕이나 모습을 마음에 그려보는 관상(觀像)염불, 그리고 부처님의 명호를 부르는 칭명(稱名)염불이 있다. 『아함경』에서는 세 가지, 여섯 가지, 열 가지로 염불의 종류를 구분하고 있다. 즉 염불을 지극 정성으로 하면 번뇌가 사라져 하늘에 태어나거나 열반을 얻을 수 있다고 한다. 대승경전에서는 삼매에 들어 염불하는 염불삼매를 설한다. 이에 따르면 염불은 죄를 없애고 삼매 중에 부처님을 친견하는 것은 물론, 부처님의 나라에 태어나길 발원하면 반드시 태어난다[念佛往生]고 한다. 그래서 『아미타경』에서는 깨달음을 이루지 못한 사람이라도 임종할 때 일념으로 아미타불을 열 번만 부르면 서방정토에 왕생한다고 하였다. 염불은 중국에 와서 그 방법과 내용이 더욱 발전하였다. 모든 부처님을 마음 속에 떠올리는 '통(通)염불'과 특정한 부처님만을 마음에 떠올리는 '별(別)염불'로 구별하기도 하였는데, 이런 구분보다 어떤 형태로든 부처님의 이름을 부르고 신앙하는 일이 일반인들이 실행하기가 쉬우므로 나중에는 아미타부처님의 이름을 부르는 것만을 염불이라 했던 것이다.

　염불은 쉽게 행할 수 있는 수행법으로서 대중의 호응이 높았다. 어려운 교리를 선호하는 공부를 하지 않아도 극락왕생할 수 있다는 점 때문에 일반대중이 선호했다. 신라시대의 원효스님이 무애박을 두드리며 "나무아미타불"을 지성으로 부르면 극락에 왕생할 수 있다고 가르치신 이래 염불은 지금까지 불교인의 수행법의 대명사가 되었다. 염불하는 방법은 부처님을 그리워하면서 명호를 지극히 부르는 것이다. 즉 언제나 부처님과 함께 하며 살기를 발원하는 것이라고 할 수 있다. 그런데 염불을 하면서 자신의 소리를 언제나 생생하게 들을 수 있어야 한다. 그렇지 않으면 마음이 산란해져 입으로는 염불을 하면서 속으로는 외도, 마군, 잡생각을 하게 된다.

　부처님을 부르는 동작 하나에도 정신을 모아 흐트러짐이 없는 상태가 진정한 염불이다. 지극 정성으로 염불하면서 부처님을 친견했다는 사람도 있고, 몸에서 빛을 발하는 방광(放光)을 얻었다는 사람도 있다. 그러나 그 결과보다 진심으로 부처님을 그리워하고 생각하는 과정에서 마음에 사심이나 탐욕이 사라지는 경지를 체험하는 것이 더욱 중요하다.

5) 정근(精勤)

 정근은 선법(善法)을 더욱 자라게 하고, 악법(惡法)을 멀리 여의려고 부지런히 쉬지 않고 수행한다는 뜻이다. 이는 염불과 같이 한 마음, 한 뜻으로 불·보살님의 지혜와 공덕을 찬탄하면서 그 명호를 부르며 정진하는 것을 말한다. 이는 산만한 마음을 안정시켜 편안하게 하며 어떤 환경에도 마음이 흔들리지 않고 맑고 밝아지게 하는 데 그 의의가 있다.
 정근을 할 때에는 다른 생각을 다 놓아 버리고 오직 평온한 마음으로 부처님의 한량없는 공덕을 믿고 일념으로 정진해야 한다. 불·보살님의 명호를 부르면서 그 명호에 집착하거나, 무엇인가 얻으려고 하면 오히려 정근에 장애가 된다. 항상 자세를 바르게 하고 기운을 안정시켜 몸을 흔들거나 경거망동하지 말아야 하며, 음성은 너무 크게도 작게도 하지 말고 기운을 적당하게 하여 고르게 해야 한다. 정근할 때 마음을 안정시키는 방법의 하나로 염주를 돌리거나 절을 하는 방법도 있다.
 그리고 정근은 대상과 일정한 시간을 정하여 할 수도 있다. 대개 아침과 저녁으로 예불을 모실 때에는 석가모니불 또는 관세음보살의 명호를 부르며 정근을 하고, 부처님의 위신력에 의해서 서방정토 극락세계에 왕생하기를 발원할 때는 나무아미타불 또는 지장보살의 명호를 부르며 정근을 한다. 정근하는 방법은 이렇다.

석가모니불정근

나무 불타부중 광림법회(절)

나무 달마부중 광림법회(절)

나무 승가부중 광림법회(절)

시작 - 나무 영산불멸 학수쌍존 시아본사 석가모니불(반배)

(또는 나무 삼계도사 사생자부 시아본사 석가모니불) 석가모니불…

마침 - 천상천하무여불 시방세계역무비 세간소유아진견 일체무유불자(반배)

(천상천하 어느 곳에도 부처님 같으신 분 없으시고 시방세계 둘러봐도 비길 자가 전혀 없도다. 이 세상의 모든 것을 남김없이 살펴도 부처님 같으신 분 천지간에 전혀 없네. 제가 이제 일심으로 귀의합니다.)

원이차공덕 보급어일체 아등여중생

당생극락국 동견무량수 개공성불도(절)

관세음보살정근

나무 원통교주 관세음보살(절)

나무 도량교주 관세음보살(절)

나무 원통회상 불보살(절)

시작 - 나무 보문시현 원력홍심 대자대비 구고구난 관세음보살 (반배)

(사바세계 두루하사 크고 깊은 원력으로 자비심을 펼치시어 우리를 고난에서 구하시는 관세음보살님께 귀의합니다.) 관세음보살…

마침 - 관세음보살 멸업장진언 (관세음보살이 업장을 멸해 주시는 진언) 옴

아로륵계 사바하 (3번)
　구족신통력 광수지방편
　시방제국토 무찰불현신
　고아일심 귀명정례 (반배)
　(신통한 힘 갖추시고 지혜 방편 널리 닦아 시방의 모든 세상 두루 그 모습 나타내시는 관세음보살님께 지극한 마음으로 귀의하옵니다.)
　원멸사생육도 법계유정 다겁생래 제업장
　아금참회계수례 원제죄장실소제 세세상행보살도(절)
　원이차공덕 보급어일체 아등여중생
　당생극락국 동견무량수 개공성불도(절)

아미타불정근
극락도사 아미타불(절)
나무 좌보처 관세음보살(절)
나무 우보처 대세지보살(절)
시작 – 나무 서방대교주 무량수여래불 나무아미타불(반배)
(서방 대교주 무량수 부처님께 귀의합니다) 나무아미타불…
마침 – 아미타불 본심미묘진언　(아미타 부처님의 미묘하신 진언)
다냐타 옴 아리다라 사바하 (3번)
계수서방안락찰 접인중생대도사
아금발원원왕생 유원자비애섭수
고아일심 귀명정례 (반배)

(서방정토 안락국에 중생을 인도하는 아미타 부처님께 머리숙여 원하오니 왕생토록 하옵소서. 일심으로 바라오니 자비로써 거두소서. 지극한 마음으로 귀의합니다.)

원멸사생육도 법계유정 다겁생래 제업장

아금참회계수례 원제죄장실소제 세세상행보살도(절)

원이차공덕 보급어일체 아등여중생

당생극락국 동견무량수 개공성불도(절)

지장보살정근

나무 유명교주 지장보살(절)

나무 남방화주 지장보살(절)

나무 대원본존 지장보살(절)

시작 – 나무 남방화주 대원본존 지장보살 (반배)

(중생고통 건지시는 원력의 으뜸이신 지장보살님께 귀의합니다.)

지장보살…

마침 – 지장보살 멸정업진언

(지장보살이 업장을 멸해 주시는 진언)

옴 바라 마니다니 사바하 (3번)

지장대성위신력 항하사겁설난진

견문첨례일념간 이익인천무량사

고아일심 귀명정례 (반배)

(지장보살 위신력은 말로 하기 어려웁고 잠깐 사이 보고 듣고 한순간만 생각해도 그 복덕은 무량하니 지극한 마음으로 절하옵니다.)

원멸사생육도 법계유정 다겁생래 제업장
아금참회계수례 원제죄장실소제 세세상행보살도(절)
원이차공덕 보급어일체 아등여중생
당생극락국 동견무량수 개공성불도(절)

신행활동 과제

1. 올바른 기도법에 대해서 스님께 여쭈어 보자.
2. 단기 출가의 기회를 만들어 기도의 예절과 방법을 익히자.
3. 기도를 생활화할 수 있는 방안을 만들어 보자.

4. 참선(參禪)

교육목표

1. 참선 수행법 이전의 다양한 관법 수행을 알 수 있다.
2. 간화선과 묵조선 등의 차이점을 이해하고, 그 방법을 설명할 수 있다.
3. 올바른 참선 자세를 익히자.

　불교의 수행법 하면 누구나 참선을 떠올린다. 참선은 익숙하면서도 왠지 어렵게 느껴지기도 한다. 이러한 참선은 앞서 공부해 온 참회나 발원 그리고 기도 등과는 차이점이 있다. 앞의 것들이 다분히 외부 지향적인 요소를 지니고 있다고 한다면, 참선은 철저히 내부 지향적이라는 것이다. 다시 말하자면 밖을 향해서 무엇인가를 간구하는 것이 아니라, 스스로를 돌이켜 비춘다는 데 참선의 특징이 있다. 이것은 가장 불교다운 수행법이라 할 수 있다. 초기 경전에 의거해 보건대, 부처님의 제자들은 다만 법문을 듣고 각자 나무 밑이나 한가한 곳에 가서 사유한 것으로 되어 있다.
　부처님은 외부의 어떠한 신과 같은 대상을 향하여 복을 빌거나 현실적인 문제의 해결을 바라도록 하지는 않았던 것 같다. 다만 스스로의 지혜를 돌이키도록 하고, 자비심으로써 세상을 살아나가도록 가르치셨던 것이다. 이러한 점에서 참선은 가장 불교적 수행이라 할 수 있으며, 지금까지 해온 참회나 발원 혹은 기도 등도 결국은 참선을 제대로 하기 위한 준비과정 내지는 적응단계라고 보아도 과언이 아니다. 참회를 통해서 비워진 마음자리에 발원을 채움으로써 자기변화가 시작되었고, 기도를 통하여 강력한 변화를 체험하였다면, 이제 그 마음자리 자체를 밝히는 것이 바로 참선이다.

참선으로 대표되는 수행법의 종류에는 여러 가지가 전해진다. 태국, 스리랑카, 미얀마 등 동남 아시아의 남방 불교권에서는 비파사나라는 수행법이 전해지고, 한국을 비롯한 중국, 일본 등 북방 불교권에서는 선종의 화두(話頭)나 공안(公案)의 의미를 추구하는 간화선과 조용히 자신의 본성을 비추어 보는 묵조선(默照禪) 등의 수행법이 전해지고 있다. 현재 조계종에서 수행의 방법으로 삼는 참선은 불교의 여러 수행법이 중국에 전해져 현재의 형태로 정리된 것이다. 이러한 참선 수행법 이전의 여러 가지 수행법을 관법수행이라고 한다. 참선에 대해 정리하기에 앞서 먼저 이 관법수행에 대하여 알아보자.

1) 관법수행 _ 참선 이전의 수행법

수식관(數息觀)

고요히 사유하다 보면 여러 생각들이 끊임없이 생겼다가 소멸한다. 어느 때는 찰나지간에 나의 생각을 이끌고 어디론가 가버리기도 하고 또 어느 때는 과거, 현재, 미래를 넘나들며 기억을 되살리기도 한다. 때문에 처음 수행에 입문하는 사람은 자기 생각을 붙잡을 수가 없다. 정말 한 생각에 몰두하기가 어렵다. 그래서 호흡을 관찰하며 공부하는 법이 나왔는데 이를 수식관(數息觀)이라 한다. 이 수행은 숨을 들이쉬면서 들숨을 관찰하고, 숨을 내쉬면서 날숨을 관찰하는 수행법이다. 이 때 호흡은 무리하지 않는 범위에서 천천히 깊게 숨쉬기를 한다. 숨쉬기는 우리의 생명을 유지하는 행위이지만 숨에 깊이 의식을 집중하고 살아가기는 쉬운 일이 아니다. 하지만 긴장하거나 불안한 마음이 있을 때 천천히 그리고 깊게 숨을 쉴 때 마음의 긴장과 불안이 어느새 풀어진다. 이러한 긴장이완 효과뿐만 아니라 수식관은 분별심을 없애는 수행법이다.

먼저 조용한 장소를 택한다. 그리고 결가부좌한다. 마음에서 다른 생각을 없애고 눈을 코끝에 둔다. 그리고는 호흡에 의식을 집중한다. 즉 긴 숨이 나가면 숨이 길다고 알고, 나가는 숨이 짧으면 숨이 짧다고 알고, 나가는 숨이 차면 숨이 차다고 알며, 들어오는 숨이 차면 또한 숨이 차다는 것을 알고, 들어오는 숨이 따뜻하면 들어오는 숨이 따뜻하다고 알며 나가는 숨이 따뜻하면 나가는 숨이 따뜻하다고 안다. 몸을 모두 관찰하여 들숨·날숨이 모두 이와 같음을 안다. 숨이 있으면 숨이 있다고 알고, 숨이 없으면 숨이 없다고 안다. 만약 숨이 마음으로부터 나가면 또한 마음으로부터 나간다고 알고, 만약 숨이 마음으로부터 들어오면 또한 마음으로부터 들어온다고 안다. 이와 같이 사유하여 욕심으로부터 해탈을 얻고, 악함이 없으며, 깨닫고 관찰함에 기쁨과 편안함을 얻으면 이를 초선(初禪)의 단계라고 한다.

이 수식관은 마음에 더 이상 분별하는 마음이 없어지는 단계를 최고의 경지로 삼는 수행법이다.

부정관(不淨觀)

부정관(不淨觀)이란 말 그대로 우리 몸의 부정한 모습을 보는 것을 말한다. 그 방법은 이렇다.

묘지로 가서 시체(해골)의 부정한 모습을 보고 거처로 돌아와서 발을 씻고 편안히 앉아 마음과 몸을 유연하게 가지고 모든 번뇌를 떠나 그 시체와 나의 몸을 비교하며 관한다. 즉 마음을 집중하여 발목, 정강이, 넓적다리뼈, 허리뼈, 등뼈, 옆가슴뼈, 손뼈, 어깨뼈, 목뼈, 턱뼈, 이빨, 해골 등에 마음을 집중한다. 또는 마음을 미간(眉間)에 둔다. 그 다음에는 앉은 자리, 한 방안, 한 집안, 한 가람, 한 고을, 한 나라에 가득히 썩어가는 시체가 있는 것을 관한다. 이것을 부정관이라 한다. 이 부정관은 탐욕과 애욕이 많은 사람들에게 인생이 무상함을 깨우쳐 탐욕과 애욕에서 벗어나게 하는 수행법이다.

지관(止觀)과 삼매(三昧)

지(止)는 산스크리트어 사마타(Samatha)의 의역으로 마음이 적정하여 온갖 번뇌를 그침을 말한다. 수행을 하면서 마음이 여러 가지로 흔들려 정신의 집중이 이루어지지 않으면 지혜의 세계로 들어가지 못한다. 따라서 마음에 왔다 갔다 하는 망상의 흔들림을 보고 이들이 모두 찰나에 변화하는 무상한 것임을 알고 멈추게 하는 작업을 지(止)라고 한다. 관(觀)은 산스크리트어 비파사나(Vipaśyana)의 의역으로 마음이 지의 상태에 이르면 자신의 마음 속에 왔다 갔다 하는 마음의 움직임을 스스로 볼 수 있게 된다. 그렇게 자신의 마음을 보게 되면 현상의 세계에서 쉽게 끌려가던 마음씀씀이를 보게 된다. 그리하여 자신이 그동안 무엇에 마음이 흔들리고 욕심을 부리고 조급해 했는지를 알게 된다. 이러한 앎은 자신을 지혜의 세계로 이끌고 간다. 삼매는 산스크리트어 사마디(Samādhi)의 음사어로 중국에서 한역을 하면서 삼매로 정리된 것이다.

삼매는 지관의 상태에서 자신의 마음을 보는 지혜가 깊어져서 외부의 어떠한 소리나 변화에도 흔들리지 않고 집중하고자 한 대상에 마음이 몰입한 상태를 말한다. 그래서 참선하는 사람은 참선삼매, 염불하는 사람은 염불삼매에 들었다고 말하고 또는 무아지경에 빠졌다고 한다. 흔히 독서에 몰입한 사람을 보고 독서삼매에 빠졌다고 말하는 예가 여기에 해당된다 하겠다. 이러한 경지에서만이 최상의 지혜인 무분별지(無分別智)를 얻게 되는 것이다.

2) 참선

참선(參禪)이란 '선(禪)에 참입(參入)한다' 는 뜻이다. 참입이란 마치 물과 우유처럼 혼연일체가 된다는 의미이며, 선은 산스크리트어 드야나(dhyāna)를 음사한 것으로 '고요히 생각한다' 또는 '사유하여 닦는다' 는 의미를 갖고 있다. 그래서 옛 문헌에서는 사유수(思惟修)로 번역하였다.

따라서 참선이란 '깊이 사유함' 이라 정의할 수 있다. 참선의 진정한 의미는 '본마음·참나' 인 자성자리를 밝히는 데 있다. '본마음·참나'는 어느 누구에게나 본래부터 갖추어져 있으며, 청정무구하여 일찍이 티끌세간 속에 있으면서도 물든 일이 없이 완전하다. 이러한 청정무구심에 관해서는 사실상 말로써 표현할 수 없기 때문에 다만 비유를 통해서 그 일단을 엿볼 수밖에 없다. 그 일례를 들어보자면, 금강경에 관한 다섯 스님의 주석을 함께 모은 『금강경오가해』에 다음과 같은 야보스님의 게송이 있다.

> 대나무 그림자 섬돌을 쓸어도 티끌 하나 일지 않고,
> 달빛이 연못을 꿰뚫어도 물에는 흔적하나 남지 않네.
> 竹影掃階塵不動
> 月穿潭底水無痕.

대나무 숲 사이로 바람이 훑고 지나가면 대나무가 움직일 때마다 마당에 비친 대나무 그림자도 함께 움직인다. 그러나 아무리 대나무 그림자가 마당과 섬돌을 쓸어내려도 마당 위의 티끌은 꿈쩍도 하지 않는다. 그림자가 아무리 움직인들 마당이 쓸려질 리 있겠는가? 이와 마찬가지로 보름밤의 교교한 달빛이 저 맑은 연못 밑바닥까지 환하게 비추어 준다고 하더라도 물에는 달빛이 뚫고 지나간 자취가 남을 까닭이 없다. 이것은 비록 세파에 찌들고 시달려 살아가는 인생이라 할지라도 본래의 성품은 조금의 이지러짐도 없다는 것을 말해준다. 이것을 '본마음'이라고도 하고 '참

나'라고도 하며, '자성청정심(自性淸淨心)'이라고도 한다. 참선은 이러한 자성청정심에 관한 확고한 믿음 내지는 인식 상에서 출발하여야 한다. 즉 내가 본래 완벽하다는 데서 출발하는 수행인 것이다. 따라서 완벽을 향해서 나아가는 수행, 즉 불완전한 나를 완전한 나로 만들어 가는 것이 아니라, 본래 완전한 나를 확인해 나갈 따름이라고 하는 것이다.

3) 참선의 자세

참선수행을 한다고 하면 구체적으로 무엇을 어떻게 해야 하는가를 궁금해 하지 않을 수 없다. 얼핏 좌선의 자세를 연상하기도 한다. 하지만 참선수행은 '아무 생각도 안 하는 것'에서 시작된다고 할 수 있다. 다시 말하자면, 지금까지 해오던 일체의 사량 분별을 쉬는 데서 참다운 수행이 시작된다고 하는 것이다. 그러기에 선종 가람의 입구에는 '이 문안에 들어와서는 알음알이를 두지 말라. 알음알이가 없는 텅 빈 그릇에 큰 도가 충만하리라[入此門內 莫存知解 無解空器 大道充滿]'는 글귀가 붙어있는 것을 볼 수 있다. 알음알이를 쉰다고 하는데, 그러면 알음알이라는 것이 무엇일까? 그것은 지금까지 머릿속에 간직해 온 온갖 지식과 분별심을 말하는 것이다.

이것은 옳고 저것은 그르다던가, 이것은 맞고 저것은 틀리다던가, 이것은 이익이 되고 저것은 손해가 된다는 등의 판단분별이 모두 알음알이에 불과한 것이다. 참선을 하는 데는 시간과 공간에 구애받지 않아야 하겠지만, 처음 시작하는 사람은 환경이 조용한 곳이 좋겠다. 예를 들면 절에서는 부처님이 모셔진 법당이나 선방 등의 정해진 공간에서 하고, 집이나 직장에서는 특별히 참선을 할 수 있는 장소가 없기 때문에 일정한 곳을 선택해서 하면 될 것이다. 참선의 자세도 행주좌와(行住坐臥) 어묵동정(語默動靜)에 걸림없이 자세를 취해도 되겠지만 전통 수행법인 결가부좌(結跏趺坐)나 반가부좌(半跏趺坐)를 하는 것이 좋다. 결가부좌와 반가부좌 방법은 다음과 같다.

첫째, 주위를 정리 정돈한 다음 좌복을 깔고 그 자리에 편하게 앉는다.

둘째, 앉는 자세는 먼저 오른쪽 다리를 왼쪽 다리의 허벅지 위에 올려놓고.

셋째, 왼쪽 다리를 오른쪽 다리 허벅지 위에 올려놓으면 된다.

넷째, 허리와 양어깨는 편한 상태로 쭉 펴고 두 손은 먼저 왼손 등을 오른손 위에 포개어 올려놓고 엄지와 엄지를 살짝 마주 닿게 하면 된다.

이 자세는 오랫동안 앉아서 수행하는 데 적합하다. 그러나 초보자는 다리에 쥐가 나는 등의 고통이 따를 수 있으므로 힘이 든다고 여길 때는 몸을 움직여서 굳은 자세를 유연하게 풀어 줄 필요가 있다. 익숙해 질 때까지는 약 30~50분 등으로 시간을 정해 놓고 단계적으로 시간을 늘려가는 것이 좋을 것이다. 또한 참선을 한다고 억지로 오래 앉아 있다 보면 몸에 무리가 생기는 경향이 있다. 이때는 아쉬워 말고 잠시 자리에서 일어나 천천히 법당이나 방안 또는 도량을 거닐면서 몸의 균형을 맞추어 조절해 주는 것이 좋다. 이것을 방선(放禪) 또는 경행(經行)이라 한다.

이 때에도 화두를 잊고 잡생각을 해서는 안 된다. 왜냐하면 방선 또한 참선의 연장이기 때문이다. 반가부좌는 결가부좌가 어려운 사람들에게 적합한 것으로 결가부좌 자세에서 다리를 한 쪽만 다른 다리의 허벅지에 올려놓는 자세이다. 참선을 할 때는 호흡이 대단히 중요하다. 그냥 마음대로 숨을 들이마시고 내쉬는 것이 아니다. 만약 그렇게 하면 마음이 답답하고 혼란스러워진다. 참선할 때 호흡을 잘하면 정신이 집중되고 마음이 편안해진다. 그래서 참선할 때 호흡은 단전호흡법을 취하되 단전호흡법에 머무르면 안 된다. 다음의 순서로 따라해 보자. 먼저 자세를 바르게 하고 거친 숨을 몇 번 몰아 쉰 다음 입으로 숨을 쉬는 것이 아니라 코로 숨을 들이마셨다가 내 쉰다. 이때 주의해야 할 것은 콧구멍의 미세한 털도 움직이지 않을 만큼 조용히 숨을 쉬어야 한다. 그리고 호흡은 아랫배 즉, 단전까지 내려 보냈다가 천천히 내쉬는 방법으로 계속하면 된다.

어떤 사람은 행주좌와 어묵동정이 모두 수행법 아님이 없다고 해서 기존의 수행법과 선지식의 가르침을 부정하고 각자 나름대로 독특한 수행법을 개발해서 공부하는 경향이 있는데 이것은 대단히 위험한 것이다. 따라서 불교의 수행법을 배우는 사람은 전래된 수행법과 선지식의 말씀을 의지해서 수행법을 잘 익혀서 공부해야 할 것이다.

4) 간화선(看話禪)

인도불교가 중국불교로 이어지면서 수행체계에서도 하나의 변화가 있었다. 그것이 이른바 화두(話頭)나 공안(公案)인데 이는 하나의 문제를 깊이 참구하여 그것의 본래 의미를 확실히 깨닫는 간화선으로의 전개인 것이다. 이 수행법은 공안이나 화두를 통해서 수행자로 하여금 큰 의심을 일으키게 하고 스스로 그 의심을 해결하여 깨달음을 얻게 하는 수행법이다. 인도불교의 선정법은 사성제, 팔정도, 12연기 등의 교리의 의미를 수행자가 탐구의 대상으로 삼는 데 반해, 중국의 선종에서는 언어보다는 그 이면에 숨겨져 있는 근본 내용의 정확한 의미를 곧바로 찾아 들어가 확인하는 점에서 차이가 있다. 따라서 참선은 교외별전(敎外別傳)이라 하여 경전의 가르침에 매이지 말고 그 밖에 길이 있음을 강조한다.

달마대사를 중국선종의 초조(初祖)로 삼아 6조 혜능대사에 이르기까지 선종은 중국에서 번창하였다. 초조 달마스님과 2조 혜가스님과의 만남 이야기는 극적이다. 마음이 괴로워 찾아온 혜가스님에게 달마스님은 "아픈 마음을 가져오라. 그러면 내가 치료해 주겠다"고 일갈한다. 특히 선종에서는 극단적인 모순으로 보이는 말도 서슴지 않고 한다. 중국의 조주스님은 어떤 스님이 와서 물어보기를 "개에게도 불성이 있습니까?" 하니 "있다"고 하였고 다른 스님이 와서 물으면 "없다"고 하여 앞뒤가 다른 대답을 하기도 하였는데, 이런 말이 1,700여 개나 정리되어 공안이나 화두로서 후대 수행자들이 풀어야 할 문제로 남아 있다.

5) 참선수행의 유의점

참선수행을 하면서 수행이 제대로 되고 있는지 스스로 확인할 수 있는 방법이 있다. 굳이 선지식에게 묻지 않아도 점검이 어느 정도 가능한 것이다. 그것은 우선 스스로 마음이 점차 너그러워지고 있는지 좁아지고 있는지 확인하면 된다. 시간이 갈수록 세간사에 담담해지고 공부에 재미가 나면 제대로 가고 있다고 말할 수 있다. 이와는 달리 점차 남의 허물이 눈에 더욱 잘 보이고 세간사의 시비에 관심이 끊이지 않는다면 점검해 볼 여지가 있다. 또한 배우자나 아이들에게서 우리 남편, 부인 혹은 어머니가 절에 다니더니 사람이 많이 달라졌다는 소리를 들으면 좋다. 그래서 주위의 다른 이에게도 우리 배우자 혹은 어머니처럼 절에 보내라고 추천하는 소리를 들을 수 있다면 더욱 좋다.

절에 다니면 생활에 변화가 있어야 한다. 5년을 다니거나 10년을 다니는데도 전혀 변화의 조짐이 없거나, 주위에서 변화를 느끼지 못한다면 돌이켜 반성할 여지가 있다. 참선을 하는 것은 '나'를 없애는 연습이다. '작은 나'를 없애고 '큰 나'의 입장에서 살아가는 연습인 것이다. 그리하여 부처님 앞에서 겸허해지고 공경심을 갖듯이, 집이나 직장에서 겸허함과 공경심으로 모든 이들을 대할 수 있다면 제대로 수행하는 것이 된다. 궁극적으로 남편이나 직장 상사를 부처님이나 스님 대하듯이 더욱 공경하는 마음으로 대하게 되고, 아랫사람에게 겸허한 태도를 가질 수 있다면 참으로 절에 다니는 보람이요, 진정한 수행이 된다.

이렇게 얘기하면, 상대방이 그럴 만한 자격을 못 갖추었기 때문에 그렇게 할 수 없다고 말할 수도 있다. 자격과 조건이 되는 이를 공경하기는 쉽다. 그것은 누구나 할 수 있는 일이다. 일정한 조건을 아직 갖추지 못한 이에게 공경심과 겸허함으로 대하는 것은 쉬운 일이 아니다. 하지만 이러한 태도야말로 결국 남이 아닌 자기 스스로를 존중하는 귀한 마음가짐으로서, 일상에서 선을 닦는 마음가짐인 것이다.

한편 참선을 제대로 닦는 이라면 복 짓는 일을 소홀히 하지 않아야 할 것이다. 복에는 유위(有爲)의 복과 무위(無爲)의 복이 있어서, 참선은 무위의 복을 짓는 최상의 수행방법이라 말할 수 있다. 그러나 참선이야말로 무엇보다도 선지식과의 만남을 필수로 하며, 선지식과의 만남은 복 짓는 일에서 비롯된다는 점을 충분히 인식해야 한다. 선지식은 그저 찾아다닌다고 해서 만나지는 것이 아니다. 유위의 복이든 무위의 복이든 열심히 짓다보면 저절로 만나게 되는 것이다. 그저 자신이 복을 지은 만큼 나타나게 되어 있다. 무한한 복을 지은 이에게는 무한한 선지식이 다가오며, 자그마한 복을 지은 이에게는 자그마한 선지식이 나타난다. 그러므로 선지식이 없다고 탓할 일이 아니라, 자신의 복이 부족함을 인식하고 꾸준히 복을 지어나갈 일이다.

신행활동 과제

1. 참선 수행을 한 이후에 자신의 달라진 점은 무엇인지 발표해 보자.
2. 선지식과의 만남을 통해 자신의 수행 정도를 점검해 보자.
3. 여러 가지 수행법 중에서 자신에게 가장 알맞은 수행법이 무엇인지 생각해 보자.

5. 육바라밀

교육목표

1. 불교의 이상적 인간상인 보살의 의미를 설명할 수 있다.
2. 대승불교의 실천덕목인 육바라밀의 의미를 알 수 있다.
3. 재가불자로서 바라밀을 실천하는 자세를 가진다.

불교는 부처님의 지혜와 자비라는 두 개의 바퀴로 굴러가는 마차에 비유할 수 있다. 그 최종 목적지는 〈오분향 예불문〉의 맨 마지막 구절에서 보이듯이 나 자신과 다른 사람들이 동시에 깨달음을 얻는 것이다. 그러나 그 가르침이 너무나 깊고 넓어 이제 막 불교에 입문한 사람들은 무엇을 어떻게 따르고 믿어야 할지 혼란스러울 때가 많다.

팔만 사천의 경전들과 많은 계율들 그리고 그에 비례하는 경전에 대한 주석서들과 많은 불교관련 서적들은 부처님 말씀을 이해하는 데 도움을 주기도 하지만 때로는 혼란을 가중시키는 면도 없지 않다. 따라서 만일 부처님의 가르침을 바르고 쉽게 따를 수 있는 방법이 있다면 무엇일까 하는 의문을 가질 수 있다. 이와 같은 의문에 대한 답이 여기에서 공부할 육바라밀이다.

육바라밀이란 보살이 부처님이 될 수 있는 여섯 가지 실천 덕목으로 불교의 핵심인 지혜와 자비를 골고루 갖추고 있다. 또한 석가모니 부처님이 인간 세계에 오기 전에 도솔천에서 보살로 계셨는데 이 육바라밀에 의지하여 수행을 하여 부처님이 되셨다고 한다. 그러므로 이 여섯 가지의 바라밀은 생사윤회의 바다를 건너 깨달음의 세계로 가기 위한 뗏목과 같은 것이다.

한편 우리에게 너무나 친밀한 대지 문수 사리보살, 대행 보현보살, 대비 관세음보살, 대원본존 지장보살 등의 보살들은 자기만의 깨달음을 위해 정진하는 아라한과는 달리 자신의 깨달음과 중생 제도를 위한 수행을 구분하지 않는, 즉 이 여섯 가지 바라밀에 의지해서 정진하여 그 수행의 단계가 이미 부처님이 될 수 있을 만큼 높음에도 불구하고 오직 중생 제도를 위해 계속해서 보살로 남고자 서원을 세우신 분들이다.

또한 모든 중생들은 부처님이 될 수 있는 불성(佛性), 즉 본래 청정한 마음을 지니고 있기에 이 육바라밀에 의지해서 정진하면 누구나 다 보살이라 할 것이다.

육바라밀에서 여섯 가지란 보시, 지계, 인욕, 정진, 선정, 지혜를 말하고 바라밀이란 산스크리트어 파라미타(pāramitā)를 소리로 옮긴 말로 '완성'이라는 뜻과 '피안(彼岸 : 깨달음의 세계)에 이르게 한다' 는 뜻을 가지고 있다. 그러므로 예를 들어 보시 바라밀이란 보시의 완성 또는 보시를 통해 깨달음에 이른다는 의미이다.

1) 보시 바라밀

인색한 사람은 하늘나라에 갈 수 없다. 어리석은 사람은 베풀 줄을 모른다. 그러나 현명한 사람은 베푸는 걸 좋아하나니. 그는 그 선행으로 인하여 보다 높은 세상에서 행복을 누리게 된다.

『법구경』

옛날 인도 사람은 많은 사람에게 무엇이든지 베풀어주면 그 공덕으로 자신에게 좋은 과보가 돌아온다고 믿었다. 그래서 가난한 사람과 수행자 등을 만나면 자신의 복을 짓게 해준다고 믿고 기쁜 마음으로 베풀어 주었다. 그런 까닭에 도움을 받는 사람을 복전(福田) 또는 복밭이라고 했다. 불교에서는 다른 사람에게 베푸는 것을 보시라 한다. 부처님은 깨달음에 이르신 후 고통의 바다에서 허우적거리고 있는 모든 중생들을 구제하기 위해 이 땅에 머무르셨다. 부처님께서 보이신 연민과 사랑을 본받아 다른 사람들에게 항상 연민과 사랑의 마음인 자비를 실천하는 것이 보시이다.

보시에는 재물을 베풀어 주는 재시(財施), 두려움을 없애 주는 무외시(無畏施), 그리고 부처님의 가르침을 전해주는 법시(法施)가 있다. 자기 것을 다른 이에게 주는 것은 그리 쉬운 일이 아니다. 소유에 대한 강한 집착과 욕심으로부터 벗어나기는 어렵기 때문이다. 보시는 자신의 것을 남에게 기쁜 마음으로 베풀어 주는 것이다. 보시는 우리의 집착과 그로 인해 생긴 모든 번뇌를 없애 주는 길이기도 하다. 탐욕을 버리는 가장 좋은 길은 첫째는 지혜의 눈을 뜨는 것이요, 둘째는 행동으로 나의 것을 남에게 베푸는 마음이라 한다.

　보시를 바라는 사람이 있음을 보고 나서 주는 것은 보시라고는 하지만 바라밀이라고는 하지 않는다. 만약 보시를 바라는 사람이 보이지 않아도 자진해서 베풀 때는 이를 보시바라밀이라고 부른다. 만약 이따금 하는 보시라면 이를 보시라고는 해도 바라밀이라고는 하지 않는다. 언제나 보시하는 경우, 이를 보시바라밀이라 부른다. 만일 남에게 주고 나서 뉘우침이 생긴다면 이를 보시라고는 해도 바라밀이라고는 하지 않는다. 주고도 뉘우치는 마음이 없을 때 이를 보시바라밀이라고 부른다. 궁극의 깨달음을 위해 수도하는 사람은 주는 사람과 받는 사람, 주고받는 물건이 여기에 있다고 보지 않는다. 오직 대승의 궁극적 깨달음인 영원의 법을 위해 보시하고, 세상에 삶을 받은 모든 자에게 혜택을 주기 위해서 보시하고, 모든 사람의 번뇌를 끊어주기 위해 보시한다.

「대반열반경」

　이처럼 보시를 행할 때에는 주는 이와 받는 이가 따로 있다는 생각을 내서는 안 된다. 물질의 소유에 따라 사람의 가치가 달라지는 것은 아니다. 모든 사람은 불성을 지닌 평등한 존재이다. 부처님은 보시할 때 어떠한 보답을 바라서는 안 되며 심지어 자신이 남에게 보시한다는 생각조차 하지 않아야 한다고 말씀하셨다.

2) 지계 바라밀

부처님이 생존해 계실 때, 전생의 과보로 열반에 들기 전에 등창이 생겨 고생했다고 하는 내용이 전생담에 실려 있다. 이것은 깨달음에 이른 사람조차도 자신이 행한 일에 대해서는 반드시 그 과보를 받게 된다는 것을 분명하게 보여주고 있는 것이다. 즉 알게 모르게 행하는 우리의 행동은 결국 다시 본인에게로 되돌아온다는 법칙인 것이다. 그러므로 하나의 행위를 하더라도 조심하지 않으면 나중에 가서 후회하게 될 것이다. 동기나 과정이 어찌 되었든 결과만 좋으면 되지 않겠느냐고 주장하는 사람이 있을지도 모르지만 그러나 원인 없는 결과가 있을 수 없듯, 악한 행위에 좋은 결과도 있을 수 없는 것이다.

오늘의 행동은 내일의 모습을 결정한다. 부처님은 우리가 행한 모든 행동은 결국 우리 자신에게로 돌아온다고 하셨다. 한 방울의 물이 모여 큰 항아리를 채우는 것과 같이, 우리가 '별거 아니겠지'라고 가볍게 생각하면서 저지른 악행이 결국 재앙의 원인이 되기도 한다. 성인이 되면 자신의 행위에 대해 스스로 책임을 져야 한다고 한다. 잠시라도 한눈을 팔게 되면, 자신도 모르는 사이에 악행에 물든 자신의 모습을 발견하게 될 것이다. 좋은 행위는 쉽게 몸에 배이지 않지만, 나쁜 행위는 그렇지 못하다. 항상 자신의 마음과 말과 행동을 관찰하고 자신을 다스리는 데 게을리 해서는 안 될 것이다. 그러므로 부처님께서는 『열반경』에서 제자들에게 계를 스승삼아 열심히 정진하라고 하셨던 것이다.

이미 저질렀거나 아직 저지르지 않았거나를 막론하고 다른 사람의 결점은 일체 보지 말라. 이미 저질렀거나 아직 저지르지 않았거나를 막론하고 그대 자신의 잘못은 반드시 되돌아보라.

「숫타니파타」

3) 인욕 바라밀

불교를 흔히 수행의 종교라 한다. 수행을 한다는 것은 모든 것을 참아가며 참사람이 되는 것이기도 하다. 즉 참는다는 것은 탐내는 마음과 성내는 마음을 자제하는 것을 말하며, 탐내는 마음을 잘 참기 위해서는 자신의 마음을 잘 이해하고 지켜보는 것이 필요하고, 성내는 마음을 잘 참기 위해서는 자신을 화나게 하는 사물이나 조건 혹은 상대방을 잘 이해하는 것이 필요하다. 나로 하여금 분한 마음이 솟아오르게 하는 상대방이 있을 때에는, 그가 왜 그런 행동을 하는지를 이해하거나, 혹은 그가 잘못된 지식으로 인해 그와 같이 행동한다는 것을 알게 되면, 상대방을 이해하는 마음도 생기고 저절로 참을성이 생겨나기도 할 것이다. 마치 초보 운전자가 길과 교통체계를 알지 못해 방황하는 모습을 보고 경멸할 것이 아니라 자신도 그런 시절이 있었던 것을 떠올리며 살며시 웃어넘길 수 있는 여유와 이해하는 참을성을 길러야 하겠다.

4) 정진 바라밀

과거의 버릇이 얼마나 오랫동안 우리에게 영향을 미치는가를 보여주는 '세 살 버릇 여든까지 간다'는 속담이 있다. 부처님의 가르침에 따라 바르게 실천하는 삶을 살려고 해도 과거의 탐욕에 길들여진 버릇을 하루 아침에 털어버리기란 참으로 어려운 일이다. 몸과 말과 마음의 수행이 어느 정도 되는가 싶다가도 금방 그것을 흔들고 허물어 버리는 삼독심이 솟구치곤 한다. 그러므로 보다 굳건한 마음으로 생활하면서 과거의 습관을 바꾸려는 노력이 있어야 한다. 투철하게 깨달음을 이루어 다시는 어제의 생활로 돌아가지 않겠다는 커다란 서원을 세우고 그 길을 용감하게 가는 일이 중요하다. 반복하여 잘못을 저지르더라도 그보다 더 끈질기게 다시 떨치고 일어나는 용맹한 정진심을 잊지 말아야 할 것이다. 깨달음을 이루고 못 이루는 것도 정진에 달려 있기 때문이다. 그리고 무엇보다 행위의 결과를 미리 예측해 보는 지혜가 있어야 한다. 결과에 어떤 과보를 받을지를 안다면 정진에 많은 장애를 극복하게 될 것이다. 더욱 열심히 깨달음의 길을 향해 정진해야마 어제와 다른 내일을 맞이할 수 있다.

5) 선정 바라밀

선정(禪定)은 참선 수행을 말한다.
중생의 마음은 본래 부처님의 마음과 같이 청정한 것이나 탐욕과 혐오

그리고 어리석음으로 인한 번뇌에 의해 그 참된 성품이 가려져 있고 그 청정한 마음은 말과 글로 표현하는 데는 한계가 있어 경전과 같은 간접적 수단을 통해서는 결코 알 수가 없는 것이다. 그래서 참선 수행을 통하여 그 본래의 마음을 직접 살펴 번뇌를 제거하여 청정한 마음이 드러나게 하는 것이다. 그러므로 참선은 명상과는 본질적으로 다른 것이다. 왜냐하면 참선과 달리 명상은 오직 자신의 몸의 건강함과 마음의 자유만을 추구하고 철저한 자기 자신에 대한 내부적 반성과 성찰은 무시하는 경향이 있기 때문이다.

다시 말해서 원인과 결과의 법칙에 의지하여 자신을 보지 않기에 현재의 자신이 어떻게 존재하게 되었는가 하는 원인은 무시하고 현재의 자신이 보다 자유로워지는 것에만 초점을 맞춘다. 나아가서 어떤 사람이 명상을 통해 비록 마음의 자유를 얻어 성자가 되었다고 하더라도 자신이 깨달은 자유에 대한 집착만은 버리지 못하는 경우도 많다.

참선 수행 방법 중에서 가장 일반적인 것이 좌선(坐禪)이다. 좌선이란 몸을 깨끗이 하고 조용한 곳에 앉아서 보는 것, 냄새 맡는 것, 듣는 것, 맛보는 것, 신체의 접촉 그리고 마음의 잡념 등 외부로부터 들어오는 모든 것에서 본래의 마음을 지키는 것이다. 이러한 좌선을 통해서 최종적으로는 삼매(三昧)의 경지에 들어가는데 삼매란 말로는 정확하게 그 뜻을 서술할 수 없어 다음과 같은 추상적인 표현으로만 짐작해 볼 수 있다. 첫째는 조금도 차별이 없이 마음을 평등하게 지닌다. 둘째는 마음을 하나의 본래 자리에 머물게 한다. 셋째는 있는 그대로 받아들인다. 넷째는 마음이 조화롭다. 다섯째는 마음의 자세나 생각이 항시 바른 곳에 머문다. 여섯째는 매사에 구분 짓고 옳고 그름을 따지는 마음을 쉬게 하고 우리의 본래 청정한 그 마음에 집중한다. 마지막으로는 청정하고 영원한 깨달음의 기쁨에 안주한다.

이와 같이 선정은 곧 부처님이 보리수나무 아래서 깨달음을 얻은 방법으로 특히 불교의 수행 방법 중에서 스님들과 재가 불자들 모두에게 가장 중요한 실천 덕목이다.

6) 반야 바라밀

반야(般若)라는 말은 불교 신도가 아니라도 한번 쯤은 들어 본 적이 있을 정도로 널리 알려진 불교 용어이다. 부처님께 예불을 드릴 때 항상 봉송하는 『반야심경』의 반야를 말하는데, 이 말은 산스크리트어 프라즈나(prajña)를 소리로 옮긴 것으로 흔히 지혜라고 번역하나 세상을 사는 데 필요한 분별의 지혜를 넘어선 분별이 없는 깨달음의 지혜를 말한다. 『반야심경』은 이 깨달음의 지혜, 즉 반야 바라밀에 관한 내용으로 그 핵심은 깨달은 자의 입장에서 보면 모든 것들은 그 어떤 차별도 없다는 것이다.

따라서 부처님의 팔만 사천 법문을 반야라는 한 마디로 표현하기도 한다. 또한 반야바라밀은 보시, 인욕, 지계, 정진, 선정의 다섯 바리밀의 근본이 되는 바라밀인 동시에 이 다섯 바라밀의 실천을 통해서만이 얻을 수 있는 최고의 지혜의 완성이기도 하다. 즉 반야의 마음으로 다른 사람에게 보시를 하며 스스로 계를 지키고 남과 나의 구별에서 오는 탐욕과 분노를 인내하고 정진과 참선 수행을 한다면 그것이 곧 중생 제도를 위한 보살의 대자대비를 실천하는 것인 동시에 그 자체가 스스로 반야의 지혜를 구하는 길이기도 한 것이다. 따라서 반야바라밀은 『반야심경』의 첫머리에 관자재보살이 반야 바라밀을 실천할 때 세상의 본질이 공임을 꿰뚫고 괴로움과 재앙으로 가득한 중생의 삶을 구한다는 것처럼 지혜와 자비의 실천의 완성을 의미한다.

이와 같은 육바라밀은 사실 각 항목들이 매우 유기적으로 연결되어 결코 하나씩 떼어내어서는 생각도 실천도 할 수 없다. 마치 자동차가 수천 개의 부품으로 이루어져 각 부품들이 조화롭게 그 역할을 잘 할 때만이 잘 달릴 수 있듯이 육바라밀 역시 함께 실천될 때 비로소 깨달음의 세계로 들어갈 수 있다.

그러므로 무엇보다도 중요한 것은 육바라밀이라는 자동차를 운전하는 사람, 즉 보살은 바로 우리들 자신이라는 사실을 자각해야 할 것이다.

신행활동 과제

1. 불교를 지혜와 자비의 종교라고 하는데, '상구보리 하화중생' 과 연관지어 설명해 보자.
2. 보시와 보시바라밀의 차이점에 대해서 발표해 보자.
3. 반야바라밀이 육바라밀의 근본이 되는 이유를 생각해 보자.
4. 생활속에서 바라밀을 실천하고 자신이 어떻게 변화되었는지 발표해 보자.

제4부 Q & A on Buddhist Doctrines

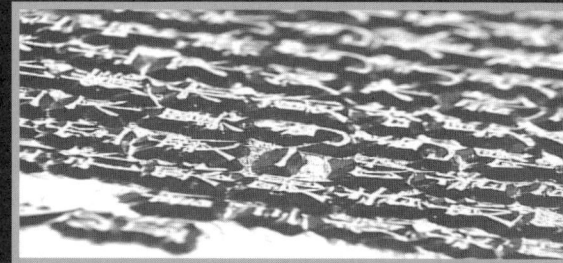

교리문답

教理問答

🌸 연기법(緣起法) _ 불교에서 말하는 깨달음이란 무엇을 의미하는가?

인연생기(因緣生起)의 법으로 나를 포함한 이 세상의 모든 존재는 고정된 일정불변의 것이 아니라 수시로 변화하는 여러 가지 조건에 의존함으로써 이루어진 것이라는 생기(生起)와 소멸(消滅)의 법칙을 말한다. 즉 모든 현상은 무수한 인(因)과 연(緣)의 상호관계에 의해서 성립되기에 독립·자존적인 존재는 없으며, 조건과 원인이 없으면 결과도 없다는 설이다. 소위 무명(無明)을 인연하여 행(行)이 있고, 행을 인연하여 의식(意識)이 있다. 이렇게 전개되어 고통이 쌓이고 모이는 것이다. 이런 이치는 부처님이 세상에 나오거나 나오지 않거나 현상계의 변하지 않고 존속하는 이치이며 현상계의 근원적인 원리로서, 부처님은 다만 이 법을 스스로 깨닫고 알아서 보편타당한 깨달음[等正覺]을 이루고 모든 중생들을 위하여 분별해 연설하고 드러내 보이는 것뿐이라고 하였다.

🌸 5온(五蘊) _ 불교는 인간을 어떤 존재라고 파악하는가?

오온은 5음(五陰), 5중(五衆), 5취(五聚)라고도 하는데, 12처(十二處)와 마찬가지로 중생의 현실 세계의 구조와 성질을 설명하는 또 다른 차원의 세계관으로 일체 만유에 대한 일종의 분류법이다. 즉 이 몸뚱이는 물질 현상인 색(色)과 정신 현상인 수상행식(受想行識)의 다섯 가지 요소가 모아 쌓인 것, 화합하여 모인 것이라는 뜻이다.

5온설은 우리 육신은 인연에 의해 5온이 잠정적으로 모여서 이루어진 것에 지나지 않기 때문에 집착할 실체가 아니라는 것을 나타낸다. 부처님께서는 5온 그 자체가 진실한 '나'가 아니라는 사실을 깨닫지 못하고 집착할 때 괴로움이 발생한다고 하여 5취온(五取蘊)이라고도 하였는데, 이와 같은 5온은 중생에게 여러 가지 잘못된 생각을 일으키기 때문에 다섯 가지 망상이라고도 불린다. 5

온설은 단순히 우리들의 존재를 분석할 뿐만 아니라, 우리들을 그릇된 자아의 의식에서 해방하기 위하여 말해진 것으로 후에 무아설(無我說)로 발전하여 간다.

🌸 12처(十二處) _ 불교는 현실 세계를 어떠한 입장에서 파악하는가?

구역(舊譯)에서는 12입(十二入)이라고도 하는데, 안이비설신의(眼耳鼻舌身意)의 6근(六根)과 그 대상인 색성향미촉법(色聲香味觸法)의 6경(六境)을 12처라고 한다.

부처님은 "모든 것은 눈과 빛, 귀와 소리, 코와 냄새, 혀와 맛, 몸과 촉감, 뜻과 법이라는 열두 가지 속에 있을 뿐이다"라고 말씀하셨다. 즉 어떤 존재도 안이비설신의(六根)의 인식 기관과 색성향미촉법(六境)이라는 인식의 대상을 떠나서는 있을 수 없다는 것이다. 이는 우리가 살고 있는 우주 전체인 일체의 모든 것이 전부 이 12처로 들어간다는 것이다.

이 12처는 5온(五蘊)의 색온(色蘊)을 전개하여 5근 5경, 수상행식의 4온(四蘊)을 합하여 나타난 의근·법경을 말하는 것으로, 모든 존재가 연기(緣起)에 의한 것일 뿐 실체가 없다는 무상과 무아의 불교적 세계관을 내포하고 있다. 이 12처설은 당시 바라문교가 범(梵)을 중심으로 한 세계관을 전개하고 있음에 반하여, 인간에 의해 인식되지 않는 것은 존재하지 않는 것으로 보아야 한다는 기본적인 입장을 천명, 모든 존재를 인간의 인식을 중심으로 보고 있다. 그리고 인식의 주체인 6근이 인간 존재를 나타내고 인식 객체인 6경은 인간의 자연환경에 해당한다고 볼 수 있으므로 불교가 인간을 중심으로 한 세계관을 제시하고 있음을 보여주고 있다.

삼법인(三法印) _ 불교에서는 현실 세계의 구조와 성질을 어떻게 보고 있는가?

불교의 근본 교의로 인(印)은 인인증가(印認証可)의 뜻이고, 법인(法印)이란 가르침의 깃발이란 의미로서 진실하여 허망하지 않은 법의 특성이라는 뜻이다. 삼법인이란 제행무상인(諸行無常印), 일체개고인(一切皆苦印), 제법무아인(諸法無我印)을 말하기도 하고, 일체개고인 대신 열반적정인(涅槃寂靜印)을 대신하여 삼법인, 또는 사법인이라 하기도 한다.

즉 제행은 인연에 따라 나고 꺼지는 만유의 현상을 말하는데, 이러한 온갖 물(物)·심(心)의 현상은 모두 생멸 변화하여 불변하는 것이 아님을 나타내고 있다. 그리고 제행이 무상하기 때문에 괴로움과 즐거움, 즐거움과 괴로움도 아닌 모든 것까지도 괴로움이라는 것이다. 또한 제법이란 물질적·정신적인 모든 현상적 존재를 가리키는 것으로 고정 불변하는 실체가 있다고 생각하는 것은 옳지 않다는 것이다. 『아함경』에서는 '내가 삼법인으로 일체법(一切法)을 인증(印証)하는 것이니, 삼법인의 교의(敎義)에 맞는 것은 불법(佛法)이요, 이와 다른 것은 불법이 아니다' 라고 하여 삼법인의 중요성을 역설하고 있다.

사성제(四聖諦) _ 괴로움에서 벗어나는 길은 무엇인가?

사성제에서 제(諦)란 불변여실(不變如實)의 진실·사실·진리라는 뜻이며, 사진제(四眞諦), 사제(四諦)라고도 한다. 사성제는 부처님이 녹야원에서 설한 불교의 기본 교리에 대한 최초의 설법으로 고집멸도(苦集滅道)를 말하는데, 현실과 이상세계의 원인과 결과를 설하고 있다는 점에서 연기설의 근간이라고 할 수 있다. 즉 중생의 생존하는 현실이 고통으로 가득하다는 것이요, 모든 고통은 원인들이 모여서 일어난다는 것이며, 중생이 직면하는 고통은 없앨 수 있다는 것이며, 고통을 없앨 수 있는 구체적인 길을 제시한 불교의 실천적 가르침이다.

이와 같은 사성제는 고집멸도의 차례로 알게 되는 것이요, 한꺼번에 알게 되는 것이 아니다. 마치 의사가 환자를 치료할 때, 그 환자의 증상을 정확히 진찰하고, 그 원인을 규명하고, 병이 없는 건강한 상태란 어떤 것이며, 그런 건강에 이르려면 어떤 치료를 해야 하는가 하는 의료의 4단계와 같은 것이기 때문에 부처님을 대의왕(大醫王)이라고도 한다.

사성제설은 선악의 근저에 있는 올바름과 그릇됨의 결택을 통해 생사의 괴로움을 근본적으로 극복하려는 해탈에의 길이다. 이런 까닭에 모든 교설은 사성제로 집약된다고 말해질 정도로 중요시 되는 이 가르침은 범속한 세간의 생사를 벗어나는 신성한 진리라고 해서 네 가지 성스러운 진리라고 한다.

오음성고(五陰盛苦) _ 무엇이 중생의 고통인가?

8고[八苦 : 생(生)·노(老)·병(病)·사(死)의 4고와 원증회고(怨憎會苦), 애별리고(愛別離苦), 구부득고(求不得苦), 오음성고(五陰盛苦)]의 하나로, 오음이란 곧 5온(五蘊)으로 다섯 가지 집착의 쌓임이 모두 고통이라는 뜻이다. 여기서 다섯 가지 집착의 쌓임이란 육신에 집착하는 것, 감각적인 것에 집착하는 것, 지각하는 것에 집착하는 것, 의지에 집착하는 것, 의식에 집착하는 것을 말한다. 즉 오음성고는 우리 육신을 구성하고 있는 다섯 가지 요소가 치성해서 일어나는 고통을 말한다. 대개 물리적·심리적·정신적 5종 요소로 형성되어 있는 생명 존재를 오음신(五陰身)이라 부른다.

공(空) _ 공사상은 우주의 실상인가, 허무주의인가?

공은 비어 있음, 무(無)·공적(空寂)·공정(空淨)이라고 번역한다. 허무나 멸무

(滅無)와는 다른 실상(實相)의 의미이다. 공사상은 인간을 포함한 일체 만물에 고정 불변하는 실체가 없다는 불교의 근본 교리이다. 현상계에 나타나는 모든 사물들은 다른 것과의 관계 속에서 생멸하는 존재이며, 고정 불변하는 자성이 없다. 사물은 단지 원인과 결과로 얽힌 상호의존적인 것이기 때문에 무아이며, 무아이기 때문에 공인 것이다. 이때의 공은 고락(苦樂)과 유무(有無)의 양극단을 떠난 중도이며, 이것이 부처님이 깨달은 내용이다.

공사상은 인간의 그릇된 입장을 파사(破邪)하여 현정(顯正)하는 데 있는 것이므로 어떤 사람이 현상계에 집착하면 그것이 공이라는 것을 가르치며, 또 열반에 집착하면 열반 또한 공이라고 가르친다. 이는 사람들이 집착하는 가지가지 대상이 본질적으로 공한 것임을 밝힌 것이다.

원시불교 경전에서는 존재를 5온·12처·18계 등으로 분석함으로써 아(我)의 집착에서 벗어날 것을 가르치고 있으며, 공과 연기가 밀접한 관계가 있음을 가르치고 있다. 또 부파불교에 오면 설일체유부에서는 아공법유(我空法有)를, 성실론에서는 아공법공(我空法空)을 주장한다. 초기 대승경전인 반야경은 원시불교의 연기관과 부파불교의 공관을 총합하여 일체제법이 공이라고 주장한다. 물질적인 것으로부터 시작해서 관념적인 것에 이르기까지 온갖 집착의 대상이 공함을 밝히고, 마침내는 그 공도 또한 공임을 설한다. 이는 모든 사물이 공하다고 하는 관념에 집착하여 허무주의적인 경향에 빠져 버리는 공병(空病)을 치유하기 위한 방편설이다.

이러한 교설은 대립적인 상대 의식이 공하다는 것일 뿐 아니라, 상대를 넘어선 절대 또한 공임을 가르치는 것이다. 용수는 『중론』에서 "모든 인연에 따라 생겨지는 현상을 공이라 하고, 또한 이것을 가명(假名)이라 하고, 또 이것을 중도라고 칭한다. 일찍이 하나의 현상도 인연에 따르지 않고 생한 것은 없으니, 이런 고로 일체 현상은 공 아닌 것이 없다"고 했다. 따라서 공은 객관적 세계를 부정하는 절대무(絶對無)를 가리키는 말이 아니다. 특히 반야심경에서는 물질적인 현상과 공이 서로 다른 것이 아니라 서로 떠날 수 없는 상관관계로 이루어져 있음을 '색즉시공 공즉시색'이라는 말로 표현하고 있다. 이는 사물의 본질이 공으로 파악된다는 것을 말할 뿐만 아니라, 공은 그 파악되는 사물을 떠나서는 성립될 수 없다는 것이다.

이와 같이 일체가 공이라고 관하는 것을 공관(空觀)이라 한다. 공은 허무가 아니고, 공을 관하는 것은 진실한 가치의 발견이므로, 진공(眞空) 그대로가 묘유(妙有)라는 것이다. 이에 반하여 공을 허무적인 것으로 이해하는 것을 악취공(惡取空)이라 한다.

중관(中觀) _ 지금 내가 여기 있다는 사실을 어떻게 알 수 있는가?

편벽되고 삿된 미망을 여읜 법의 실리, 곧 절대 이성을 관함을 말한다. 삼론종에서는 제법이 불생불멸하며 무거무래(無去無來)한 것이라 관하는 것을 중관이라 하고, 천태종에서는 삼천(三千)의 제법(諸法)은 낱낱이 모두 절대(絶對)라고 관하는 것을 중관이라 한다.

중관학파는 인도의 대승불교를 지탱해 온 교학 체계에 있어서 유가행파와 함께 중요한 위치를 차지하고 있는데, 대표적인 사상가는 용수와 그의 제자 아리야제바이다. 용수의 공사상은 완전한 지혜인 반야바라밀을 어떻게 획득할 수 있는가에 대하여, 모든 것은 공임을 자각하는 데서 그 방법을 구하고, 이것을 논리적인 동시에 실천적으로 전개하는 데에 주안점을 둔 것이다. 그의 주장에 의하면 이 세상의 모든 존재는 어떤 것을 막론하고 먼저 자기에게 부정적으로 대립하는 것을 전제로 하고 다시 그런 부정적 대립자를 부정하는 데서 확인할 수 있다. 예를 들면 지금 내가 여기 있다는 사실은 내가 없다는 사실이 먼저 전제되고, 그 없다는 사실이 부정됨으로써 확인되는 것이다. 이러한 입장에서 보면, 내가 있다는 사실을 바르게 알 수 있는 것은 먼저 있다는 그 사실이 부정됨으로써 가능하게 된다. 이러한 공의 이치는 상대적으로 대립하고 있는 여러 개념의 어느 한쪽에만 집착하지 않기 때문에 이를 또한 중도라고 한다.

따라서 중관 사상은 대상을 인식할 때 집착하는 마음을 가리키는 편견과 사견, 즉 분별심을 세척하여 올바른 진리관을 정립해 주는 사상으로 엄밀히 말하면 중도라고 할 수 있다. 용수의 학파를 중관학파라고 하는 이유는 그의 저서인 『중론』의 사상을 계승한다는 의미이고, 『중론』 외에 『십이문론』과 제자인 데바의 저서 『백론』을 합해 삼론이라 하여 중국 삼론종에서는 소의 경전으로 삼고 있다.

팔부중도(八不中道) _ 중도의 진리를 올바로 관찰하는 지혜란 무엇인가?

팔불중관(八不中觀), 팔불정관(八不正觀), 무애중도(無碍中道), 무득중도(無得中道)라고도 한다.

즉 중생들은 일체 존재를 잘못 알고 생(生)·멸(滅)·거(去)·래(來)·일(一)·이(異)·단(斷)·상(常)이라는 그릇된 고집을 일으키므로 이것을 깨뜨리기 위하여 일체 현상이 모두 자성이 없다는 도리를 밝히고 불생·불멸·불거·불래·불일·불이·부단·불상의 팔불(八不)의 정관을 닦는 것을 말한다. 이를 구체적으로 살펴보면,

첫째, 불생불멸(不生不滅)이란 생멸의 양극단을 부정한 것이다. 일체법의 생은 인연이 화합하여 나타난 것이며 멸하는 것도 인연이 다 되어 사라지는 것뿐이다. 이는 인연의 유무에 따라 생멸이 있다는 사실을 깨닫게 하여 생멸에 대한 착각과 집착하는 것을 고쳐 주기 위한 것이다.

둘째, 불상부단(不常不斷)이란 모든 법은 인연의 집합으로 모이고 흩어지고 하는데, 영원히 상주한다거나 단멸한다고 착각하는 극단적인 사고를 타파한 것이다.

셋째, 불일불이(不一不異)란 현상계의 모든 사물은 서로 다르나 그 진리의 본체에서 보면 동일한 것이기에, 영원히 다르다거나 동일하다는 집착을 부정한 것이다.

넷째, 불거불래(不去不來)는 일체 중생이 무명 망상으로 윤회하여 왔다 갔다 하지만 본래 진리의 당체는 오고 가는 체성이 아닌데, 임시로 왔다 갔다 하는 것을 실제의 현상으로 집착함을 타파한 것이다.

이 같은 팔불의 중관 사상은 파사현정(破邪顯正)을 기치로 한 것이니, 팔불로써 집착을 타파하여 공임을 보인 것이 파사요, 그리하여 중도를 드러낸 것이 현정이라고 할 수 있다.

🌸 사구부정(四句否定) _ 부정을 반복하는 중관의 논리는 무엇을 의미하는가?

사물에 관해서 그 진상을 알리기 위하여 몇 번이고 부정을 거듭하여 유무(有無)의 견해를 명백하게 해주는 변증법적인 문답법을 말하는데, 사구분별(四句分別), 또는 사구백비(四句百非)라고도 한다. 중관파에서는 통상 사구분별의 각 구는 모두 부정된다. 사구는 정립(定立), 반정립(反定立), 긍정종합(肯定綜合), 부정종합(否定綜合)을 말한다. 즉 유(有)와 공(空)으로 만유 제법을 판정할 때에, 제1구의 유(有)는 정립, 제2구의 공(空)은 반정립, 제3구의 역유역무(亦有亦無)는 긍정종합, 제4구의 비유비공(非有非空)은 부정 종합이며, 이러한 사구를 몇 번이고 부정하는 것을 백비(百非)라고 한다.

예를 들면 아함 경전에서는 '세계는 상주한다. 무상이다. 상주 또는 무상이다. 상주도 아니고 무상도 아니다' 등의 질문에 대해 결코 답을 하지 않았다고 전해진다. 그것은 사구의 어느 것이든 특정한 견해를 지니는 것을 부정했다는 것을 의미한다. 특히 부처님은 당시 외도들의 질문 중 세상의 상주와 무상에 관한 사구, 세계의 유한과 무한에 관한 사구 및 혼과 신체가 동일한가, 다른가, 등 14개 항의 질문에 대해 대답하지 않은 일은 잘 알려져 있다[十四無記].

중론에서는 '일체는 진실이다. 혹은 비진실이다. 진실이고 비진실이다. 비진실도 아니고 진실도 아니다. 이것이 부처님의 가르침이다' 라고 하였다. 어떤 주석가는 이를 교육적 단계로 이해하기도 하였다.

4연(四緣) _ 일체 현상이 생기는 과정은 무엇인가?

4연은 물(物)·심(心)의 온갖 현상이 생기는 것에 대하여 그 연(緣)을 넷으로 나눈 것, 즉 인연(因緣), 등무간연(等無間緣), 소연연(所緣緣), 증상연(增上緣)을 말한다.

인연은 일체의 현상이 직접적·내적인 원인인 인(因)과 간접적·외적인 원인인 연(緣)이 화합하여 생멸을 되풀이한다는 것이며, 등무간연은 심(心)·심소(心所)가 전념(前念)·후념(後念)으로 옮아 변할 때에, 전념이 없어진 마음이 길을 열어 뒤에 생기는 마음을 끌어 일으키는 원인이 되는 것을 말한다. 소연연은 소연, 즉 심식의 대상이 우리의 마음 작용을 일으키는 연(緣)이 된다는 것이며, 증상연은 유력증상연과 무력증상연이 있는데, 전자는 다른 현상이 생기는 데 힘을 주는 연(緣)이요, 후자는 다른 현상이 생기는 것을 방해하는 연(緣)을 말한다.

이제설(二諦說) _ 세간의 진리와 출세간의 진리는 어떻게 다른가?

진제(眞諦)와 속제(俗諦)를 말한다. 진제란 승의제(勝義諦), 제일의제(第一義諦)라고도 하여 출세간적 진리를 말하며, 속제란 세속제(世俗諦), 세제(世諦)라 하여 세간의 진리를 말한다.

진정한 의미에서 진리에 무슨 세간적이니 출세간적이니 하는 차별이 있을 수 있는가 하는 의심을 할 수도 있으나 쉽게 말해 속제란 우리가 쉽게 이해할 수 있는 진리, 즉 모든 것은 인과 연으로 이루어진 과(果)이며, 이것은 생멸의 원리로 되어 있으며 생멸은 공의 상태이며 신진대사의 원칙에 따르고 있다는 등의 비교적 초보적인 것을 말한다. 진제는 이와 같은 원칙을 기준으로 해서 점차로 고차적인 이치를 이해하는 것이라 할 수 있다. 일체를 부정하고 언어를 초월하여 불생불멸하고 비인비과(非因非果)인 것을 말한다.

원시 경전에서는 승의(勝義)란 궁극적 진실인 열반에 해당하고, 세속이란 언어 표현 혹은 언어 습관을 의미하는 것으로 쓰여졌지만, 반야경에서는 5온으로 대표되는 전통적인 모든 교설은 일체법의 공성(空性)이라고 하는 승의의 진리를 위한 방편설에 불과하다고 하였다. 이러한 반야경의 이제설에 적지 않은 영향을 받고 일체법공설(一切法空說)의 의미를 천명한 것이 용수이다.

용수의 이제설은 세속의 진리와 승의의 진리를 둘로 구분하여 교설의 측면에서는 이제(二諦)로 중심을 두면서 동시에 언어 습관 일반과 승의의 진리를 준별하는 도리의 측면으로 본 이제의 성격을 겸비하고 있다. 용수의 이제설은 중국에 와서는 길장, 승랑 등에 의해서 더욱 발전된다.

유식(唯識) _ 만물을 인식하는 근원은 무엇인가?

유식이란 글자 그대로 오직 식(識)만이 존재한다는 것이다. 일반적으로 외계(外界)로 이해되고 있는 일체의 것이 마음에 비친 표상(表象 : 識)에 지나지 않으며, 외계의 존재물은 없다는 사상이다. 이 표상이 나타내는 것은 대상을 식별하는 마음의 작용인 식(識)이 변하여 나타난 마음의 그림자라고 본 것이다. 이 유식 사상은 중관파와 함께 인도 대승불교의 2대 학파를 형성하고 있는데, 유식의 사상을 신봉하는 학파를 유가행파(瑜伽行派), 또는 유식론자라고 한다.

이와 같은 유식 사상은 용수의 공사상이 세월이 지남에 따라 원래의 뜻과는 달리 지나치게 공허한 사상으로 치우치게 되자 중관 철학의 진리에 대한 부정적 접근 방식에 만족하지 않고 공사상을 받아들이면서도 이에 대한 새로운 해석과 이론을 전개한 것이다. 즉 우리가 일상적으로 경험하는 사물들이 자성이 없이 공하며 순전히 우리의 마음에 의하여 구성되거나 조작된 것이라면, 결국 이들 사물은 우리의 식(識)에 의존하고 있는 것으로 보고 존재를 인식으로 환원하는 사상을 전개한 것이다. 유식의 식(識)은 근본적으로 아뢰야식(阿賴耶識, 제8식)이며, 혹은 8종의 식(八識 : 眼識, 耳識, 鼻識, 舌識, 身識, 意識, 末那識, 阿賴耶識)을 가리킨다. 유식학에서는 일체 제법의 분류가 아비달마구사론과 비슷한 면이 보이기는 하지만 그 내용은 근본적으로 다르다. 아비달마 사상까지는 6식을 들고 있는데, 유가행파는 6식 속에 이들 식을 일으키는 근원적인 식으로서 아뢰야식을 발견하고, 이어서 아뢰야식을 자아라고 집착하는 말나식을 상정하였다.

아뢰야연기론(阿賴耶緣起論) _ 윤회의 주체는 과연 무엇인가?

『해심밀경』, 『유가사지론』, 『성유식론』 등의 경론을 소의 경전으로 하는 유식종, 법상종이 주장하는 연기설로 제8식인 아뢰야식을 두어 연기를 설명한 이론이다.

부파불교에서는 자기가 지은 업의 세력에 의해서 삼계가 생사윤회 한다는 업감연기설(業感緣起說)을 주장하였는데, 과연 그 업의 영향이 결과를 초래할 때까지는 대체 어디에 보존되었다가 차례로 나타나는가 라는 의문이 생기게 된다. 이에 업의 영향을 저축하여 윤회를 반복케 하는 윤회의 주체를 상정하게 되었다. 이처럼 윤회의 주체를 추구해 간 정점에서 발견된 것이 아뢰야식이다. 본래 아뢰야라는 말은 '물건을 넣는 창고' 내지 '곳간'을 의미하지만 자세히 살펴보면 숨는 것[能藏], 받아들이는 것[所藏], 집착하는 것[執藏]의 의미가 있다. 즉 선악의 행위에 의한 업력을 받아들여 보존하는 의미가 있으며, 수행에 의하여 아집이 없어지면 그 명칭마저도 사라지게 되는 것이다.

이처럼 아뢰야식은 모든 업의 종자를 보존하면서 선악 업력을 다른 식에 공급하여 발동케 하며 모든 선악의 행동을 나타나게 하는 기능을 보유하고 있기 때문에 윤회의 주체라고 할 수 있다. 우리가 이 세상에 태어날 때도 과거세의 업력을 보존한 이 식이 최초로 태어난 것이며, 내생으로 떠날 때도 금생의 업력을 보존하고 있다가 육체로부터 최후에 떠난다.

이와 같이 아뢰야식은 다른 식에 비하여 그 체성이 단절되지 않고 과보를 받는다는 점에서 과보식(果報識)이라 하고, 또 전생과 금생 그리고 내생의 삼세에 윤회하면서 다른 과보를 받게 하는 기능을 가지고 있으므로 이숙식(異熟識)이라고도 한다. 아무튼 아뢰야식에 보존된 업력 가운데 별업(別業)은 자신만이 수용하고, 공업(共業 : 공동으로 선악의 행위를 하고 공동으로 과보를 받는 업)은 다른 이와 함께 수용하면서 중생의 현실을 전개함으로 이를 아뢰야연기라고 하는 것이다.

근본번뇌(根本煩惱) _ 번뇌란 무엇인가?

번뇌란 중생의 몸과 마음을 번거롭게 하거나 어지럽히고 괴롭히는 등 미혹하게 하는 정신작용을 말하는데, 혹(惑)이라고도 한다. 중생은 번뇌에 의해 업을 짓게 되며, 괴로움의 과보를 받아 미혹의 세계를 헤매게 된다. 이것을 혹(惑)·업(業)·고(苦)의 삼도(三道)라고 한다.

유식에서는 번뇌를 근본번뇌와 지말번뇌(枝末煩惱)로 구분한다. 근본번뇌란 번뇌의 체(體)로서 모든 번뇌의 근본이 되며, 본혹·근본혹이라 하거나 수면(隨眠)이라 한다. 지말 번뇌란 근본 번뇌에 수반하여 일어나는 종속적인 번뇌로서 수혹·지말혹·수번뇌라 한다. 다만 수번뇌는 '심왕에 붙어 다니는 번뇌' 란 의미로 이해하고 근본 번뇌를 가리키는 경우도 있다. 그리고 유식에서는 아집(我執) 때문에 중생을 미혹의 세계에 유전시켜 열반의 길을 방해하는 혹을 번뇌장(煩惱障)이라 하고, 법집(法執) 때문에 진리의 체득을 방해하는 혹을 소지장(所知障)이라 구분하고 있다.

근본 번뇌에는 탐욕(貪)·분노(瞋)·어리석음(癡)·교만(慢)·의심(疑)·악견(惡見)이 있는데, 이 가운데 악견을 다시 신견(身見)·변견(邊見)·사견(邪見)·견취견(見取見)·계금취견(戒禁取見)으로 나누어 10번뇌라 한다.

🌸 5위100법(五位百法) _ 인간의 정신세계와 물질세계를 어떻게 분류할 수 있는가?

인간의 내면세계와 객관세계를 분석하여 체계적으로 분류하는 방법은 불교의 여러 학파에서 행해져 왔다. 이러한 제법의 분류로서 부파불교의 설일체유부에서는 5위75법, 유식학에서는 5위100법으로 분류하였다. 여기서 5위란 정신과 물질세계를 다섯 가지로 분류한 것이고, 75법과 100법은 5위의 내용을 세분한 것이다. 즉 5위란 일체 만유를 다섯 가지로 분류한 것으로, 색법(色法 : 물질), 심법(心法 : 정신·사물을 의식하는 마음), 심소법(心所法 : 심법에 따라 일어나는 정신작용), 불상응법(不相應法 : 심법에 따르지 않는 것, 물질도 아니고 마음도 아니면서 법인 것), 무위법(無爲法 : 인과관계를 여의어 상주불변하는 법)을 말한다.

다시 5위를 설일체유부에서는 색법 11종, 심법 1종, 심소법 46종, 불상응법 14종, 무위법 3종으로 세분하여 이 75법이 삼세에 걸쳐서 법의 실체가 존재하며 공간적으로도 항상 변화 없이 존재한다고 하는 삼세실유 법체항유(三世實有法體恒有)의 사상을 주장하였다.

그리고 유식에서는 5위를 심법 8종, 심소법 51종, 색법 11종, 불상응법 24종, 무위법 6종으로 세분하였다. 또 유식학에서는 성불을 위한 보살의 길을 다섯 단계로 구분한 것을 유식5위라고 하는데, 자량위(資糧位), 가행위(加行位), 통달위(通達位), 수습위(修習位), 구경위(究竟位)를 말한다.

🏵 아승기겁(阿僧祇劫) _ 불교에서 겁(劫)이란 어느 정도의 시간인가?

아승기란 아승기야(阿僧企耶), 아승가(阿僧迦), 아기(阿祇)라고도 쓰며, 무수(無數), 무진수(無盡數)라 번역한다. 그리고 겁(劫)이란 인도에서 큰 수, 헤아릴 수 없는 아득한 시간의 단위를 말한다. 따라서 아승기겁은 헤아릴 수 없는 긴 시간을 말하며, 대개 아승지겁이라고도 한다.

겁이라는 시간은 인도에서는 범천의 하루, 곧 인간세계의 4억 3천 2백만 년을 1겁이라 하며, 불교에서는 보통 연월일로서는 헤아릴 수 없는 시간을 대개 겁으로 표현하는데, 『대지도론』에서는 개자겁(芥子劫)과 불석겁(拂石劫)의 비유가 설해지고 있다.

개자겁이란 사방 4천리 되는 성(城) 중에 개자를 가득 채워 놓고 장수천인(長壽天人)이 백년마다 한 알씩 가지고 가서 모두 없어질 때까지를 말하는 것이다. 불석겁은 사방 4천리 되는 돌산을 천인이 무게 3수(銖)되는 천의(天衣)를 입고 백년마다 한 번씩 스쳐 그 돌산이 잘라져 산가지를 만들어 놓고 백년에 한 가지씩을 취하여 이것을 모두 취하였을 때를 1겁으로 하는 초목겁(草木劫), 갠지스 강의 너비 40리 중에 가는 모래를 묻어 놓고 백년에 한 번에 한 알씩 집어내어 그것을 모두 취한 때를 1겁으로 하는 세겁(細劫) 등이 있다.

한편 세계가 성립하고 계속 파괴를 거쳐 다음의 성립에 이르기까지의 과정을 4겁이라 하고, 4겁의 기간을 일대겁(一大劫)이라 하기도 한다.

십법계(十法界)와 육도윤회(六道輪廻) _ 윤회의 사슬에서 벗어나는 길은 무엇인가?

삼라만상은 모두 십계의 범주에 들어가 서로 다른 경계를 형성하는데 이를 십법계라고 한다. 『법화경』에서는 지옥(地獄)·아귀(餓鬼)·축생(畜生)·수라(修羅)·인(人)·천(天)의 미혹한 세계와 성문(聲聞), 연각(緣覺), 보살(菩薩), 불(佛)의 깨달음의 세계를 합하여 십법계라고 하였다.

중생들은 자기가 지은 죄업에 따라 죽은 다음 그 과보로 지옥, 아귀, 축생, 수라, 인간, 하늘 등에 떨어진다고 한다. 이를 육도윤회라 부른다. 특히 이 중에서 지옥, 아귀, 축생은 인간이 죄악을 많이 범한 과보로 태어나서 온갖 고통을 받는 세계로 삼악도(三惡途, 三惡趣)라고 한다.

불교의 경전에서는 이러한 지옥의 세계를 비교적 상세하게 설하고 있는데, 예를 들면 지옥에도 뜨거운 불길로 인하여 고통을 받는 8종의 지옥(八熱地獄)과 팔한지옥(八寒地獄) 등이 있다. 팔열지옥에도 다시 ① 무간지옥(無間地獄 : 아비지옥이라고도 하며, 쉴새없이 고통을 받는 지옥), ② 대초열지옥(大焦熱地獄 : 뜨거운 고통이 더욱 심한 지옥), ③ 초열지옥(焦熱地獄 : 뜨거운 불길이 몸을 둘러싸서 그 뜨거움을 견디기 어려운 지옥), ④ 대규환지옥(大叫喚地獄 : 지독한 고통에 못 견디어 통곡을

터뜨리게 되는 지옥), ⑤ 규환지옥(叫喚地獄 : 온갖 고통이 못 견디게 해서 원망하는 슬픈 고함 소리를 지르게 되는 지옥), ⑥ 중합지옥(衆合地獄 : 여러 가지 고통을 주는 기구가 한꺼번에 닥쳐와서 몸을 핍박하여 해치는 지옥), ⑦ 흑승지옥(黑繩地獄 : 뜨거운 쇠사슬로 몸과 팔 다리를 묶어 놓고 큰 톱으로 끊는 지옥), ⑧ 등활지옥(等活地獄 : 고통을 받아 죽었다가 찬바람이 불어와서 살아나면, 또 다시 뜨거운 고통을 받는 지옥)이 있다.

그리고 전생에 탐욕과 질투를 한 자가 받게 되는 아귀 지옥은 육체적인 고통은 덜 받으나 마실 수도 먹을 수도 없어 심한 고통을 받게 되는 세계로 이곳에 사는 중생들은 음식을 보면 불로 변하여 늘 굶주리고 항상 매를 맞는다고 한다. 또한 축생 지옥은 성질이 어리석어서 탐욕과 음욕만을 가지고 부모나 형제의 구별도 없이 사는 사람이 받게 되는 세계로 서로 다른 동물을 자기 생존의 먹이로 하고 살아가는 고통스러운 세계를 말한다. 그 외에도 수라의 세계는 노여움이 가득 찬 세상으로서 싸우기를 좋아하는 사람, 질투와 교만이 가득 찬 사람, 분명한 주관 없이 다른 사람의 말에 잘 끌려 다니는 사람이 받게 되는 세계로 아수라(阿修羅)라고도 한다.

이러한 지옥세계와 인간, 천상의 세계는 인간이 현세에 지은 업에 따라 태어나게 되는 세계이다. 그러나 이 윤회의 여섯 세상에는 절대적인 영원이란 없다. 수명이 다하고 업이 다하면 지옥에서 다시 인간으로, 천상에서 아귀로 몸을 바꾸어서 태어난다. 이것이 불교의 윤회관이다.

이 윤회는 철저하게 스스로 지은 대로 받는다는 자업자득에 기초를 두고 있다. 그래서 불교에서는 모든 악을 짓지 말고 온갖 선을 받들어 행할 것을 강조하고 있는 것이다. 아무리 행복이 두루 갖추어진 천상의 세계라도 윤회한다고 하는 것은 결국 괴로움이므로 영원히 윤회에서 벗어나는 해탈과 열반의 경지를 불교는 추구하는 것이다.

🪷 37도품(三十七道品) _ 깨달음에 이르는 구체적인 방법과 단계는 무엇인가?

불교의 목적인 깨달음을 실현하고 또한 지혜를 얻기 위한 실천 수행법이란 뜻으로 37조도품(三十七助道品), 37보리분(三十七菩提分)이라고도 하는데, 이는 '도를 닦는데 보조적인 역할이 되는 것', '깨달아 가는 단계'에 나타난 4념처(四念處), 4정단(四正斷), 4여의족(四如意足), 5근(五根), 5력(五力), 7각분(七覺分), 8정도(八正道)의 수행법을 합한 것을 말한다.

이를 구체적으로 살펴보면 다음과 같다.

- 사념처 : 신념처(身念處)·수념처(受念處)·심념처(心念處)·법념처(法念處)
- 사정단 : 단단(斷斷)·율의단(律儀斷)·수호단(隨護斷)·수단(修斷)
- 사여의족 : 욕(欲)·염(念)·정진(精進)·사유여의족(思惟如意足)
- 오근 : 신근(信根)·정진근(精進根)·염근(念根)·정근(定根)·혜근(慧根)
- 오력 : 신력(信力)·정진력(精進力)·염력(念力)·정력(定力)·혜력(慧力)
- 칠각분 : 택법각분(擇法覺分)·정진각분(精進覺分)·희각분(喜覺分)·제각분(除覺分)·사각분(捨覺分)·정각분(定覺分)·염각분(念覺分)
- 팔정도 : 정견(正見)·정사(正思)·정업(正業)·정어(正語)·정명(正命)·정정진(正精進)·정념(正念)·정정(正定)

이는 신·수·심·법을 상(常)·락(樂)·아(我)·정(淨)으로 보는 전도된 생각을 버리고 부정(不淨)·고(苦)·무상(無常)·무아(無我)로 관하라는 것이며, 이미 일어난 악을 없애려고 부지런히 노력하며, 아직 일어나지 않은 악을 미리 막으려고 부지런히 노력하며, 아직 일어나지 않은 선은 생기도록 부지런히 노력하며, 이미 일어난 선은 잘 길러 내어 더욱 증장하도록 부지런히 노력하라는 것이다. 그리고 갈등 없이 자기 확신의 땅에 마음의 뿌리를 내리게 하려는 것이며,

오근의 뿌리를 바탕으로 정진하여 불선법(不善法)에 동요되지 않고 나아가 모든 불선법을 엎어 버릴 힘을 얻도록 수행하라는 것이다. 또한 불도를 수행하는 데 지혜로써 참과 거짓, 선과 악을 살펴서 골라내고 알아내야 하며, 마음이 혼침하거나 들뜨면 마음을 일깨우고 가라앉히도록 하였다. 뿐만 아니라 고통을 소멸하여 열반을 증득하기 위해 닦아야 할 여덟 가지의 구체적인 중도적 실천 방법을 제시한 것이다.

이 37도품은 삼학(三學)의 입장에서 보면, 사정단은 계학(戒學)에 해당하며, 사념처는 혜학(慧學)에 해당하고, 오근, 오력, 칠각분, 팔정도는 삼학을 모두 겸비하고 있다고 볼 수 있다. 따라서 불교에서 모든 불자들이 닦아야 할 것을 한 마디로 표현하면 계정혜(戒定慧) 삼학이라고 할 수 있다.

3해탈(三解脫) _ 해탈의 실체는 무엇인가?

삼공(三空), 삼해탈문이라고도 한다. 즉 해탈을 얻어 가는 세 가지 방법으로 공해탈문(空解脫門)은 일체 만유가 모두 공(空)이라고 관하는 것이요, 무상해탈문(無相解脫門)은 공이기 때문에 상대적 차별이 없다고 관하는 것이고, 무원해탈문(無願解脫門)은 일체 만유가 공이고 무상이기 때문에 원해서 구해야 할 것이 없다고 관하는 것이다.

여기서 해탈이란 고통으로 가득 찬 윤회로부터 단호하게 벗어나서 두 번 다시 생존의 세계에 이르지 않은 것을 말한다. 모든 욕망이 소멸하였다는 점에서는 번뇌의 속박에서 벗어난 열반(깨달음)과 같은 의미이다. 이러한 해탈은 다시 육체를 동반한 상태에서의 해탈인 '생신해탈(生身解脫)'과, 육체의 속박을 완전하게 벗어난 해탈인 '이신해탈(離身解脫)'로 구분하기도 하는데, 불교에서는 번뇌를 끊고서 마음의 속박을 없게 하여 신체를 갖춘 제자의 교육이나 사람들의 구제에 힘쓰는 이타적 해탈의 상태를 '유여의열반(有餘依涅槃 : 나머지가 있는 불완전한 깨달음),' 죽음과 동시에 심신과 함께 속박을 떠나서 완전한 깨달음에 도달하는 것을 '무여의열반(無餘依涅槃)'이라고 한다. 특히 부처님의 죽음을 '반열반(般涅槃 : 완전한 깨달음)'이라 하여 따로 구분한다.

그리고 초기불교에서는 윤회의 근본적인 원인인 욕망과 무지로부터 벗어난 심해탈(心解脫 : 마음에 탐욕을 없앤 것)과, 혜해탈(慧解脫 : 지혜에 의해 무명에서 벗어난 것) 등으로 구분함으로써 지혜와 선정을 동시에 갖춘 수행자를 지향하였다. 이러한 번뇌와 깨달음을 실체적 존재로서 파악하려는 부파불교의 해탈에 대한 해석은 대승불교에 이르러서는 깨달음 그 자체도 공이라고 파악한다. 즉 대승불교에서는 미혹함도 깨달음도, 윤회도 해탈도 실체가 없는데, 다만 인간의 고통은 아뢰야식에 의해서 이미지화된 환영(幻影)에 구속되어 있기 때문에 생긴다고 하여 명상의 실천에 의해서 깨닫고 나아가 다른 사람의 구제를 지향할 것을 주장하였다.

일승(一乘)과 삼승(三乘) _ 성불에 이르는 보살의 길은 하나인가?

승(乘)이란 타고 가는 것을 의미하는데. 일체 중생이 모두 성불한다는 견지에서 그 구제하는 교법이 하나뿐이고, 또 절대 진실한 것이라고 주장하는 것이 일승이라면, 삼승으로 설한다는 것은 부처님의 깨달음에 이르는 하나의 길을 셋으로 분별하여 설한다는 것이다.

삼승은 성문승(聲聞乘), 연각승(緣覺乘), 보살승(菩薩乘)을 말하는데, 성문승이란 가장 원시적인 해석으로는 부처님의 음성을 들은 불제자를 말하지만, 대승의 입장에서 보면 부처님의 교법인 사성제와 팔정도를 닦아 아라한의 깨달음을 얻게 하는 교법을 말하며, 연각승이란 12연기를 잘 닦아 모든 법의 인연을 잘 아는 길인 벽지불(辟支佛 : 구역에서는 緣覺, 신역에서는 獨覺)의 깨달음을 얻게 하는 교법을 말한다. 그리고 보살승이란 성불하기를 이상 목적으로 삼는 보살들이 수행하는 육바라밀 등의 법문을 말한다.

대개 성문승과 연각승은 소승, 보살승은 대승에 해당된다고 한다. 왜냐하면 이 두 승은 전혀 차원을 달리하고 있는데, 소승은 생사와 열반을 분별하지 않고는 성립할 수 없으며, 대승은 생사와 열반을 분별해서는 성립할 수 없기 때문이다. 부처님께서는 "아라한이나 벽지불을 자처하면서, 모든 부처님이 오로지 보살만을 교화한다는 사실을 모른다면 이는 불자가 아니며, 또 스스로 이르기를 구경열반을 얻었다고 하면서 무상정등정각을 다시 구하지 않는다면 이야말로 깨달음을 얻지 못하고서 얻었다고 생각하는 사람이다"라고 설하셨다.

한편 『법화경』에서는 불교를 실천하는 데에는 삼승의 수행 방법이 있지만, 궁극적으로는 유일한 부처의 입장인 일불승으로 돌아가야 한다고 설하고 있다. 이는 삼승이 한결같이 성불에 이르는 보살의 길임을 말하고 있음을 알 수 있다. 결국 이러한 일승 사상은 성문이나 독각의 수행자들도 미래에는 성불할 것이라는 확신과 함께 모든 사람에게 부처가 될 가능성이 있음을 시사하고 있으며, 대승과 소승, 또는 삼승으로 상징되는 사회의 분열과 반목, 대립을 해소하여 조화와 평등의 통일된 사회를 실현하는 데 있다고 하겠다.

교상판석(敎相判釋)과 오시팔교(五時八敎) _ 천태종의 오시팔교란 무엇인가?

부처님이 일생 동안 설한 가르침을 그 내용과 설해진 시기 등에 따라 분류한 것을 말한다. 예를 들면, 천태종의 오시팔교, 화엄종의 오교십종(五敎十宗) 등을 말한다. 이는 인도에서 성립한 대소승의 불교경전들이 성립 순서에 관계없이 전해졌기 때문에 다시 분류, 재편할 필요에서 생긴 것으로 모든 경전을 불설로 간주하고 문헌학적인 비판 없이 분석자의 입장에서 한문으로 번역된 경전을 성도 후 입멸까지 45년 간의 각 연대에 분류 배당한 것이다.

오시팔교란 천태종의 교판으로 여러 가지 설법을 모두 법화경을 설하기 위한 준비로 보고 불교 전체를 조직적으로 체계화한 것으로, 오시란 ① 화엄시(華嚴時 : 성도 후의 21일 동안 화엄경을 설한 시기), ② 아함시(阿含時 : 이후 12년 동안 녹야원에서 아함경을 설한 시기), ③ 방등시(方等時 : 이후 8년 동안 유마경, 금광명경, 능가경, 승만경, 무량수경 등 방등부의 여러 경전을 설한 시기), ④ 반야시(般若時 : 이후 22년 동안 반야부 계통의 경전을 설한 시기), ⑤ 법화열반시(法華涅槃時 : 최후 8년 동안 법화경을 설하고 입멸 시에 열반경을 설한 시기)를 말한다.

그리고 팔교는 교화하는 가르침의 내용에 따라 화의사교(化儀四敎)와 화법사교(化法四敎)로 분류한 것인데, 화의사교는 ① 돈교(頓敎) : 아무런 방편 사용 없이 깨달은 내용을 곧바로 설한 것, ② 점교(漸敎) : 점진적으로 깨닫도록 설한 것, ③ 밀교(密敎) : 가지가지의 능력자가 한자리에 있을 때 이들 서로가 알지 못하는 가운데 가만히 각기 다른 이익을 주도록 설한 것, ④ 부정교(不定敎) : 함께 듣고 있으나 다르게 듣고 다양하게 이해하여 체득하는 바의 교법이 일정하지 않은 설법을 말하고, 화법사교란 다시 ① 장교(藏敎) : 아함경을 비롯한 모든 소승교의, ② 통교(通敎) : 모두에게 공통되는 가르침, 대승의 기본 교의, ③ 별교(別敎) : 순수한 대승의 가르침, 보살에 대한 가르침, ④ 원교(圓敎) : 부처님의 깨달음을 그대로 설한 가르침을 말한다.

오교십종(五敎十宗) _ 화엄종의 오교십종이란 무엇인가?

중국 당나라 때 화엄종의 제3조인 법장이 부처님의 가르침을 설법의 형식과 내용상으로 얕고 깊음을 정하여 천태종의 오시팔교를 본 따 판석한 것으로 화엄경에 최고의 권위를 가져다 주었다.

여기서 오교는 ① 소승교(小乘敎) : 소승을 위해서 사성제, 12인연 등을 설한 아함경 등의 가르침, ② 대승시교(大乘始敎) : 모든 것은 실체가 없고 공이라는 반야경이나 연기에 의하여 모든 존재와 현상을 설명하는 해심밀경 등의 가르침, ③ 대승종교(大乘終敎) : 모든 것은 본래 불변의 진여인데 그것이 연(緣)으로 말미암아 오(汚)와 정(淨)으로 나타나는 것을 설하는 기신론의 가르침, ④ 돈교(頓敎) : 당장 깨침에 이를 수 있다는 것을 설하는 유마경의 가르침, ⑤ 원교(圓敎) : 일승(一乘)을 설하는 화엄경, 법화경의 가르침, 특히 화엄경의 가르침을 말한다.

또한 10종이란 ① 아법구유종(我法俱有宗) : 주관도 객관도 모두가 실체라고 주장, ② 법유아무종(法有我無宗) : 객관은 실체지만 주관의 아(我)는 무(無)로 봄, ③ 법무거래종(法無去來宗) : 모든 것은 현재에 있어서만 실체가 있고 과거 미래는 없다고 하는 법, ④ 현통가실종(現通假實宗) : 5온 외는 실체가 없고 헛된 존재로 봄, ⑤ 속망진실종(俗妄眞實宗) : 세속 일은 모두 헛된 일이고, 불교의 진리만이 실재한다고 봄, ⑥ 일체개공종(一切皆空宗) : 모든 존재는 그대로 공이라고 설함, ⑦ 제법단명종(諸法但名宗) : 모든 존재는 헛된 이름일 뿐 실체가 없는 것으로 봄, ⑧ 진덕불공종(眞德不空宗) : 모든 존재의 본성은 진여라고 설함, ⑨ 상상구절종(相想俱絕宗) : 진리는 주객을 초월한 불가설 불가사의한 데 있다고 봄, ⑩ 원명구덕종(圓明具德宗) : 모든 존재는 서로 방해함이 없이 중중무진(重重無盡)한 관계를 갖고 일체 공덕을 모두가 구족하고 있다고 봄을 말한다.

🪷 법계연기(法界緣起) _ 일즉다 다즉일(一卽多 多卽一)의 이치는 무엇인가?

중국 화엄종의 중요 명제이며, 기본 교의로 법계무진연기(法界無盡緣起), 무진연기, 성기연기(性起緣起)라고도 한다.

여기서 법이란 곧 사물이며, 계란 곧 성(性)을 말한다. 즉 법계란 법성(法性)을 의미한다. 따라서 일체 만유는 법계에서 생기(生起)한다는 뜻이다. 그런데 이 법계는 서로가 걸림 없이 통하며[相卽相入], 이어지고 또 이어지는[重重無盡] 성격을 지니고 있다. 이러한 생각을 어떠한 일도 걸림이 없다는 사사무애(事事無碍)라고 하는데, 사사무애 법계란 이(理 : 본체, 사물의 보편성을 인식하는 것)가 사(事 : 현상, 세속의 사물 등을 차별로써 인식하는 것)에 융화되어 사사간(事事間)에 받아들여져 융합함에 무애(無碍)하며 서로가 서로를 포함함이 무궁하며 무진하다는 뜻이다.

이러한 중중무진의 법계 연기를 깨우쳐 주기 위해 법장은 다음과 같은 실험을 하였다고 한다. 캄캄한 암실에 불상 다섯을 안치해 두고서 각각의 불상 앞에 등불을 하나씩 밝히고, 둥근 거울 열 개를 열 방향에 배치함으로써 거울과 거울, 영상과 영상을 서로 맞비춰 보였다는 것이다.

결국 이러한 사사무애의 법계 연기는 화엄종의 독특한 설법이며, 부처님의 순수하고 청정한 마음에 비친 만상의 세계라고 할 수 있으며, '하나가 곧 전체요, 전체가 곧 하나'라는 이치를 보여주고 있다. 또한 어리석은 사람에게는 너와 내가 대립하는 잡다한 현상계인 양 비치는 세계가, 깨달은 사람에게는 법계로서 비침을 암시해 주고 있다.

육상원융(六相圓融) _ 우주 법계의 구성 원리는 무엇인가?

화엄종에서 법계 연기의 원리를 구체적으로 설명한 것으로, 모든 존재는 여섯 가지의 상(相), 즉 총상(總相), 별상(別相), 동상(同相), 이상(異相), 성상(成相), 괴상(壞相)을 갖추고 있다는 것이다. 그리고 이 육상은 서로 다른 상을 방해하지 않고 전체와 부분, 부분과 부분이 한 몸이 되어 원만하게 융화되어 있다는 것이다.

집에 비유하면 총상은 모든 존재는 반드시 여러 가지의 인연이 모여서 성립되는 것처럼, 기둥·서까래·대들보 등을 총괄하여 형성된 집이라는 보편성을 뜻하며, 별상은 기둥·서까래·대들보 그 자체가 지닌 특수성을 말한다. 그리고 동상이란 기둥·서까래·대들보 등이 서로 힘을 합쳐 집을 조립하고 있는 유사성을 의미하며, 이상은 별상이 전체 속에 조화를 이루고 있으면서도 제각기 상을 잃지 않는 것처럼, 기둥은 세로로, 대들보는 가로로 있어 다른 유형이 되고 있듯이 다양성을 의미한다. 또한 성상이란 기둥·서까래·대들보 등이 각각 구조적 인연이 되어서 집을 완성시키고 있는 것처럼 통합성을 나타내며, 괴상이란 기둥·서까래·대들보 등이 집을 성립시키고 있으면서도 각기 스스로 상을 그대로 가지고 있는 것처럼, 별상이 제각기 개성을 지키어 총상으로 혼융되지 않는 차별성을 뜻한다고 볼 수 있다.

이 육상의 원칙은 이 우주 전체가 하나의 통일적 화합체라는 전제를 가지고 있으며, 각 상들은 서로 의존하는 관계로 이루어져 있는 것이 우주 법계의 실상임을 말해 주고 있다.

화엄보살도(華嚴菩薩道) _ 보살의 삶이란 무엇인가?

화엄경에서는 보살이 수행하는 과정을 42단계로 설하고 있는데, 십주(十住), 십행(十行), 십회향(十廻向), 십지(十地), 등각(等覺), 묘각(妙覺)의 단계를 차례로 설하고 있다.

- 십주(十住)

여기서 십주란 보살이 십신(十信 : 信心, 精進心, 念心, 慧心, 定心, 施心, 戒心, 護

法心, 願心, 廻向心)의 단계에 올라가서 편안하게 머무는 경지란 뜻으로, 그 내용은 다음과 같다.

① 발심주(發心住) : 참 마음을 깨닫고자 발심하는 것이다.
② 치지주(治地住) : 잘못된 마음을 다스려 가는 것이다.
③ 수행주(修行住) : 열심히 닦고 익혀 가는 것이다.
④ 생귀주(生貴住) : 그래서 귀한 마음이 나는 것이다.
⑤ 구족방편주(具足方便住) : 수행에 편이한 여러 가지 방편을 이해하는 것이다.
⑥ 정심주(正心住) : 마음을 바르게 갖는 것이다.
⑦ 불퇴주(不退住) : 물러섬이 없는 마음을 갖는 것이다.
⑧ 동진주(童眞住) : 천진난만한 마음을 얻는 것이다.
⑨ 법왕자주(法王子住) : 법왕의 아들이 됨을 자부하는 것이다.
⑩ 관정주(灌頂住) : 진리의 물로 이마를 씻는 것이다.

• 십행(十行)

이어서 보살이 불과(佛果)의 지위를 확인한 뒤에 이타의 행위를 베푸는 계위이다.

① 환희행(歡喜行) : 기쁜 마음으로 사는 것이다.
② 요익행(饒益行) : 중생을 이익 되게 하는 것이다.
③ 무진한행(無瞋恨行) : 성내고 한탄하지 않는 것이다.
④ 무진행(無盡行) : 끝없는 행을 하는 것이다.
⑤ 이치란행(離癡亂行) : 어리석고 혼란한 행이 없는 것이다.
⑥ 선현행(善現行) : 하는 일마다 착하게 나타나는 것이다.
⑦ 무착행(無着行) : 집착 없는 행을 실천하는 것이다.

⑧ 존중행(尊重行) : 누구든지 존중하며 살아가는 것이다.
⑨ 선법행(善法行) : 착한 법을 실천하는 것이다.
⑩ 진실행(眞實行) : 진실한 행을 하는 것이다.

• 십회향(十廻向)
보살이 중생의 제도를 위해 이타행을 닦은 십행위에서의 온갖 공덕을 중생을 위해 돌려 주고 불과(佛果)를 향해 더욱 가까이 접근하는 계위이다.
① 구호일체중생이중생상회향(救護一切衆生離衆生相廻向) : 중생을 구호하면서도 구호했다는 상을 나타내지 않는 것이다.
② 불괴회향(不壞廻向) : 베풀어 준 것을 파괴하지 않는 것이다.
③ 등일체불회향(等一切佛廻向) : 평등한 마음으로 회향하는 것이다.
④ 지일체처회향(至一切處廻向) : 어느 곳에나 구분 없이 베푸는 것이다.
⑤ 무진공덕장회향(無盡功德藏廻向) : 무진한 공덕을 베푸는 것이다.
⑥ 입일체처평등선근회향(入一切處平等善根廻向) : 일체처에 평등 선근으로 회향하는 것이다.
⑦ 등수순일체중생회향(等隨順一切衆生廻向) : 중생을 평등하게 따라 주는 것이다.
⑧ 진여상회향(眞如相廻向) : 참되고 한결같은 마음으로 따라 주는 것이다.
⑨ 무박무착해탈회향(無縛無着解脫廻向) : 대자유를 얻게 해 주는 것이다.
⑩ 입법계무량회향(入法界無量廻向) : 한량없는 세계에 들어가게 하는 것이다.

• 십지(十地)
불지(佛地)를 평정하여 마치 대지가 만물을 싣고도 흔들림 없이 주지(住地)하듯 흔들림 없는 마음으로 일체를 유익하게 하는 계위이다.

① 환희지(歡喜地) : 항상 기쁜 마음으로 사는 것이다.
② 이구지(離垢地) : 때 없이 청정한 마음으로 사는 것이다.
③ 발광지(發光地) : 밝은 빛을 말하는 마음으로 사는 것이다.
④ 염혜지(焰慧地) : 불꽃과 같은 지혜를 계발하는 것이다.
⑤ 난승지(難勝地) : 참기 어려운 일을 잘 참고 이겨내는 것이다.
⑥ 현전지(現前地) : 부처님 마음을 항상 앞에 드러내는 것이다.
⑦ 원행지(遠行地) : 끊임없이 정진하며 행동하는 것이다.
⑧ 부동지(不動地) : 흔들림이 없는 마음을 얻는 것이다.
⑨ 선혜지(善慧地) : 모든 것을 잘 분별하는 것이다.
⑩ 법운지(法雲地) : 진리의 구름을 일으켜 세상을 시원하게 하는 것이다.

- 등각(等覺) : 등정각(等正覺), 금강심(金剛心), 일생보처(一生補處), 유상사(有上士)라 번역하는데, 지혜가 만덕 원만하여 부처님과 똑같은 계위를 말한다.

- 묘각(妙覺) : 마지막 1품의 무명을 끊고 부처님의 경계에 오르는 계위를 말한다. 이렇게 묘각 위에 오르면 이미 부처가 된 것이므로 따로 그 위를 설정할 필요가 없으나 부처와 보살의 위와는 다르므로 때로 부처의 의를 하나 더 설정하기도 한다.

- 불(佛) : 자각각타(自覺覺他), 각행원만(覺行圓滿)한 지위, 복과 지혜가 원만한 양족존(兩足尊)의 계위이다.

이러한 보살의 각 수행 단계는 『화엄경』 「입법계품」에서 선재동자가 만난 53선지식의 낱낱 해탈문이다. 그래서 그 자체로 독자적인 가치를 지닌 완전한 해탈문이다. 또한 선재의 구도 여정은 구체적으로 불 세계를 구현시켜 나가는 역정인 것처럼, 그 단계마다 그 의의가 있다. 중생은 본래 부처이지만 그러나 중생은 자기가 바로 부처인 줄을 모르기 때문에 신심과 발심이 필요하다. 신심이란 자기가 부처인 줄을 확실히 믿는 것[淨信]이다. 이 신심을 성취하면 아뇩다라삼먁삼보리심을 일으키게 된다[發心]. 처음 발심할 때가 바로 깨달음을 이루는 때[初發心時便成正覺]라는 사실을 알아야 할 것이다.

정토(淨土)와 예토(穢土) _ 정토 세계는 중생의 마음 속에 존재하는가?

정토란 부처님과 보살이 머무는 세계란 뜻으로 불국토 또는 보살국토라고 한다. 그리고 예토, 즉 사바세계는 감인세계(堪忍世界), 인토(忍土), 감인토(堪忍土), 인계(忍界)라고 한역되어지고 있는데, 이는 탐욕과 성냄과 어리석음의 삼독에 의해서 이루어진 중생의 세계를 말한다.

예를 들면 아미타불의 서방극락 정토, 약사여래의 동방정유리세계, 아촉불의 동방묘희세계 등이 불국정토로 알려져 있고, 미륵보살의 도솔천, 관음보살의 보타락가산 등은 보살정토로 불려지고 있다. 이러한 불국정토는 이들 제불(諸佛)이 보살이었을 때 세운 원을 완성한 결과로 만들어진 국토인데, 사람들은 이 불국토에 왕생하기를 바라고 있다.

이와 같은 불국토에 대하여 현실의 인간이 살고 있는 세계나 번뇌를 맑은 눈으로 보았을 경우에 그대로 정토라고 부르는 사고방식이 있다. 이를 사바즉적광토(娑婆卽寂光土)라고 하는데, 예를 들면 석가모니불의 영산정토(靈山淨土)나 비로자나불의 연화장세계(蓮華藏世界) 등이다. 이처럼 같은 정토라는 말 가운데에는 여러 가지 정토가 포함되어 있지만, 정토교가 성행한 이후에는 거의 대부분 정토의 세계는 아미타불의 서방극락 정토를 나타내고 있다.

『유마경』에서는 "마음이 청정하면 국토도 청정하다"고 하면서, "깨달음을 성취하면 사바세계가 그대로 정토가 된다"고 설하고 있다.

🪷 십육관법(十六觀法) _ 극락세계에 왕생하기 위한 수행법은 무엇인가?

『관무량수경』에서 설하는 십육관법은 부처님께서 친히 위제히 부인 앞에 나투시어 고통받은 위제히 부인을 위하여 극락세계에 왕생하기 위한 마음가짐과 바른 수행법을 설하신 것이다.

즉 부처님께서는 서방극락 세계를 관하는 방법으로 13가지의 관법을 설하시고 다시 3관을 설하셨다.

① 일상관(日想觀) : 해가 지는 모습을 보고 정토의 존재와 아름다움, 자기 죄업을 관함.
② 수상관(水想觀) : 맑은 물을 보고 물을 변화시켜 유리와 같은 정토의 대지를 관함.
③ 보지관(寶地觀) : 유리와 대지 위에 있는 황금의 길, 누각 등을 관함.
④ 보수관(寶樹觀) : 정토에 있는 칠보의 나무와 그 나무로부터 나오는 광명을 관함.
⑤ 보지관(寶池觀) : 여덟 가지 공덕수가 충만한 칠보의 연못을 관하고, 그 물이 흘러 개울이 되고, 연화의 꽃이 피고, 흐르는 물소리는 무상 무아의 법을 설하고 있음을 관함.
⑥ 보루관(寶樓觀) : 정토의 칠보 누각에서 천인이 연주하는 음악이 모두 삼보를 염하도록 설하고 있음을 관함.
⑦ 화좌관(華座觀) : 부처님이 앉아 계신 연화좌가 찬란하게 정토를 비추고 있음을 관함.

⑧ 상상관(像想觀) : 하나의 큰 연화 위에 빛이 찬란한 아미타불의 앉아 계신 모습을 관함.
⑨ 진신관(眞身觀) : 아미타불의 상호에서 광명이 비춰 중생을 섭수하고 계심을 관함.
⑩ 관음관(觀音觀) : 관세음보살의 몸이 광명으로 빛나는 영락을 두루고 있음을 관함.
⑪ 세지관(勢至觀) : 아미타불, 관음, 세지의 3존이 정토에 모여 중생을 위해 설법하시며 고통 받는 중생을 인도하시는 것을 관함.
⑫ 보관(普觀) : 불보살이 허공에 가득한 정토에 왕생한 것을 관함.
⑬ 잡상관(雜想觀) : 잡다한 불신을 관하는 것으로 정토의 보배 연못에 있는 불상이 시방세계에 몸을 변현시켜 여러 가지 몸으로 일체를 교화함을 관하는 것이고, 나머지 3관은 상품, 중품, 하품의 세 가지이다. 이와 같은 13관에 의해 무량겁 동안 더럽혀진 생사의 죄를 멸하고 정토에 왕생할 수 있다고 한다.

법장비구 48원 _ 염불로 극락정토에 왕생은 가능한가?

법장(法藏)이란 아미타불이 부처가 되기 전 보살 때의 이름을 말한다. 『무량수경』에 의하면, 아미타불은 본래 국왕으로서 발심 출가하여 호를 법장이라고 하였는데, 세자재왕불(世自在王佛)에게 큰 원을 세우고, 오랫동안 수행을 하여 그 결과 아미타불이 되어 지금 극락세계에서 중생을 교화하며, 항상 법을 설하고 있다고 한다. 여기에 법장보살이 수행할 때 발원한 서원을 특히 본원(本願)이라 하는데, '48원'으로 유명하다. 이를 요약하면 다음과 같다.

① 섭법신원(攝法身願) : 모든 부처님이 보살 때 세운 본원 중에 불(佛) 스스로의 법신(法身)을 성취하기를 원함 – 48원 중 제12 광명무량원(光明無量願), 제13 수명무량원(壽命無量願), 제17 제불칭양원(諸佛稱揚願)이 여기에 속한다.

② 섭정토원(攝淨土願) : 보살이 성불할 때에, '그 정토의 장엄은 이렇게 하고 싶다.'고 원함– 48원 중 제31 국토청정원(國土淸淨願), 제32 국토엄식원(國土嚴飾願)이 여기에 속한다.

③ 섭중생원(攝衆生願) : 모든 부처님이 보살 때 세운 본원으로 중생을 이익케 하고 구제하려는 원 – 나머지 43원의 세 가지로 나눌 수 있다.

이러한 48원을 세운 것은 널리 일체 중생을 제도하려는 자비에서 나온 것이라고 할 수 있다. 특히 48원 중 18원 염불왕생원(念佛往生願 : 아마타불의 제도를 믿고, 염불하는 중생은 반드시 서방극락 정토에 왕생케 하겠다는 서원)은 왕본원(王本願)이라고 하는데, 이에 대한 해석으로부터 정토 신앙이 다양하게 전개되었다.

"세존이여, 제가 만일 깨달음을 얻은 후에 다른 온갖 세계에 태어난 이들이 이 최상의 가르침을 얻고자 하는 마음을 일으켜 저의 이름을 듣고, 지극한 신심으로서 저를 생각하고 있다면, 그들이 임종의 시기가 닥칠 때 그 마음을 산란하지 않도록 하겠습니다. 수행하는 승려들이 저의 주변에 모여서 존경하는 일이 없게 되고 제 앞에 서는 일이 없게 된다면, 그 동안에는 저는 이 최상의 바른 깨달음에 바로 드는 일이 없을 것입니다."

여기서 뒤의 구절은 깨달음을 구하고자 하는 사람이 없을 때에는 그들이 깨달음을 얻을 때까지 자신도 열반에 들지 않겠다는 뜻으로 이해되며, 앞의 구절은 아미타불 자신을 믿는 사람을 극락세계로 이끌겠다는 뜻으로 이해된다.

난행도(難行道)와 이행도(易行道) _ 자력과 타력은 별개의 수행인가?

난행도는 자력에 의하여 수행의 공을 쌓아서 이 세계에서 깨달음에 드는 길을 말하고, 이행도란 깨닫는 경계에 쉽게 도달할 수 있는 가르침을 말한다. 이 말은 "불법에는 무량한 문이 있고, 세간의 도리에는 어려운 것도 있고 쉬운 것도 있다. 보살의 도도 역시 같다. 혹은 근행정진(勤行精進)의 것이 있고, 혹은 신방편(信方便)의 쉬운 행으로서 빨리 불퇴위(不退位)에 이르는 것도 있다"라고 말한 용수의 「이행품(易行品)」에서 기인한다.

중국의 담란(曇鸞)은 「왕생론주」에서 자력·타력이라는 말로 난행도와 이행도를 설명하고, 도작(道綽)의 「안락집」에서는 성도문과 정토문으로 나누었는데, 일본 정토종의 시조인 원공(源空)은 「선택집」에서 정토문을 타력이행도라 하고, 성도문을 자력난행도라고 하였다. 후에 이행도는 아미타불의 본원을 믿는다고 하는 쉬운 일로써 불퇴위에 이르러 성불한다는 것에 쓰였는데, 특히 신(信) 뿐만 아니고 아미타불의 명호를 부름으로써 왕생성불(往生成佛)하는 것도 또 이행이라 하였다. 오늘날에는 정토교에서 아미타불의 타력본원(他力本願)에 의지하는 것을 이행도라 한다.

이와 같은 불교의 두 가지 실천 수행의 입장은 대립된 것으로 이해되기 보다는 상호보완적인 관계로 이해되어야 한다. 지나치게 어느 한쪽에만 치우친다면 믿음이 결여된 학문 불교, 사변철학의 범주에 빠지게 되거나, 기복적 신앙에 빠지게 된다. 그리고 우리 인간은 단순한 믿음에 의해서만 구제되는 것이 아니라, 궁극적으로는 믿음의 대상이 가르치는 바를 실천하려는 스스로의 노력이 있어야만 가능하다는 사실을 알아야 한다.

삼처전심(三處傳心) _ 선법의 최초 전래 모습은 무엇인가?

선종상감(禪宗象鑑)에서는 '세존의 삼처전심은 선지(禪旨)가 되고, 일대소설(一代所說)은 교문(敎門)이 된다.'라고 하였는데, 삼처전심이란 선종에서 말하는 것으로 석가모니 부처님께서 세 곳에서 가섭에게 법을 전한 데서 유래한 말이다.

첫째, 염화시중(拈花示衆)의 미소(微笑)란 영산회상에서 부처님이 연꽃 한 송이를 들고 아무런 말도 없이 있을 때 거기에 모인 사람들은 아무도 그 뜻을 알지 못했으나, 가섭만이 그 뜻을 알고 미소를 지었다는 데서 유래된 말이다.

둘째, 다자탑전 분반좌(多子塔前分半座)란 부처님께서 일찍이 가섭을 알아보고 다자탑 앞에서 자리의 반을 내주어 나누어 앉음을 말한다.

셋째, 곽시쌍부(槨示雙趺)란 부처님이 열반하셨을 때 가섭이 나중에 오니 관 속에서 두 발을 내밀어 마음을 전한 것을 말한다.

이와 같은 사례를 통해서 볼 때, 문자나 언설을 내세우지 않는 선가에서는 가섭을 부처님의 법을 전수한 제1조로 간주하고 있다. 실제로 가섭은 부처님이 돌아가신 후 부처님의 말씀을 정리하여 확정하는 제1결집을 주도하였다.

일행삼매(一行三昧) _ 일체 생활 가운데서 항상 직심(直心)을 행하라.

마음을 정(定)하고 하나의 행(行)에 전념하여 닦는 삼매로 천태가(天台家)에서는 행주좌와(行住坐臥)의 4종삼매 중 행주와(行住臥)의 셋을 멎게 하고, 상좌(常坐)의 일행만으로 다른 것을 겸하지 않고 좌선입정하여 법계 평등의 이치를 관하는 것으로 상좌삼매라고도 한다.

일행삼매의 실천수행법은 특히 중국 선종의 제4조인 도신에 의해 중시되었는데, 당시 많은 수행자들이 집단생활을 하면서 신도의 보시만으로는 교단을 유지할 수 없어 자급자족의 경제체제를 취할 수밖에 없었다. 그래서 그들은 경작과 잡역에 종사하면서 불법의 대의를 얻으려 하였고, 거기서 선을 체험적, 정신적으로 완성하기에 이르렀다. 이러한 입장은 마침내 선을 출가자뿐만 아니라 일반인에게도 개방하여 일상 생활에 전개시키는 계기가 되었으며, 집단생활을 유지하기 위한 선원 생활의 규범인 청규(清規)를 형성하려는 기운이 나타나게 되었다.

『문수설반야경』에 설하기를 '법계는 하나의 모양인데(法界一相), 법계에 계합함(繫緣法界)'이 일행삼매라고 하였다. 훗날 혜능은 '일체 생활 가운데서 항상 직심(直心)을 행하는 것'이 일행삼매라고 정의 하였다.

삼보(三寶) _ 불교 신앙의 대상은 무엇인가?

삼보란 불교도들에게 있어서 가장 기본적인 신앙의 대상으로서 불보, 법보, 승보를 말하는데, 더러움에 물들지 않고 위덕(威德)이 있는 최상의 것이며, 변하지 않음이 세간의 보배와 같다고 해서 붙인 이름이다. 이는 불교를 구성하고 있는 기본적 요소이기도 하다.

불보(佛寶)는 천상 천하에 으뜸가는 참스승으로서 깨달음을 성취한 모든 부처님, 즉 석가모니(釋迦牟尼)를 비롯하여 과거, 현재의 부처님뿐 아니라 앞으로 깨달음을 얻을 미래의 모든 부처님까지도 포함한다. 모든 법을 통달하여 세상을 비추어 보는 지혜인 대원경지(大圓鏡智), 모든 법이 본래 평등하여 하나의 본바탕을 지니고 있음을 통찰하는 지혜인 평등성지(平等性智), 모든 중생의 업(業)

과 근성(根性)을 빠짐없이 살펴보는 지혜인 묘관찰지(妙觀察智), 중생을 제도하는 데 자유 자재한 방편의 지혜인 성소작지(成所作智) 등을 고루 갖추고 중생을 고통에서 구제(救濟)해 주는 부처님은 지혜와 자비, 복덕이 원만하며, 모든 중생의 복밭이다.

법보(法寶)는 부처님의 설법을 담아 놓은 경(經), 율(律), 논(論) 3장(藏)을 가리킨다. 모든 중생으로 하여금 온갖 탐욕과 집착, 생사윤회의 고통에서 벗어나 위 없는 즐거움과 밝은 지혜를 얻게 하며, 궁극적으로 깨달음을 성취할 수 있도록 이끌어 주는 길잡이가 되는 부처님의 가르침이 모두 법보에 속한다.

승보(僧寶)는 부처님을 따르고 그 가르침대로 살기를 서원한 제자의 집단을 말하는데, 승(僧)이란 승가(僧伽)를 줄인 말이다. 본래 산스크리트 어인 '상가'의 음역어인 승가는 '화합대중(和合大衆)'을 뜻한다.

승가는 4중(衆) 또는 7중으로 분류된다. 4중이란 비구, 비구니, 우바새, 우바이 등을 말하며, 7중은 비구와 비구니, 우바새와 우바이 외에, 사미, 사미니, 식차마나 등을 포함하여 일컫는 말이다. 비구와 비구니는 남녀 스님을 각각 말하며, 우바새, 우바이는 각각 남녀 재가(在家) 신자를 뜻한다. 7중 중에서 우바새와 우바이를 제외한 5중은 모두 출가 수행자이다.

이와 같은 삼보는 불법승 삼보가 각각 독립적인 존재라고 보는 별상삼보(別相三寶), 의미상으로는 불법승이 각각 다르나 그 본질상으로는 다르지 않다는 동체삼보(同體三寶), 불상과 경전과 출가 비구로서 후세에까지 불교를 계속해서 지키고 전승하게 한다는 주지삼보(住持三寶)의 해설법 등이 있다.

🌸 삼신설(三身說) _ 부처님이 나투신 여러 형상은 어떤 모습으로 오는가?

삼신설은 대승경론 상의 대표적인 불신관(佛身觀)으로, 법신(法身), 보신(報身),

응신(應身)을 말한다. 이 삼신설은 석존을 항시 대할 수 있었던 석존 재세 시의 제자들이나 그의 교법만을 따르던 불멸 직후의 제자들에게서는 찾아볼 수 없었던 깊은 사상으로 그들의 생각의 범주를 훨씬 뛰어넘어 부처님의 진면목을 찾고 부처님 교법의 원천을 찾으려 노력한 수많은 제자들에 의해 오랜 기간에 걸쳐 정립된 근본 당체(當體)와 그 모습과 작용인 체·상·용(體相用)의 삼면으로 파악된 원융한 불신관이다.

법신(法身)이란 불타의 자성(自性)인 진여(眞如) 당체(當體)를 가리키는 것이다. 즉 우주 만유의 근본이 되며 질서와 조화를 이룩하는 말할 수도 없고 볼 수도 없고 생(生)도 떠나고 멸(滅)도 떠난, 그러나 생생히 약동하는 진리 그 자체인 것이다. 이를 여래의 몸으로 삼는 까닭은 진리는 만법의 실성(實性)이기 때문이다. 이를 독립시켜 인격화해서 부를 때에는 흔히 청정 법신 비로자나불(淸淨法身毘盧遮那佛)이라고 한다.

보신(報身)이란 위의 보이지 않는 진여 당체인 법신이 형태를 취하여 나타난 몸을 말한 것으로 곧 법신을 원인으로 삼아 그 과보로 나타난 몸이기에 보신이라고 한다. 즉 과거 무량한 시간에 걸쳐 온갖 수행을 한 결과 모든 것이 진리와 하나가 된 채 만덕(萬德)이 원만하여 얻어진 몸으로서 진여 당체의 모든 참되고 아름답고 깨끗한 속성이 그대로 나타난 몸을 말한다. 48원(願)을 성취하여 극락 세계를 이룩한 아미타불과도 같은 몸이며 또한 지상의 보살(초지 이상의 보살)에게 법락(法樂)을 수용시키는 부처님의 몸이기도 한 것이다. 이를 독립시켜 인격화해서 부를 때에는 통상 원만 보신 노사나불(圓滿報身盧舍那佛)이라고 한다.

응신(應身)이란 자비와 지혜의 화용(化用)인 현실 세계에 나타난 석가모니불을 말하는 것으로 보신불을 보지 못하는 이를 제도하기 위해 갖가지 근기에 맞추어 갖가지 방편으로 나타난 역사적인 부처님의 몸을 말한다. 즉 중생을 제도하기 위하여 중생과 같은 육체를 지니고 중생과 더불어 생존하시는 면에서의 부처님의 몸으로 이를 보통 천백억화신 석가모니불(千百億化身釋迦牟尼佛)이라고 하며, 과거칠불, 석가모니불, 미래의 미륵불 등이 여기에 해당한다.

과거칠불(過去七佛) _ 과거칠불의 칠불통게(七佛通偈)란 무엇인가?

불교에서는 우주의 시간을 3대겁(三大劫)으로 나누어 과거의 대겁을 장엄겁(莊嚴劫), 현재의 대겁을 현겁(賢劫), 미래의 대겁을 성숙겁(星宿劫)이라 한다. 또 각 대겁은 20겁 동안씩 성립되고[成], 머물고[住], 무너지고[壞], 비어 있는[空] 네 과정을 거친다.

현재 우리가 살고 있는 현겁 기간 동안 1천명의 부처가 탄생한다고 한다. 과거의 부처 시대로 갈수록 인간의 수명도 길어 첫 번째 부처인 비바시불이 출현하였을 때의 인간 수명은 8만 4천세이다. 불교에서 겁을 말할 때 인수(人壽) 8만 4천을 기준으로 삼는 연유이다.

과거칠불은 장엄겁에 나타난 비바시불(毘婆尸佛)·시기불(尸棄佛)·비사부불(毘舍浮佛)의 3불과, 현재 현겁에 나타난 구류손불(拘留孫佛)·구나함모니불(拘那含牟尼佛)·가섭불(迦葉佛)·석가모니불(釋迦牟尼佛) 등의 네 분의 부처님을 합하여 일컫는 말이다. 역사적으로 불타는 석가모니 부처님 혼자이지만, 불교 교리로는 진리를 깨달은 자는 얼마든지 있을 수 있다. 현 시대뿐만 아니라 과거는 물론 미래에 부처님이 등장할 것이다. 따라서 과거칠불과 힘께 현재불·미래불의 사상이 더욱 비약적으로 발전하였으며, 이러한 사상은 본생담(本生譚)의 구도자 상과 어울려 보살 등 대승불교의 사상적 연원이 되기도 하였다

과거 '비바시' 부처님으로부터 '석가모니불'에 이르기까지의 일곱 부처님은 불교의 진리에 대해서 똑같은 말을 하는데 이를 칠불통게(七佛通偈)라고 한다. 이 칠불통게는 불교를 이해하는 데 유익한 게송이다.

'제악막작(諸惡莫作)하고 중선봉행(衆善奉行)하라. 자정기의(自淨其意)하면 시

제불교(是諸佛敎)이니라. 모든 악을 짓지 말고, 온갖 선을 받들어 행하라. 스스로 그 마음을 깨끗이 하는 것이 모든 부처님의 가르침이니라.'

🌸 십팔불공법(十八不共法) _ 부처님이 지닌 덕성은 무엇인가?

십팔불공법(十八不共法)은 십팔불공불법(十八不共佛法)이라고도 하는데, 범부는 물론 아라한이나 벽지불 또는 보살과도 구별되는 부처님 독자의 법이라는 뜻으로 십력(十力), 사무소외(四無所畏), 삼념주(三念住), 대비(大悲)의 열여덟 가지를 말한다.

여기서 십력이란 부처님은 일체를 깨달아 아는 열 가지 지혜의 힘을 갖추어 아무런 두려움이 없다는 것이며, 사무소외란 부처님이 설법함을 당하여 사자후를 토하되 네 가지 확신을 얻어, 어떤 이가 비난할지라도 일체 두려운 바가 없다는 뜻이다. 그리고 삼념주란 부처님께서는 항상 바른 마음에 머물러 중생들의 어떤 태도에도 마음에 흔들림이 없이 동요치 않음을 셋으로 나눈 것이다. 그리고 이 부처님의 일대 교화란 오로지 대비심(大悲心)에서 우러나온 것이라 할 수밖에 없기 때문에 대비가 부처님 특유의 덕이라 한 것이다. 경론상에는 위의 십력이나 사무소외 등을 구족한 여래는 사자후(獅子吼)로써 범륜(梵輪 : 法輪의 다른 이름)을 굴린다고 되어 있다.

이외에도 대승에서 말하는 십팔불공법은 다음과 같다.

① 제불신무실(諸佛身無失) : 부처님께선 무량한 아승지겁(阿僧祇劫) 이래로 지계(持戒)가 청정하여 몸에 아무런 오실(誤失)이 없다.

② 구무실(口無失) : 부처님께서는 무량한 아승지겁 이래로 지계가 청정하여 일체의 미묘한 지혜를 얻고 번뇌를 다 끊었기 때문에 고성(高聲) 대승(大乘) 등의 온갖 말씀에 있어서 조금도 오실(誤失)이 없이 중생으로 하여금

깨닫게 한다.

③ 염무실(念無失) : 부처님께서는 사념처(四念處) 등의 깊은 선정을 닦아 마음이 산란치 않으며 법에 집착하는 바 없이 항상 편안하다.

④ 무이상(無異想) : 부처님께서는 항상 일체중생을 분별치 않아 중생을 보되 자기 몸과 같이 하여 대비(大悲)로써 제도하되 멀고 가깝고 친하고 등의 차별이 조금도 없다.

⑤ 무불정심(無佛定心) : 부처님께서는 항상 선정에 들어 있기 때문에 일상의 어떤 동작이건 간에 하나도 선정을 여읜 것이 없다.

⑥ 무불지이사(無佛知已捨) : 부처님께서는 모든 법을 알고 있으면서도 그 아는 바를 버리고 일체에 집착치 않아 적정(寂靜), 평등(平等)에 임한다.

⑦ 욕무감(欲無減) : 부처님께서는 일체의 공덕을 구족하였으면서도 제법(諸法)에 있어서의 지욕(志欲)이 항상 쉼이 없다. 또는 부처님이 일체의 중생을 제도하려는 뜻과 욕망에 조금도 덜함이 없다.

⑧ 정진무감(精進無減) : 부처님께서는 지욕(志欲)이 증장하여 중생을 제도하기 위하여 여러 가지 방편을 행하나 항상 쉼이 없다.

⑨ 염무감(念無減) : 부처님께서는 일체의 지혜를 구족하고 중생을 제도하되 마음에 하나도 넉넉한 생각이 없다.

⑩ 혜무감(慧無減) : 부처님께서는 일체의 지혜를 얻고 또 삼세의 지혜가 하나도 장애가 없기 때문에 지혜에 있어서 아무런 잃음이나 덜함이 없다.

⑪ 해탈무감(解脫無減) : 부처님께서는 모든 것에서 해탈함을 얻어 일체의 번뇌를 끊었으므로 아무런 잃음이나 덜함이 없다.

⑫ 해탈지견무감(解脫知見無感) : 부처님께서는 참으로 자신이 일체 번뇌의 속박에서 벗어난 해탈의 모습을 지견하여 아무런 장애가 없다.

⑬ 일체신업수지혜행(一切身業隨智慧行) : 부처님께서는 중생을 이익 되게 하

기 위하여 신업(身業)을 조작(造作)하되 먼저 득실(得失)을 관찰한 연후에 지혜에 따라 행하기 때문에 아무런 과실이 없다.

⑭ 일체구업수지혜행(一切口業隨智慧行) : 구업을 조작함에도 먼저 득실을 관찰한 연후에 지혜에 따라 행하기 때문에 아무런 과실이 없다.

⑮ 일체의업수지혜행(一切意業隨智慧行) : 의업을 조작함에도 먼저 득실을 관찰한 연후에 지혜에 따라 행하기 때문에 아무런 과실이 없다.

⑯ 지혜지과거세무애무장(智慧知過去世無碍無障) : 부처님께서는 지혜로써 과거의 일을 모두 통달하여 하등의 장애도 없다.

⑰ 지혜지미래세무애무장(智慧知未來世無碍無障) : 부처님께서는 지혜로써 미래의 일을 모두 통달하여 하등의 장애도 없다.

⑱ 지혜지현재세무애무장(智慧知現在世無碍無障) : 부처님께서는 지혜로써 현재의 일을 모두 통달하여 하등의 장애도 없다.

이는 삼십이상(三十二相) 팔십종호(八十種好)가 부처님의 육신 상에 구족한 위덕(威德)이라 한다면, 십팔불공법(十八不共法)은 정신상에 구족한 위덕(威德)이라 할 수 있다.

여래십호(如來十號) _ 부처님은 누구인가?

부처님께서 지닌 위덕을 나타내 주는 대표적인 것에는 부처님의 공덕을 기리는 여래십호(如來十號), 육신상의 특징인 삼십이상(三十二相) 팔십종호(八十種好), 부처님만이 지니고 있는 십팔불공법(十八不共法) 등이 있다.

여래십호란 그 덕의 내용에 따라서 여래(如來)·응공(應供)·정변지(正遍知)·명행족(明行足)·선서(善逝)·세간해(世間解)·무상사(無上士)·조어장부(調御丈

夫)·천인사(天人師)·불세존(佛世尊)을 말한다.

① 여래(如來) : 진리 그대로를 여(如)라 하고, 그것을 바로 깨친 이를 래(來)라 한다. 즉 여래란 진리에 도달한 사람[如去], 진리로부터 온 자[如來]란 뜻이다.

② 응공(應供) : 부처님이 행을 원만하게 이루고 복과 지혜가 구족해서 천상이나 인간세에서 존경을 받으며 능히 공양을 받을 수 있는 자격을 갖추고 있음을 말한다.

③ 정변지(正遍知) : 정변각(正遍覺), 정등각(正等覺), 정진도(正眞道)라고도 하는데, 고집멸도(苦集滅道)를 알되 그대로의 그 모습대로 알며 일체의 법을 모두 다 알아 두루하지 않음이 없다는 것을 말한다.

④ 명행족(明行足) : 천안(天眼), 과거세를 아는 숙명명(宿命明), 불교의 진리를 알아서 번뇌를 끊어 없애 버릴 수 있는 누진명(漏盡明)의 삼명(三明)과 신구의(身口意)의 행업(行業)이 구족하여 완전무결하다는 것을 의미하기도 하며 계·정·혜(戒定慧)의 삼학(三學)에 의하여 무상정변지(無上正遍知)를 얻었음을 의미한다.

⑤ 선서(善逝) : 어두운 세계를 초월해서 또다시 어리석은 세계에 돌아오지 않고 묘하게 간다는 뜻이다. 여러 가지 삼매(三昧)와 무량한 지혜에 들어감을 말하는데, 즉 여실(如實)히 저 언덕에 가서 다시 생사고해(生死苦海)에 돌아오지 않음을 의미한다.

⑥ 세간해(世間解) : 세간이나 출세간의 인과법에 의해 온갖 일을 다 아신다는 뜻이다.

⑦ 무상사(無上士) : 세상에서 가장 높은 사람인 독존(獨尊)이라는 뜻이며 번뇌가 다 끊어지고 다시 끊을 것이 없는 사람을 말한다. 부처님께서는 열반법을 스스로 알고 남에게서 듣는 것이 아니므로 열반이 모든 법 가운데에

서 가장 높은 것처럼 부처님도 모든 이 가운데 위없이 가장 높은 이라는 뜻이다.

⑧ 조어장부(調御丈夫) : 여러 가지 법을 해설하여 일체중생을 조복(調伏)하고 제어해서 열반을 얻게 하는 위대한 분을 말하는 것이다.

⑨ 천인사(天人師) : 천인사(天人師)는 천상과 인간의 스승이라는 뜻으로 천인교사(天人教師)라고도 하며, 마땅히 할 것과 안 할 것, 선한 것과 선하지 않는 것을 보이고 이끌며 교(教)에 따라 행하여 도법(道法)을 버리지 않고 해탈의 과(果)를 얻게 하는 천(天)과 인(人)의 스승이 된다는 것을 말한다.

⑩ 불·세존(佛 世尊) : 불은 부처님, 또는 깨달은 사람이며, 불타(佛陀)의 준말로 각자(覺者)라고 번역한다. 스스로 깨달아서 다른 이를 깨닫게 하여 각행(覺行)이 원만하여 삼세일체제법(三世一切諸法)을 모두 아는 부처님을 말하는 것이다. 그리고 세존(世尊)은 부처님께서는 온갖 공덕을 갖추어 세간을 이익케 하며 세간에서 존중을 받기 때문에 세존이라고 하며 또 세간에서 가장 높다는 뜻에서 세존이라고도 한다.

여기서 불과 세존을 나누고 ⑦과 ⑧을 하나로 헤아리거나, 세존을 제외하고 여래십호라 하기도 하며, 여래를 총체적인 이름으로 하고 불과 세존을 구분하여 여래십호라 하기도 한다.

🌸 삼계(三界) _ 불교의 세계관은 무엇인가?

삼계란 불교에서 유형·무형의 전체 세계를 말하는 것으로 삼유(三有)라고도 하는데, 욕계(欲界)·색계(色界)·무색계(無色界)의 세 가지이다.

욕계는 맨 아래에 있으며 식욕, 음욕, 수면욕 등의 5욕이 강한 세계인데, 천상계와 천하계로 나눈다. 천상계는 육도 중의 천도(天道 : 6욕천-사천왕천, 도리천, 야마천, 도솔천, 화락천, 타화자재천), 천하계는 인도(人道), 수라, 축생, 아귀, 지옥 등을 말한다.

색계는 욕계 위에 있으며, 욕계와 같은 탐욕은 벗어났으나 청정 미묘한 형체가 있는 세계를 말한다. 여기에는 초선천, 이선천, 삼선천, 사선천의 사천이 있어 색계 사천이라 하며, 이를 세분하여 색계 18천이라 하기도 한다.

무색계는 색계와 같은 청정 미묘한 형체는 없지만, 다만 정신적인 세계, 즉 수 상 행 식의 4온(四蘊)이 존재하는 세계로서 아직 존재에 대한 욕망이 남아 있는 세계이다. 여기에는 공무변처천, 식무변처천, 무소유처천, 비상비비상처천의 4천이 있다.

이러한 삼계는 세간(世間)이라고도 하는, 중생이 육도(六道)에 생사 유전하는 범부계(凡夫界)를 말한다. 이에 반해 출세간(出世間)은 생사윤회를 초월한 성자의 무루계(無漏界)이다. 초기 불교에서는 삼계와 출세간이 구별되었지만, 대승불교에서는 무루계도 삼계 밖에 있는 것이 아니라고 말한다. 따라서 생사즉열반(生死卽涅槃), 번뇌즉보리(煩惱卽菩提)라고 한다.

삼장(三藏) _ 불교의 경전인 삼장이란 무엇인가?

삼장이란 불교 성전의 총칭으로 그 형식이나 내용에 따라 경장, 율장, 논장으로 분류된다.

경장(經藏)은 부처님께서 설하신 모든 것을 기록한 것으로 『금강경』, 『법화경』, 『화엄경』 등과 같이 '경'자가 붙은 것은 모두 이에 해당한다.

율장(律藏)은 교단의 관리 운영 등에 관한 규칙 집으로 부처님께서 제자들이 수행하는 데 있어 불필요한 행동을 삼가라는 법을 설하신 일종의 계율로 5계, 10중금계, 48경계, 250계 등이 여기에 해당한다.

논장(論藏)은 후대에 부처님의 설법이나 교리의 요점 등을 각 부파들이 해석한다든지 부연해서 기술한 것으로 「구사론」, 「대지도론」, 「대승기신론」 등이 여기에 해당한다.

삼장 중 경장, 율장은 부처님의 교설을 직접적으로 기술한 것처럼 되어 있다. 그러나 그것은 저술의 체제성과 전통적 신념관에 의한 것일 뿐, 현존하는 경전과 율전 치고 부처님의 교설을 그대로 기술한 것은 하나도 없다고 보아야 한다. 다만 부처님의 교설을 근본으로 하여 후세에 개인 또는 단체가 계획적이거나 비계획적으로 부처님의 교설을 기술하는 형식으로 편집한 문서가 다름 아닌 경장이요 율장이라고 할 수 있다.

구족계(具足戒) _ 출가자가 지켜야 할 계율은 무엇인가?

계율이란 계와 율을 의미하는데, 계(戒)란 자주적이고 자율적인 것으로서 자신의 내면의 행위를 규제하는 것이라면, 율(律)은 타율적이며 겉으로 드러나는 행위를 규제하는 것이라고 할 수 있다. 따라서 율은 부처님이 제정한 교단의 규율이고 출가자가 마땅히 지켜야 할 생활 규범으로서 모두가 금지 규정이고 그에 따르는 처벌 조항이 있지만, 일반적으로 율이라고 할 때는 계와 율이 함께 쓰이고 있다. 구족계란 출가한 비구, 비구니가 지켜야 할 계율로, 분파에 따라 계의 수는 다르지만 보통 비구는 250계, 비구니는 348계를 지키지 않으면 안 된다. 이런 계를 구족계라 하는 것은 그 수가 많기 때문이 아니다. 그 계의 숫자는 단지 긴요한 것만을 열거한 것이며, 이것을 바탕으로 하여 일체의 행위에 청정(淸淨)을 약속하는 것이므로 구족이라고 한다.

이 계를 받기 위해서는 특별한 수계작법(受戒作法)을 필요로 하는데, 이를 통하여 불교교단에 들어감을 의미한다. 구족계는 5계 · 8계 · 10계 등의 재가계

(在家戒)와, 나아가 대승불교의 보살계(菩薩戒)와 구별된다.

🌸 십선계(十善戒) _ 재가자가 지켜야 할 십선계란 무엇인가?

대승계 또는 보살계의 대표적인 것이 십선계이다. 이것은 불교에서 세속인이 지켜야 할 열 가지 계율인데, 인과의 도리에 따라서 선악의 결과를 초래하는 원인을 3가지 신체적 행위, 4가지 언어적 행위, 3가지 마음의 활동으로 분류한 십선업도(十善業道)를 그대로 계율의 조항으로서 삼은 것이다. 그 구체적인 내용은 5계 중에서 불음주를 제외한 나머지 넷에 새로운 조목을 첨가한 것으로 다음과 같다.

① 불살생(不殺生) : 살아 있는 것을 죽여서는 안 된다.
② 불투도(不偸盜) : 도둑질을 해서는 안 된다.
③ 불사음(不邪淫) : 남녀의 도를 문란케 해서는 안 된다.
④ 불망어(不妄語) : 거짓말을 해서는 안 된다.
⑤ 불기어(不綺語) : 현란스러운 말을 해서는 안 된다.
⑥ 불악구(不惡口) : 험담을 해서는 안 된다.
⑦ 불양설(不兩舌) : 이간질을 해서는 안 된다.
⑧ 불탐욕(不貪欲) : 탐욕스러운 짓을 해서는 안 된다.
⑨ 부진에(不瞋恚) : 화를 내서는 안 된다.
⑩ 불사견(不邪見) : 그릇된 견해를 가져서는 안 된다.

이와 같은 십선은 종래의 신(身) · 구(口) · 의(意) 삼업(三業)의 확충으로도 생각할 수 있다. 즉, ①~③은 신업(身業), ④~⑦은 구업(口業), ⑧~⑩은 의업(意業)

이 된다. 이를 범하는 것을 십악(十惡)이라고 한다.

🌸 6재일(六齋日)과 팔관재계(八關齋戒) _ 바람직한 재가 불자의 신행생활은 무엇인가?

재계란 식사와 행동을 삼가고 몸과 마음을 청정히 하는 것을 말한다.

재계에는 팔관재계가 있는데 이는 오계를 수지한 재가 신자가 매년 삼장재월(1월, 5월, 9월)의 육재일(六齋日: 8일, 14일, 15일, 23일, 29일, 30일의 6일)에 지켜야 하는 여덟 가지 계율이다.

이러한 팔관재계가 나타나게 된 배경은, 출가 수행자는 엄격한 집단생활속에서 수행하기 때문에 수행에만 전념할 수 있지만 재가자는 세속의 잡다한 일과 얽힌 인간관계로 인해 수행에 집중하기가 어렵다. 그렇지만 비록 재가자라 할지라도 불교교단의 구성원이며 진리를 추구하기 때문에 수행을 게을리 할 수 없다. 따라서 일상생활속에서도 부처님 제자로서 가르침대로 살기 위해서는 정기적으로 출가자들과 같은 수행생활을 통해 자신을 점검할 필요가 있었다. 이에 부처님께서는 출가 수행자의 포살일에 재가자를 참석토록 했으며 이 때 8재계를 주어서 출가 수행자들이 어떠한 삶을 살아가고 있는가를 경험할 수 있도록 하였다.

6재일 가운데 14일과 15일, 29일과 30일이 잇달아 있는 것은 보름 단위로 계목(戒目)을 읽으면서 자기가 받은 계를 잘 지켜 가고 있는가를 스스로 점검하는 포살일(布薩日)이기 때문이다. 포살은 보름마다 동일한 지역 내에 거주하는 출가자들이 한 곳에 모여 지난 보름 간의 자기 행위를 반성하고 죄가 있으면 참회하는 의식이다. 이 포살 의식에 동참하는 재가자는 8가지 계를 받아야 하는데, 그 8가지 계를 8관재(八關齋)라 말한다. 8관재는 5계에다 3가지를 더한 것이다.

그 세 가지는 높고 넓은 침상을 쓰지 않고, 노래하고 춤추지 않고 일부러 그것을 구경하지도 않으며, 향수 등을 바르지 않고, 정오가 지나서 음식을 먹지 않는 것을 말한다.

이 육재일을 살펴보면 부처님 시대에 재가 불자들의 신행 생활이 얼마나 철저하였는가를 알 수 있다. 당시의 재가 불자들은 단순히 부처님을 믿는 것으로 끝나는 것이 아니라 출가 수행자들의 수행을 체험적으로 경험시키는 제도를 두었던 것이다. 그러므로 육재일은 불자들이 피상적으로만 불자가 되는 것이 아니라 직접 출가의 삶을 본받아 정진하는 정진일(精進日)이다.

이러한 육재일에 대한 불교의 전통이 차차 변하여 10재일로 바뀐 듯하다. 10재일은 6재일에다 1일, 18일, 24일, 28일을 더한 것이며, 각 재일에 특정한 불보살을 배대(配對)하여 의미를 두었다. 각 재일에 배대된 특정한 불보살을 보면 1일은 정광불(定光佛), 8일은 약사여래(藥師如來), 14일은 보현보살(普賢菩薩), 15일은 아미타불, 18일은 지장보살(地藏菩薩), 23일은 대세지보살(大勢至菩薩), 24일은 관세음보살(觀世音菩薩), 28일은 비로자나불, 29일은 약왕보살(藥王菩薩), 30일은 석가모니불이다. 이것을 십재일불(十齋日佛)이라 부른다.

관세음보살(觀世音菩薩)과 32응신(三十二應身) _ 자비의 화신이신 관세음보살은 어떤 모습으로 오시는가?

관세음은 한자로 볼 관(觀), 인간 세(世), 소리 음(音) 자를 쓰는데 '인간 세상의 소리를 듣는다'는 뜻이다. 인간 세상의 고통스런 소리를 하나도 남김없이 들으시고 그 고통을 구제하신다는 뜻이 관세음이란 이름 가운데 담겨져 있다.

이와 같은 관세음보살은 모든 중생을 제도하기 위해서 여러 가지 모양으로 몸을 변신하여 나타내는데, 이는 제도할 상대편에 따라 다양한 몸으로 변신하고 있다.

예를 들면 『능엄경』에서는 불신, 독각신, 연각신, 성문신, 범왕신, 제석신, 자재천신, 대자재천신, 천대장군신, 사천왕신, 사천왕태자신, 인왕신, 장자신, 거사신, 재관신, 바라문신, 비구신, 비구니신, 우바새신, 우바이신, 여주국부인명부대가신, 동남신, 동녀신, 천신, 용신, 약차신, 건달바신, 아수라신, 긴나라신, 마후라가신, 인신, 비인신 등이다.

이런 다양한 신분과 직업의 화신(化身)을 32응신(應身)이라 말하는데, 이 32응신을 꼭 서른 두 가지만으로 국한해서 생각할 필요는 없다. 왜냐하면 관세음보살님은 필요에 따라서 헤아릴 수 없이 많은 모습으로 우리 앞에 나타나시기 때문이다.

삼국유사에 달달박박과 노힐부득이라는 두 스님이 아기를 밴 여인으로 변하여 나타나신 관세음보살님을 만나 성불한 일화는 대표적인 예이다.

🏵 약사여래(藥師如來)와 12대원(十二大願) _ 약사여래는 누구인가?

약사여래는 약사유리광여래의 약칭으로, 대의왕불(大醫王佛)이라 한다. 약사여래는 동방의 유리광(琉璃光) 세계에 주불(主佛)로 계시면서 왼쪽에는 일광변조(日光邊照)보살과 오른쪽에는 월광변조(月光邊照)보살이 협시하고 있으며, 약사여래의 특징은 약병이나 약그릇을 양손으로 받쳐 들고 있다. 동방은 희망을 상징하고 유리광 세계의 부처님이란 유리처럼 밝게 빛난다는 형상이므로 모든 사람들의 마음을 밝고 맑은 빛으로 충만하게 한다는 의미다. 일광·월광의 두 보살은 해와 달의 빛이 비추지 않는 곳이 없기 때문에 변조(邊照)보살이라고도 한다.

약사여래 부처님이 세운 12가지의 대원은 다음과 같다.

① 광명보조(光明普照) : 내 몸과 남의 몸이 광명이 들도록 치성하려는 원.
② 수의혹변(隨意或辨) : 위덕이 높아서 중생을 모두 깨우치려는 원.
③ 시무진물(施無盡物) : 중생으로 하여금 욕망에 만족하여 부족하지 않도록 하려는 원.
④ 안립대승(安立大乘) : 일체 중생으로 하여금 대승교에 들어오게 하려는 원.
⑤ 구계청정(具戒淸淨) : 깨끗한 업을 지어 삼취계(三聚戒)를 구족하게 하려는 원.
⑥ 제근구족(諸根具足) : 모든 불구자의 병고를 구원하려는 원.
⑦ 제병안락(際病安樂) : 몸과 마음이 안락하여 부처님 세계를 증득케 하려는 원.
⑧ 전여득불(轉如得佛) : 여성이 불리한 조건으로 성불할 수 없다면 나의 이름을 듣고 남성으로 변성하여 성불할 수 있도록 하겠다는 원.
⑨ 안립정견(安立正見) : 외도의 유혹에 빠지거나 외도의 속임수에 넘어가는 자가 있다면 반드시 건져주고, 바른 길로 인도하여 부처님의 정법에 의지하도록 하겠다는 원.
⑩ 제난해탈(齊難解脫) : 나쁜 왕이니 강도 등의 고난으로부터 중생을 구제하려는 원.
⑪ 포식안락(飽食安樂) : 일체 중생의 기갈(飢渴)을 면하게 하려는 원.
⑫ 미의만족(美衣滿足) : 의복이 없는 사람에게 옷을 얻게 하려는 원.

약사여래불은 이렇게 12가지 서원을 하고 수행 정진하여 성불하고 동방 만월 세계의 약사유리광부처님이 되셨다. 이에 중생들도 그 원력에 힘입어 정진

할 수 있고, 그 정진의 힘으로 반드시 성불하여 역시 12가지 대원을 성취할 수 있을 것이다.

이참(理懺)과 사참(事懺) _ 진정한 참회는 무엇인가?

참회란 자신(중생)이 바로 진리의 생명인 부처님의 씨앗임을 불신해 온 지난 날의 잘못을 뉘우쳐 자각하고 진리 자체의 생명인 본래의 고향으로 돌아가려는 원천적인 행위를 뜻한다. 즉 청정무구한 본래의 자기 세계로 회귀(回歸)하려는 근원적인 충동에 의하여 나타난 마음의 작용과 몸짓인 것이다.

참회는 일반적으로 이참(理懺, 이치로 참회하는 것 : 죄란 본래부터 존재하는 것이 아님을 깨닫는 참회)과 사참(事懺, 부처님의 법식에 따라 몸과 마음을 바쳐 발원하는 참회)을 말하는데, 이참은 죄란 본래 무자성(無自性)이라는 사실과, 자성 청정심 역시 어떤 번뇌에 물들지 않는다는 사실을 선정 삼매 속에서 관찰하여 훨훨 털어 버리는 것이다. 그리고 사참은 예배, 절 등 몸으로 하는 것과 염불, 경을 읽는 것 등 입으로 하는 것이 있다. 하지만 이참에는 사참의 행위가 수반되어야 하고 사참에는 이참의 정신이 전제되어야 한다.

영명 선사는 "성불의 길을 닦고자 하는 자는 반드시 사참을 행해야 한다. 몸과 마음을 바쳐 부처님께 귀명(歸命)하고 비 오듯 슬피 울며 정성을 다하면 부처님의 가피를 받으리니 마치 연꽃이 햇볕을 받아 활짝 피는 것과 같다"고 하셨다. 육조 대사(六祖大師)는 "참(懺)이란 어리석고 교만하고 허망되이 시기 질투한 죄를 뉘우쳐 지난날에 지은 악업을 다시는 더 일어나지 않도록 하는 것이다. 회(悔)란 이 다음에 저지르기 쉬운 허물을 조심하여 그 죄 됨을 미리 깨닫고 아주 끊어 다시는 짓지 않겠다는 결심이다"라고 하셨다.

이러한 참회는 세상에 탐욕과 거짓과 어리석음이 있는 한 계속되어야 한다.

올바른 삶으로 회귀하려는 참된 마음인 참회 정신이 침체되지 않도록 생활화되어야 한다.

🌸 비파사나 수행법 _ 초기 불교의 비파사나 수행법이란 무엇인가?

불교의 여러 가지 수행법 가운데서 가장 적극적이고 실질적인 명상법으로서, 한역에서는 관(觀) 혹은 능견(能見)·정견(正見)·관찰(觀察) 등으로 번역되고 있다.

여기서 말하는 관이란 지혜로써 객관의 경계를 관찰하여 비추어 본다는 것으로, 가령 부정관(不淨觀)이라 하면 인간의 육체가 추하고 더러운 것임을 관하여 탐욕의 번뇌를 멸하는 것이다. 또한 이 수행법으로 가장 널리 알려지고 대중적이며 실제적인 것으로 수식관이 있다.

이러한 비파사나 수행법은 지혜로써 일정한 대상을 관찰하고 생각으로 염하여 깨달음을 얻기 위해서 노력하는 것인데, 부처님은 그 당시 모든 수행의 정상인 8선정까지 통달하고서도 생사 해탈이나 궁극의 깨달음을 얻지 못하자 홀로 보리수 밑에서 12연기로 깨치셨다. 이것을 4성제로 정리하시고 제자들을 가르칠 때에는 주로 오온 관찰로 지도하셨다. 부처님 수행을 가장 잘 요약한 것이 『대념치경』인데, 이를 중심으로 요약하면 다음과 같다.

① 몸의 관찰[身念處] : '몸을 정복하지 못하면 마음을 정복하지 못한다' 고 설하고, 호흡과 행·주·좌·와에서 몸의 움직임을 관찰함으로써 본래의 마음자리를 찾는 것이다.
② 감각의 관찰[受念處] : 좋은 느낌, 싫은 느낌, 중간의 느낌 등 감각의 변화를 통하여 몸과 마음의 본성을 깨닫는 것이다.

③ 마음의 관찰(心念處) : 탐·진·치가 있는 마음과 없는 마음, 무기력한 마음, 산란한 마음, 선정이 있는 마음, 해탈한 마음 등을 알아차린다.
④ 법의 관찰(法念處) : 법에 대한 관찰은 현상이 일어나기 전과 이후의 상태를 직관적인 의심을 수반하여 회광 반조로 의관(疑觀)한다.
　㉠ 다섯 가지 장애인 욕망·성냄·혼침·불안정한 마음·회의 등이 일어나기 이전, 진행, 사라진 상태를 입체적으로 알아차린다.
　㉡ 오온에 대한 관찰 : 부처님 제자들은 대부분 오온에서 무상·고·무아를 보아 깨친다. 오온의 생·멸을 관찰한다.
　㉢ 여섯 감각 기관(六根六境)의 관찰 : 육근·육경·육식에서 탐·진·치를 제거한다.
　㉣ 칠각지(七覺支)의 관찰 : 37도품의 칠각지 등을 관찰한다.
　㉤ 사성제에 대한 관찰 : 고(苦)와 집(集)은 현상이고, 멸(滅)은 열반이며, 팔정도는 고와 집에서 열반으로 가는 길로 불교의 모든 수행은 여기에 포함된다.

이와 같은 비파사나 수행은 형상적인 생각을 마음에 떠올려서 관하는 초보적인 것에서부터 형상적인 것에 기탁된 교의(教義)나 불교의 진리를 관하는 것에 이르기까지 그 내용이 다양하다.

🌸 간화선(看話禪) _ 간화선이란 무엇인가?

간화선이란 우주 인생의 근원을 철저히 구명(究明)해 가는 데 있어서 화두(話頭)라는 문제의식을 가지고 공부해 나가는 불교의 참선법이다. 다시 말하면 화두라고 하는 정형화되어 있는 어떤 사항을 참구하면서 수행함으로써 평등일여

(平等一如)한 경지에 도달할 수 있다는 것이다. 또한 이를 글자 그대로 해석하면 간(看)은 본다는 것이고, 화(話)는 공안(公案)이라는 것으로, 즉 공안을 보고 그것을 참구하여 마침내 크게 그리고 철저하게 깨닫는 선(禪)이다.

여기서 화두란 공안 또는 고칙(古則)이라고 하는데, 공정하여 범치 못할 법령, 옛 어른들이 남겨 놓은 법칙이란 뜻이다. 즉 진리를 깨친 부처님이나 조사의 말이기도 하고, 몸짓이나 그 밖의 방법으로 이루어지기도 한다. 그러나 이것은 범부의 생각이나 말로는 견줄 수 없는 부처님의 깨달은 법, 진리 그 자체를 온전히 보여주고 있는 것이다. 일종의 참선 공부에 있어서 문제지라고 할 수 있다. 예를 들면 무(無)자 화두가 그것이다.

이러한 간화의 방법은 화두를 어미 닭이 알을 품듯, 고양이가 쥐를 잡듯 참구함으로써 깨달음을 얻어 가는 수행법이다.

이 간화선은 중국 송나라 말기 조동종(曹洞宗)의 굉지정각(宏智正覺)이 묵조선(默照禪)을 표방하고 나오자, 임제종의 대혜 종고(大慧宗)선사에 의해서 제창되었는데, 현재 우리 나라 선원에서 행해지고 있는 선법은 이것이 주를 이루고 있다.

묵조선(默照禪) _ 묵조선이란 무엇인가?

묵조선은 간화선(看話禪)과 대비되는 표현법으로, 참선을 할 때 화두나 공안을 들지 아니하고 본래 그대로의 체(體)를 비추어 보는 선, 즉 고요히 묵묵히 앉아서 모든 생각을 끊고 참선하는 선법을 말한다.

묵조선의 방법은 육근 작용의 문을 막고 지관타좌(只觀打座), 즉 잡념을 두지 않고 오직 성성적적한 마음으로 좌선을 하여 한 기운을 오래 조절하면, 자연 적조원명(寂照圓明)한 본연의 빛이 밝아진다고 한다.

이러한 묵조선은 중국 송나라 시대 조동종(曹洞宗)의 굉지 정각(宏智正覺)이 그 당시 임제종의 대혜 종고선사와 쌍벽을 이루자, 대혜 종고선사가 그의 가르침이 '오직 앉아서 묵묵히 말을 잊고 쉬어 가고 쉬어 가게 한다' 하여 이를 비난하기 위하여 묵조사선(默照邪禪)이라고 지칭한 데서 비롯된 것이다.

그러나 묵조선은 본래 자성청정(自性淸淨)을 기본으로 한 수행법으로, 갑자기 대오(大悟)를 기대하는 것이 아니라 자기 속에 내재하는 본래의 청정한 자성에 절대로 의뢰하는 선이다. 이에 반해 간화선은 큰 의문을 일으키는 곳에 큰 깨달음이 있다고 하여, 공안(公案)을 수단으로 자기를 규명하려 하는 선법이다. 대혜선사는 묵조선을 사선(邪禪)이라 공격하였지만, 결국 양자의 차이는 본래의 면목(面目)을 추구하는 방법의 차이이다. 굉지 정각은 「묵조명」을 통하여 묵조선이 불조정전(佛祖正傳)의 참된 선이라고 주장하면서 묵조선의 원천은 달마에게 있다고 하였다.

유위의 복과 무위의 복 _ 최상의 복이란 무엇인가?

복에는 유위복(有爲福=有漏福)과 무위복(無爲福=無漏福)이 있다. 여기서 누(漏)는 누설(漏泄)의 준말로 번뇌를 뜻하는데, 번뇌를 끝낸 것을 무루법(無漏法), 번뇌가 없는 육체를 무루신(無漏身), 번뇌가 없는 깨달음의 세계를 무루의 길이라고 하며, 범부의 지혜를 유루지(有漏智)라 하는 데 비하여 도를 이룬 성자의 지혜를 무루지(無漏智)라 하고, 성자가 일으키는 선을 무루선(無漏善), 무루지로 닦은 관행을 무루행(無漏行)이라 부른다. 무루행으로 열반의 깨달음인 무루과를 얻는 것을 무루인(無漏因)이라고 하며, 성자가 무루지로 얻은 선정은 무루정(無漏定)이라고 부른다.

따라서 유위복이란 내가 누구에게 복을 지었다는 생각이 항상 남아 있는 마음을 말한다. 이 복은 또 다른 말로 주상보시(住相布施)라 하며 생천복(生天福)이라 하여 우선 남에게 베풀 때면 자신이 흐뭇하고 타인으로부터 찬사를 받겠지만 베풀었다는 마음이 남아 있는 한 언젠가는 그것을 다시 보상받고 싶을 것이고, 그렇게 되면 복을 지은 만큼의 복은 받겠지만 그 복이 다하고 나면 다시 나락으로 떨어지는 법이다.

그렇지만 무위복이란 내가 누구누구에게 복을 지었다는 생각을 마음에 두지 않는 것을 말한다. 다른 말로 무주상보시(無住相布施)라 하는데 마음에 남아 있지 않으니 복에 걸림 없이 살아갈 수가 있는 것이다.

대부분의 사람들은 좋은 일을 많이 해 놓고서 입으로 소멸해 버리는 경우가 많다. 복을 짓지 않은 사람은 복 받을 일을 안 했기 때문에 받을 생각도 하지 않겠지만, 복을 지은 사람들도 좋은 일을 많이 했다는 상(相)에 걸리지 않도록 하는 것이 중요하다고 볼 수 있다.

● 교리문답 참고문헌

- 운허용하 저 · 『불교사전』 · 동국역경원 · 1995.
- 金吉祥 편 · 『불교학대사전 상·하』 · 홍법원 · 1998.
- 金勝東 編著 · 『佛敎·印度思想辭典』 · 부산대학교 출판부 · 2001.
- 洪思誠 主編 · 『佛敎常識百科 上·下』 · 불교시대사 · 1993.
- 정승석 저 · 『100문 100답(불교강좌편)』 · 대원정사 · 1989.
- 대안 편저 · 『알기쉬운 불교강좌』 · 보광출판사 · 1999.
- 해주 저 · 『불교 교리강좌』 · 불광출판부 · 1993.
- 성열 엮음 · 『부처님 말씀』 · 현암사 · 2002.
- 이중표 저 · 『불교의 이해와 실천 1·2』 · 대원정사 · 1996.
- 교양교재편찬위원회 편 · 『불교학개론』 · 동국대학교 출판부 · 2000.
- 동국대학교 불교문화대학 불교교재편찬위원회 편 · 『불교사상의 이해』 · 불교시대사 · 1997.
- 대한불교 조계종 교육원 편 · 『아함경』 · 조계종출판사 · 1996.

집필위원

계 환 | 동국대학교 불교학과 교수
도 법 | 실상사 스님
미 산 | 중앙승가대학교 포교사회학과 교수
원 철 | 해인사 스님
김성철 | 동국대학교 불교문화대학 교수
박영동 | 동국대학교 부속여자고등학교 교법사
이병욱 | 고려대학교 철학과 강사
정성준 | 동국대학교 불교학과 강사

불교의 이해와 신행

발행일 | 2023년 2월 1일 1판 24쇄
엮은이 | 대한불교조계종 포교원
발행인 | 정지현
편집인 | 박주혜
발행처 | (주)조계종출판사

출판등록 | 제2007-000078호
등록일자 | 2007년 4월 27일
주　소 | 서울시 종로구 삼봉로 81 두산위브파빌리온 1308호
전　화 | 02·720·6107
팩　스 | 02·733·6708
구입문의 | 불교전문서점 향전 02·2031·2070~1 / www.jbbook.co.kr

ⓒ 대한불교조계종 포교원, 2004
ISBN 978-89-86821-25-3　03220

값 11,500원

※(주)조계종출판사의 수익금 전액은 포교·교육 기금으로 활용됩니다.